Radregion
Rund um Freiburg

VERLAG**ESTERBAUER**

bikeline®-Radtourenbuch kompakt
Rund um Freiburg
© 2021, **Verlag Esterbauer GmbH**
A-3751 Rodingersdorf, Hauptstr. 31
Tel.: +43/2983/28982-0, Fax: -500
E-Mail: bikeline@esterbauer.com
www.esterbauer.com
1. Auflage 2021
ISBN: 978-3-85000-898-3

Bitte geben Sie bei jeder Korrespondenz die Auflage und die ISBN an!

Umschlagbilder: Bild gr.: tichr – stock.adobe.com; Bild kl. oben: © stefanasal - Fotolia; Bild kl. unten: Juergen Wiesler – stock.adobe.com
Bildnachweis: s. Seite 16

Das *bikeline*-Team: Birgit Albrecht-Walzer, Katharina Amon-Schneider, Sabine Bacher-Baumgartner, Beatrix Bauer, Michael Binder, Veronika Bock, Petra Bruckmüller, Roland Esterbauer, Dagmar Güldenpfennig, Martina Kreindl, Ingrid Leidinger, Nora Ludolph, Gregor Münch, Mario Nakić, Karin Neichsner, Carmen Paradeiser, Manuel Randa, Claudia Retzer, Petra Schartner, Sonja Schleifer, Petra Schnetz, Christian Thoren, Isabella Tillich, Martin Trippmacher, Daniel Welser, Carina Winkelhofer, Martin Wischin, Wolfgang Zangerl

Vorwort

Die Region rund um die Schwarzwaldmetropole Freiburg im Breisgau lädt mit abwechslungs- und genussreichen Radtouren ein, die Landschaft zwischen dem südlichen Schwarzwald und der Rheinebene sowie die badische Lebensart vom Sattel aus zu entdecken. Die historische Altstadt von Freiburg voll Kultur und Geschichte und den einzigartigen „Bächle", das Naherholungsgebiet Schlossberg, wunderbare Täler, das Vulkanmassiv von Kaiserstuhl und Tuniberg, das Markgräflerland, hervorragende Weine - all das und noch mehr erwartet Sie auf Ihren Touren.

Präzise Karten, kurze Streckenbeschreibungen, zahlreiche Stadt- und Ortspläne, Hinweise auf das kulturelle und touristische Angebot der Region und ein umfangreiches Übernachtungs- und Serviceverzeichnis – in diesem Buch finden Sie alles, was Sie zu einer Radtour in der Radregion Freiburg brauchen – außer gutem Radlwetter, das können wir Ihnen nur wünschen.

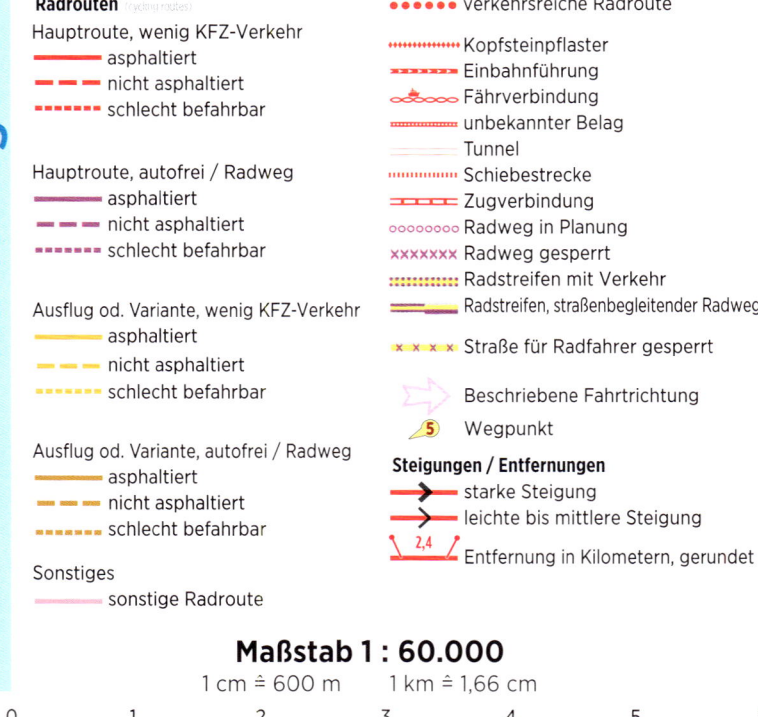

Kartenlegende

Radrouten *(cycling routes)*

Hauptroute, wenig KFZ-Verkehr
- asphaltiert
- nicht asphaltiert
- schlecht befahrbar

Hauptroute, autofrei / Radweg
- asphaltiert
- nicht asphaltiert
- schlecht befahrbar

Ausflug od. Variante, wenig KFZ-Verkehr
- asphaltiert
- nicht asphaltiert
- schlecht befahrbar

Ausflug od. Variante, autofrei / Radweg
- asphaltiert
- nicht asphaltiert
- schlecht befahrbar

Sonstiges
- sonstige Radroute

verkehrsreiche Radroute
Kopfsteinpflaster
Einbahnführung
Fährverbindung
unbekannter Belag
Tunnel
Schiebestrecke
Zugverbindung
Radweg in Planung
Radweg gesperrt
Radstreifen mit Verkehr
Radstreifen, straßenbegleitender Radweg

Straße für Radfahrer gesperrt

Beschriebene Fahrtrichtung

⑤ Wegpunkt

Steigungen / Entfernungen
starke Steigung
leichte bis mittlere Steigung
2,4 Entfernung in Kilometern, gerundet

Maßstab 1 : 60.000
1 cm ≙ 600 m   1 km ≙ 1,66 cm

0   1   2   3   4   5   6

Radinformationen

- Fahrradwerkstatt*
- Fahrradvermietung*
- überdachter Abstellplatz*
- abschließbarer Abstellplatz*
- E-Bike Ladestation
- Infotafel*
- Gefahrenstelle
- Text beachten
- Treppe
- Tragestrecke
- Engstelle*
- Knotenpunktnummer der Wegweisung*

- Stadt-, Ortsplan

Nur in Ortsplänen

- Parkhaus*
- Theater*
- Post*
- Apotheke*
- Krankenhaus*
- Feuerwehr*
- Polizei*

* Auswahl

Sehenswertes / Einrichtungen

- Kirche; Kapelle
- Kloster
- Synagoge; Moschee
- Schloss, Burg; Ruine
- Turm; Leuchtturm
- Wassermühle; Windmühle
- Kraftwerk
- Bergwerk; Höhle
- Flughafen; Denkmal

- sonstige Sehenswürdigkeit
- Museum
- Ausgrabungen; röm. Objekte
- Tierpark; Natur-Information
- Naturschutzgebiet, -denkmal
- sonstige Natursehenswürdigkeit
- Aussichtspunkt*
- Tourist-Information; Gasthaus
- Hotel, Pension; Jugendherberge
- Camping-; Naturlagerplatz*
- Einkaufsmöglichkeit*; Kiosk*
- Rastplatz*; Unterstand*
- Freibad; Hallenbad
- Naturbad; Thermal-/Erlebnisbad
- Brunnen*; Parkplatz*
- Schönern sehenswertes Ortsbild
- Einrichtung im Ort vorhanden

7   8   9   10   11   12   13 km

Topographische Informationen

⌖	⌖	Kirche; Kapelle
⌖		Kloster
⌖	⌖	Synagoge; Moschee
⌖	⌖	Schloss, Burg; Ruine
⌖	⌖	Turm; Leuchtturm
✳	⌖	Wassermühle; Windmühle
⌖	⌖	Kraftwerk; Solarkraftwerk
⚒	⌐	Bergwerk; Höhle
⌖	▲	Denkmal; Hügelgrab
⊗	⊗	Flughafen; Flugplatz
⌖		Windkraftanlage
⌖		Funk- und Fernsehanlage
⚡		Umspannwerk, Trafostation
✝	⌂	Wegkreuz; hist. Grenzstein
⬭		Sportplatz, Stadion
⌖	⌖	Golfplatz; Tennisplatz
⌂	⌐	Schiffsanleger; Schleuse
⌖	⊠	Quelle; Kläranlage

─⊖─⊖─ Staatsgrenze mit Übergang

Landesgrenze

Kreis-, Bezirksgrenze

Naturschutzgebiet, -park, Nationalpark

Truppenübungsplatz, Sperrgebiet

Höhenlinie 100m/50m

UTM-Gitter (in km; 2 km-Gitter)

A1 B12 Autobahn; Schnellstraße

B236 Fernverkehrsstraße

Hauptstraße

untergeordnete Hauptstraße

Nebenstraße; Fahrweg

Weg; Fähre

Straße geplant/in Bau

─◫─ ─Ⓢ─ Eisenbahn/Bahnhof; S-Bahnhof

Eisenbahn stillgelegt; geplant

Schmalspurbahn

Bergbahn; Seilbahn

Wald; Parkanlage

Sumpf; Heide

Weinbau; Gartensiedlung*

Steinbruch, Tagebau*

Friedhof; Düne, Strand

Watt; Gletscher

Felsen; Geröll

Gewächshäuser*, Plantage*

Gewerbe-, Industriegebiet

Siedlungsfläche; öffentl. Gebäude

Stadtmauer, Mauer

Damm, Deich

Kanal

Fluss/Staumauer/See

* Auswahl (selection)

Inhalt

Stadtpläne

Rund um Freiburg

Freiburg, die Schwarzwaldmetropole, liegt im Herzen des Breisgaus, der zu den klimatisch wärmsten Regionen in Deutschland zählt. Auf zahlreichen Rund- und Streckentouren können Sie von den Weinbergen des Kaiserstuhls bis zu den Obst- und Weinhügeln des Markgräflerlands, in die fruchtbare Rheinebene und zu den hochgelegenen Kurorten am Titisee radeln, oder gemütlich auf dem Bähnle-Radweg dahinfahren. Es bieten sich viele Möglichkeiten für Radfahrer, bei einer der 19 schönen Radtouren den Genuss von Natur, Kultur, Geschichte und Kulinarik zu verbinden.

Streckencharakteristik

Länge

Insgesamt beträgt die Streckenlänge der in diesem Buch erfassten 19 Touren

Blick auf die Altstadt von Freiburg im Breisgau

629 Kilometer. Die kürzeste Tour, der Dreisamradweg, führt von Freiburg nach Eichstetten und hat eine Länge von 16 Kilometern, die beiden längsten Touren, der Drei-Seen-Radwanderweg und der Kaiserstuhl Radweg, sind 62 Kilometer lang.

Wegequalität, Verkehr und Steigungen
Wegequalität, Verkehr und Steigungen werden zu jeder der Touren im Detail erklärt.

Beschilderung
Informationen zur Beschilderung finden Sie bei der jeweiligen Tour.

Tourenplanung

Wichtige Telefonnummern
Internationale Vorwahl für Deutschland: 0049

Zentrale Infostellen
Tourist Information Freiburg, Rathauspl. 2-4, 79098 Freiburg, ✆ 0761/3881-880, info@visit.freiburg.de, www.visit.freiburg.de
Schwarzwald Region Freiburg, Neuer Messepl. 3, 79108 Freiburg, ✆ 0761/3881-880, touristik@fwtm.de, www.schwarzwaldregion-freiburg.de
Schwarzwald Tourismus, Wiesentalstr. 5, 79115 Freiburg, ✆ 0761/896460, mail@schwarzwald-tourismus.info, www.schwarzwald-tourismus.info
Tourist-Information Dreisamtal, Hauptstr. 24, 79199 Kirchzarten, ✆ 07661/907980, tourist-info@dreisamtal.de, www.dreisamtal.de
Kaiserstuhl Touristik Ihringen, Bachenstr. 38, 79241 Ihringen, ✆ 07668/9343, tourist.info@ihringen.de, www.ihringen-touristik.de

An- und Abreise mit der Bahn
Freiburg ist sehr gut ans Fernverkehrsnetz der Deutschen Bahn angeschlossen, ein ICE-Halt der Rheintalbahn und somit aus allen Teilen Deutschlands problemlos erreichbar. Die An- und Abreise zu den jeweiligen Touren, die nicht direkt in Freiburg starten, finden Sie bei den Streckencharakteristiken.
Aufgrund der sich ständig ändernden Preise und Bedingungen für Fahrradtransport bzw. -mitnahme empfehlen wir

Ihnen, sich bei nachfolgenden Infostellen über Ihre ganz persönliche Anreise mit der Bahn zu informieren.

Informationsstellen

Deutsche Bahn AG, Reise-Service: ✆ 0180/6996633 (€ 0,20 pro Anruf aus dem Festnetz, Tarif bei Mobilfunk max. € 0,60 pro Anruf), Mo-So 0-24 Uhr, Auskünfte über Zugverbindungen, zur Fahrradmitnahme, Fahrpreise im In- und Ausland, Buchung von Tickets und Reservierungen, www.bahn.de, www.bahn.de/bahnundbike

Automatische DB-Fahrplanauskunft: ✆ 0800/1507090 (gebührenfrei aus dem Festnetz)

Österreichische Bundesbahnen: ÖBB Kundenservice ✆ 05/17175 (österreichweit zum Ortstarif), www.oebb.at

Schweizer Bundesbahnen: Rail-Service ✆ 0041/848446688 (CHF 0,08/Min.), www.sbb.ch

Fahrradversand

Deutsche Bahn AG (innerhalb Deutschlands sowie zwischen Deutschland und Österreich)

Wenn Sie mit der DB an- und abreisen, können Sie den Gepäckservice der DB nutzen. Ihr Rad oder E-Bike wird im Haus-zu-Haus-Versand an den vereinbarten Zielort gebracht, wenn Sie im Besitz einer entsprechenden Bahnfahrkarte sind. Fahrrad oder E-Bike müssen verpackt werden und dabei roll- und lenkbar bleiben, Gewicht max. 31,5 kg. Kostenlos kann eine Fahrradverpackung zugebucht werden, bei E-Bikes muss der Akku ausgebaut sein. Informationen und aktuelle Preise finden Sie unter www.gepaeckservice-bahn.de.

An- und Abreise mit dem Fernbus

Mittlerweile bieten viele Fernbusunternehmen wie FlixBus auf ihren Strecken eine Radmitnahme an. Aufgrund der großen Anzahl von Fernbuslinien und -unternehmen informieren Sie sich bitte im Internet z. B. unter www.fernbusse.de.

An- und Abreise mit dem Auto

Freiburg liegt direkt an der A 5 zwischen Offenburg und Basel. Aus östlicher Richtung führt die B 31 vom Schwarzwald nach Freiburg.

Es gibt sowohl Parkhäuser in der Nähe der Sehenswürdigkeiten als auch kostenlose P+R Parkplätze am Stadtrand.

Rad & Bahn

In der gesamten Region verkehren die Breisgau-S-Bahn bzw. Regionalzüge (Rheintalbahn, Breisacher Bahn, Kaiserstuhlbahn, Münstertalbahn, Elztalbahn, Höllentalbahn, Drei-Seen-Bahn).
Große Teile der bestehenden Bahnstrecken der S-Bahn Breisgau werden und wurden ab 2020 um- und ausgebaut.
Da die Ferienregion Schwarzwald von verschiedenen Verkehrsverbünden und Regionalbahnen bedient wird, ist die Fahrradmitnahme nicht einheitlich geregelt. Genaue Infos erhalten Sie beim Reise-Service der Deutschen Bahn.

Übernachtung

Bei unseren Recherchen haben wir eine größtmögliche Auswahl für Sie zusammengestellt. Für alle, die Alternativen oder einfach noch mehr Anbieter suchen, gibt es nachfolgende Internet-Adressen, die auch Beherbergungen anderer Art anbieten:

Der ADFC-Dachgeber funktioniert nach dem Gegenseitigkeitsprinzip: Hier bieten Radfreunde anderen Tourenradlern private Schlafplätze an. Mehr darüber unter www.dachgeber.de
Das **Deutsche Jugendherbergswerk** stellt sich unter www.djh.de mit seinen vierzehn Landesverbänden vor.
Auch die **Naturfreunde** bieten mit ihren **Naturfreundehäusern** eine Alternative zu anderen Beherbergungsarten an, mehr unter www.naturfreunde.de
Die Plattform Airbnb bietet die Möglichkeit, weltweit private Unterkünfte zu suchen und zu buchen. Infos dazu und Anbieter finden Sie auf: www.airbnb.com
Unter www.camping.info finden Sie flächendeckend den **Campingplatz** nach Ihrem Geschmack.
Weiterhin bietet **Bett+Bike** unter www.bettundbike.de zusätzliche Informationen zu den beim ADFC gelisteten Beherbergungsbetrieben in ganz Deutschland.
Übernachtungsnetzwerke wie www.couchsurfing.org oder www.hospitality-club.org funktionieren nach dem Gegen-

seitigkeitsprinzip: Mitglieder bieten anderen Reisenden kostenlos eine Unterkunft bei sich zu Hause an. Dies ist eine gute Möglichkeit, authentische Einblicke in das Land zu erlangen. Besonders hervorzuheben ist Warm Showers. Hier bieten Radfreunde anderen Tourenradlern private Schlafplätze an, selbstverständlich auch kostenlos. Mehr darüber unter www.warmshowers.org. Eine Übersicht über weltweite Hostels finden Sie unter www.hihostels.com.

Reisezeit

Der Schwarzwald gilt als sonnenreiche Region. Die empfohlene Reisezeit ist von April bis Oktober.

Mit Kindern unterwegs

Die meisten der Touren sind flach oder sanft hügelig und sind somit auch für Freizeitradler und Familien mit Kindern gut geeignet

Radreiseveranstalter

Eurobike, Mühlstr. 20, A-5162 Obertrum am See, ☏ 0043/6219/60866, Fax: 8272,

Infohotline Deutschland: ☏ 0800 5889718 (gratis aus Deutschland) office@eurobike.at, www.eurobike.at
Pedalo, Kickendorf 1a, A-4710 Grieskirchen,
☏ 0800/2400999 (gebührenfrei aus A+D+CH), ansonsten ☏ 0043/7248/635840, info@pedalo.com, www.pedalo.com
Austria Radreisen, J.-Haydn-Str. 8, A-4780 Schärding, ☏ 0043/7712/55110, Fax: 4811, office@ausria-radreisen.at, www.austria-radreisen.at
Rad & Reisen GmbH, Schickg. 9, A-1220 Wien, ☏ 0043/1/4053873-0, Fax: -17, office@fahrradreisen.at, www.radreisen.at
Rückenwind Reisen, Am Patenbusch 14, D-26125 Oldenburg, ☏ 0800/5889717 (gebührenfrei aus D), info@rueckenwind.de, www.rueckenwind.de

Zu diesem Buch

Dieser Radreiseführer enthält alle Informationen, die Sie für den Radurlaub in der Region um Freiburg benötigen: Exakte Karten, ein ausführliches Übernachtungs- und Serviceverzeichnis, Stadt- und Ortspläne und die wichtigsten Informationen zu touristischen Attraktionen und Sehenswürdigkeiten.

Und das alles mit der **bikeline-Garantie**: die Routen in unseren Büchern sind von unserem professionellen Redaktionsteam auf ihre Fahrradtauglichkeit geprüft worden. Um höchste Aktualität zu gewährleisten, nehmen wir nach der Befahrung Korrekturen von Lesern bzw. offiziellen Stellen bis Redaktionsschluss entgegen, die dann jedoch teilweise nicht mehr an Ort und Stelle verifiziert werden können.

Die Karten

Die Detailkarten sind im Maßstab 1 : 60.000 erstellt. Dies bedeutet, dass 1 Zentimeter auf der Karte einer Strecke von 600 Metern in der Natur entspricht. Zusätzlich zum genauen Routenverlauf informieren die Karten auch über die Beschaffenheit des Bodenbelages (befestigt oder unbefestigt), Steigungen (leicht oder stark), Entfernungen sowie über kulturelle, touristische und gastronomische Einrichtungen entlang der Strecke.

Beachten Sie, dass die empfohlene Hauptroute immer in Rot und Violett, Varianten und Ausflüge hingegen in Orange dargestellt sind. Die genaue Bedeutung der einzelnen Symbole wird in der Legende auf den Seiten 4, 5 und 6 erläutert.

Höhen- und Streckenprofil

Das in der Einleitung dargestellte Höhen- und Streckenprofil gibt Ihnen einen grafischen Überblick über die Steigungsverhältnisse, die Länge und die wichtigsten Orte entlang der Radroute. Es können in diesem Überblick nur die markantesten Höhenunterschiede dargestellt werden, jede einzelne kleinere Steigung wird in dieser grafischen Darstellung nicht berücksichtigt. Die Steigungs- und Gefälleverhältnisse entlang der Route finden Sie im Detail mit Hilfe der Steigungspfeile in den genauen Karten.

Der Text

Der Textteil beinhaltet kurze Ortsinfos und Ortsbeschreibungen sowie kompakte Textpassagen mit relevanten Streckeninformationen. Unter dem jeweiligen Ortsbalken finden Sie folgende Informationen aufgelistet: Adresse der Einrichtung, Öffnungszeiten-Kategorie, Telefonnummer, Weblink und Kurzbeschreibung

Öffnungszeiten – Kategorien

- ☉ Öffnungszeiten
- ㉔ frei zugänglich
- ㋡ täglich
- ㋡ häufig (5-6 Tage/Wo.)
- ㋡ durchschnittlich (3-4 Tage/Wo.)
- ㋡ selten (bis 2 Tage/Wo.)
- ㋡ nach tel. Anfrage

Diese Angaben gelten während der Radsaison und dienen als Orientierungshilfe. Die tagesaktuellen Öffnungszeiten finden Sie über den Weblink.

Weblink

Im Ortsdatenblock bei dem jeweiligen touristischen Eintrag befindet sich nach dem @ Symbol eine sechsstellige Zahlen- und Buchstabenkombination (z. B.

@ *abc123*). Die Eingabe dieser Weblink-ID auf unserer Internetseite www.esterbauer.com leitet Sie direkt auf die entsprechende Webseite weiter und ersetzt somit die mühsame Eingabe ellenlanger Webadressen.

Übernachtungs- und Serviceverzeichnis
Auf den letzten Seiten dieses Radtourenbuches sind zu fast allen Orten entlang der Strecke eine Vielzahl von Übernachtungsmöglichkeiten aufgelistet, vom einfachen Zeltplatz bis zum 5-Sterne-Hotel. Zusätzlich finden Sie umfangreiche Informationen zu Radwerkstätten und Radverleihstationen.

C10 **i**

Dreisamtal
Höhenlage: 340 - 1429m

Tourist-Information Dreisamtal
Hauptstraße 24 • 79199 Kirchzarten
Tel. +49 (0) 76 61 / 90 79 80 • Fax +49 (0) 76 61 / 90 79 89
tourist-info@dreisamtal.de
www.dreisamtal.de

Dreisamtal: Kirchzarten - Oberried - Buchenbach - Stegen

Berg und Tal, mit atemberaubender Schönheit und so nah an Freiburg: Willkommen im Dreisamtal! Wenige Kilometer östlich der „Schwarzwaldhauptstadt" Freiburg öffnet sich das breite Talbecken.

KONUS

Urlaub im Dreisamtal - Zeit zum Aufatmen in frischer Luft und Schwarzwald-Natur, Zeit für Wandern, Radfahren, Familie, Sport und Erholung. Unser Bergpanorama, satt grüne Wiesen und rauschende Bäche bieten eine eindrucksvolle Kulisse für Ihre Erlebnisse. Auch für kleine Entdecker gibt es viel zu erleben: ein Museums-Bergwerk, ein Wildnis-Erlebnispfad oder der MTB Trailpark... Mit Ihrer Dreisamtal Konus-Gästekarte nutzen Sie Bus und Bahn gratis und fahren in wenigen Minuten nach Freiburg oder mit der Höllentalbahn, auf einer der spektakulärsten Bahnstrecken Deutschlands, in den Hochschwarzwald.

Tour 1
Dreisamtal-Radwanderweg 38,7 km

HM/km: ↗ 5,7 (222m) ↘ 5,7 (222m) **Radweg:** 55 % **Unbefestigt:** 14 % **Verkehr:** 1 %

Entlang des familienfreundlichen Rundwegs lernen Sie die vier Gemeinden des schönen Dreisamtals nahe Freiburg kennen: Kirchzarten, Oberried, Buchenbach und Stegen. Die gemütliche Strecke bietet neben herrlichen Panoramablicken genügend Rastplätze, Einkehrmöglichkeiten und Spielplätze am Wegesrand. Das breite, sonnige Talbecken ist von einer beeindruckenden Berg-

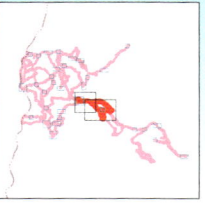

kulisse umgeben und zahlreiche Bademöglichkeiten in der Dreisam laden zu einer Abkühlung ein. Abwechslungsreiche Erlebnisse für die ganze Familie versprechen die Kulturdenkmäler oder die Natur- und Erlebniswelt im Steinwasen-Park in Oberried.

Charakteristik

Start/Ziel: Hbf Freiburg im Breisgau
Wegbeschaffenheit: Asphaltierte/befestigte Rad- und Forstwege und Straßen.
Beschilderung: Grünes Fahrrad auf weißem Grund
Steigungen: Lediglich zwischen Kirchzarten und Oberried ist ein kleiner Anstieg zu bewältigen, sonst verläuft die Route verkehrsfrei und ohne nennenswerte Steigungen stetig leicht bergauf bzw. bergab.
Anschlusstour(en): 2, 3, 5, 9, 12, 15

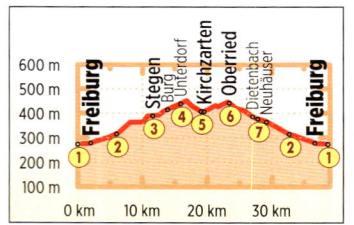

Klein Venedig in der Altstadt von Freiburg

1 Vom Hauptbahnhof führt die Route Richtung Dreisam und verläuft am rechten Ufer entlang bis Ebnet.

Freiburg im Breisgau
Vorwahl: 0761

🛈 **Tourist Information**, Rathauspl. 2-4, 📞 3881880, @ env246

🏛 **Archäologisches Museum**, Rotteckring 5, Colombischlössle, 📞 2012574 ♿ In drei Etagen werden hier die Epochen von der Urgeschichte bis zu den Kelten, der Römerzeit und des frühen Mittelalters durch Ausgrabungsfunde dargestellt. @ jiw381

🏛 **Augustinermuseum**, Augustinerpl. 1-3, 📞 2012531 ♿ Schwerpunkt der Samm ung ist die Oberrheinische Kunst. Gemälde von Hans Baldung Grien, Matthias Grünewald oder Lukas Cranach d. Ä. Die Schau der Glasmalerei vom Mittelalter bis zur Gegenwart ist eine der bedeutendsten in Deutschland. @ gwg765

🏛 **Haus der Graphischen Sammlung**, Salzstr. 32, im Augustinermuseum, 📞 2012550 ♿ In drei Wechselausstellungen pro Jahr werden Grafiken vom Mittelalter bis zur Gegenwart gezeigt. @ vjt865

Museum für Neue Kunst, Marienstr. 10a, ✆ 2012583 ✆ Mit den Themen Expressionismus, Neue Sachlichkeit und Abstraktion der 1950er Jahre sowie mit Werkbeispielen von Künstlern der jüngeren Generation setzt die Sammlung einen wichtigen Akzent in der Kunstszene Südwestdeutschlands. @ epu337

Natur und Mensch, Gerberau 32, ✆ 2012566 ✆ Das Museum vereint Naturkunde und Ethnologie unter einem Dach. In der Abteilung Naturkunde wecken neben den geologischen, botanischen und zoologischen Sammlungen, welche die Umgebung von Freiburg präsentieren, besonders das Edelsteinkabinett und die Spezialschau zum Thema Bienen Interesse. Die Abteilung Völkerkunde begleitet Sie um die Welt: von den alten Hochkulturen Ostasiens und Ägyptens über die indianischen Völker Amerikas und die Stämme Afrikas zu den Kulturen der Südsee. @ siu147

Wentzingerhaus – Museum für Stadtgeschichte, Münsterpl. 30, ✆ 2012515 ✆ Glanzstück des Museums ist die Münsterbaustelle – eine Mischung aus Architekturmodell und Zinnfigurendiorama. Einige Räume sind dem Maler, Bildhauer und Architekten Johann Christian Wentzinger (1710-97) gewidmet. @ enj845

Freiburger Fasnet-Museum im „Zunfthaus der Narren", Turmstr. 14, ✆ 22611 ✆✆ Eine Sammlung zur Fastnacht in Freiburg, die seit den 1930er Jahren in der traditionellen alemannischen Form gefeiert wird. @ xqi155

Uniseum, Bertoldstr. 17, ✆ 2033835 ✆ Streifzug durch sechs Jahrhunderte Universitäts- und Wissenschaftsgeschichte an der Albert-Ludwigs-Universität. @ tyf367

Zinnfigurenklause, Schloßbergring 2, Im Schwabentor, ✆ 24321, ✆ 2024505 ✆ Durch das strategisch wichtige Stadttor aus dem 13. Jh. führte die Salzstraße, ein alter Handelsweg. Im Obergeschoss stellen detailgetreue Dioramen die Kämpfe der Bauern und Bürger zwischen 1386 und 1848 dar. @ mki116

Freiburg im Breisgau

🎫 **Münster**, Münsterpl., ☎ 202790 🚉 Wahrzeichen der Stadt und wahrlich ein Prachtexemplar des gotischen Sakralbaus. Nach insgesamt 300-jähriger Baugeschichte fand seine Weihe erst 1513 statt. An die spätromanischen Ostteile schlossen sich nun das gotische Langhaus und der bis dahin beispiellose Westturm an. Bürgersinn und Spendenfreudigkeit verrät auch die reiche Ausstattung des Inneren: farbige Fenster mit dem Wappen der Patrizier und Zünfte oder die prachtvollen Chorkapellen mit Altären vom Spätmittelalter bis zur Neugotik. Eine Turmbesteigung führt vorbei am Glockenstuhl mit der 1258 gegossenen Hosanna zur Turmplattform unter dem prächtigen Maßwerkhelm, die einen weiten Überblick über die Stadt und das Umland bietet. @ rts251

🎫 **Adelhauser Neukloster**, Adelhauser Str. 33, ☎ 2108100 🚉 Die prächtige Klosteranlage entstand durch die Zusammenlegung von vier mittelalterlichen Klöstern, die nach kriegerischen Auseinandersetzungen im 17. Jh. zerstört wurden. Der vierflügelige barocke Neubau des Adelhauser Klosters wurde unter der Leitung des französischen Festungsingenieurs Jean La Douze erbaut und ist bis heute in großen Teilen der Ausstattung und Struktur erhalten. Nachdem Kaiser Joseph II. 1786 die Klausur aufhob, nutzte man das Gebäude als „Weibliches Lehr- und Erziehungsinstitut Adelhausen", heute ist es Standort der Stiftungsverwaltung Freiburg. @ idj667

🌸 **Altes Rathaus**, Rathauspl. 🚉 Das heutige Gebäude wurde 1557-59 aus mehreren älteren Häusern zusammengefügt. Dahinter befindet sich die aus dem 13. Jh. stammende Gerichtslaube, das älteste Rathaus der Stadt. In ihr wurde 1498 der Reichstag abgehalten. @ chb565

🌸 **Basler Hof**, Kaiser-Joseph-Str. 167 🚉 Eine wichtige Adresse auf den Spuren der Reformationsgeschichte: Von 1587 an diente der Hof für fast 100 Jahre dem Basler Domkapitel als Exilresidenz. Die Domherren ließen das 1496 errichtete

Blick auf das Schwabentor und Münster in Freiburg im Breisgau

Gebäude neu dekorieren und auch die Figuren der Basler Stadtheiligen an der Fassade anbringen. @ ycy373

❈ **Erzbischöfliches Ordinariat**, Schoferstr. 2, ✆ 21880 ⊜ Der monumentale Bau aus buntem Sandstein wurde 1906 nach dreißigjähriger Bauphase in der fantasievollen Architektur des Historismus fertiggestellt. Malereien von Franz Schilling schmücken die mächtigen Gewölbe und das Treppenhaus. Der Eingangsbereich ist frei zugängig, mehr Kunst mit byzantinischen, ägyptischen und keltischen Einflüssen sehen Sie bei einem vereinbarten Besuchstermin. @ mew721

❈ **Freiburger Markthalle**, Grünwälderstr. 4, ✆ 2117180 ⊜ Neben regionalen Spezialitäten verwöhnen Köstlichkeiten aus dem Orient, Lateinamerika und Europa den Gaumen. @ owl442

❈ **Historisches Kaufhaus**, Münsterpl. 24, ☾ Besichtigung von innen ausschließlich während stattfindender Veranstaltungen möglich. Der spätgotische Bau mit Treppengiebeln zeugt von der Bedeutung des Handels im mittelalterlichen Freiburg. Seine Bauzeit fällt in die ersten Jahrzehnte des 16. Jhs. Die Wappen, die Standbilder von Erkern und die Fassade sollen die Verbundenheit zum Haus Habsburg unterstreichen. @ ghg126

✱ **Klein Venedig,** Fischerau. Zwischen Martinstor und Schwabentor spiegeln sich die pittoresken Fassaden der alten, mit Blumen geschmückten, Häuser im klaren Wasser der Gerber- und Fischerau. Einst lebten und arbeiteten in diesem Ortsteil Handwerker der verschiedenen Zünfte, die das Wasser der Dreisam über mehrere Kanäle in ihre Betriebe leiteten. In den idyllischen Gässlein laden kleine Galerien, gemütliche Cafés und Geschäfte zum Genießen und Verweilen ein.

✱ **Kunstverein Freiburg**, Dreisamstr. 21, ☎ 34944 ♿ Die Halle des ehemaligen Marienbades bietet eine brillante Kulisse für zeitgenössische Kunst. @ kdc347

✱ **Martinstor,** Martinsgässle . Erbaut Anfang des 13. Jhs., zeugt das Stadttor von der mittelalterlichen Wehranlage mit ursprünglich fünf Tortürmen. Um 1900 wurde das Martinstor, das auch zeitweilig als Gefängnis diente, auf 63 m erhöht und erhielt einen Dachaufbau im historisierenden Stil des 15. Jhs. @ bqw338

✱ **Planetarium,** Bismarckallee 7g, ☎ 3890630 ♿ Im Planetarium mit modernster Technik tauchen Sie ins Universum ein und gehen auf eine Reise durch Raum und Zeit. @ wwo345

✱ **Schlossbergbahn,** Am Schlossberg 1 ♿ Der Schrägaufzug fährt vom Stadtzentrum in das attraktive Naherholungsgebiet des Schlossberges. Der 35 m hohe Schlossbergturm bietet fantastische Aussichten auf die Stadt und das Rheintal. Die Reste einer Festungsanlage aus dem Jahre 1679, weitläufige Parkanlagen und der Kanonenplatz erzählen von der bewegten Geschichte des Bergsporns. @ lsj736

⬛ **Faulerbad,** Faulerstr. 1, ☎ 2105530, @ ild725

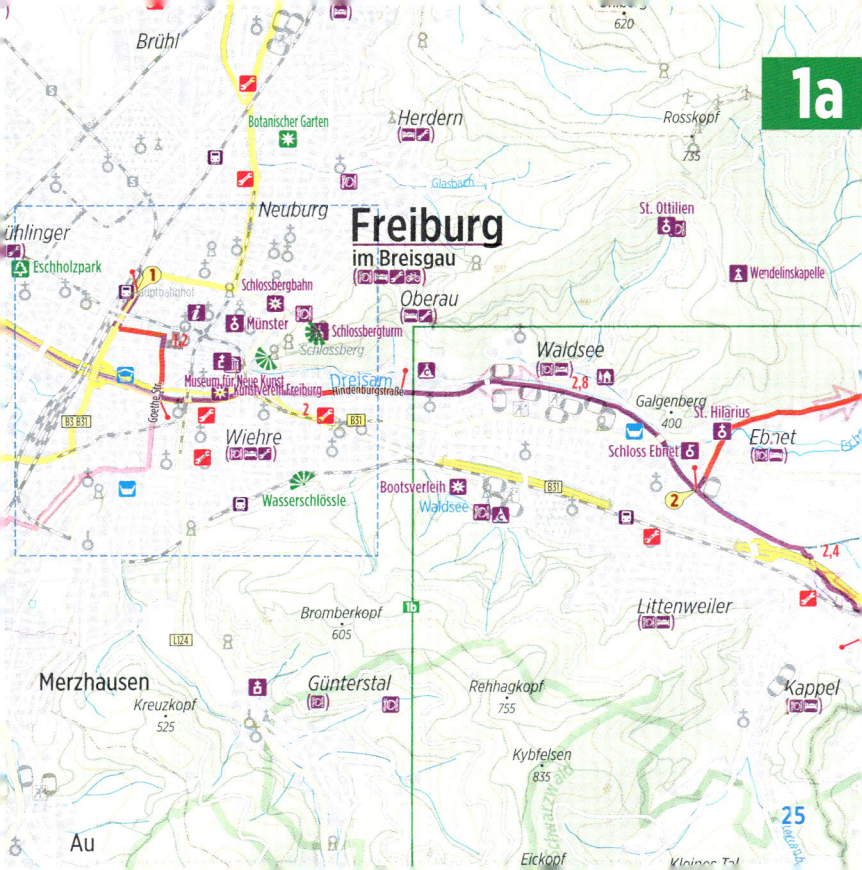

Freiburg
im Breisgau

1a

Brühl

Herdern

Rosskopf
735

Botanischer Garten

Neuburg

Glasbach

St. Ottilien

Wendelinskapelle

ühlinger

Eschholzpark

Hauptbahnhof

Schlossbergbahn

Münster

Schlossbergturm

Oberau

Schlossberg

Waldsee

2,8

Museum für Neue Kunst
Kunstverein Freiburg

Dreisam

Lindenburgstraße

Galgenberg
400

St. Hilarius

Ebnet

83 B31

B31

Wiehre

Schloss Ebnet

2

2,4

Bootsverleih

B31

Waldsee

Wasserschlössle

Littenweiler

Bromberkopf
605

1b

Merzhausen

Kreuzkopf
525

L124

Günterstal

Rehhagkopf
755

Kappel

Kybfelsen
835

Au

Eickopf

Kleines Tal

25

Blick in das Dreisamtal

In einer Ausbuchtung der Oberrheinebene nach Osten wurde Freiburg 1120 von der schwäbischen Adelsfamilie der Zähringer gegründet. Am Kreuzungspunkt der Fernhandelsstraßen Frankfurt-Basel und Paris-Wien gelegen, erblühte die Stadt – auch dank des Silberbergbaus – rasch zum Zentrum des Breisgaus.

Zeitweise fungierte Freiburg als Hauptstadt Vorderösterreichs. Die 1457 von Erzherzog Albrecht gestiftete Freiburger Universität ist eine der frühesten Universitätsgründungen und erlangte in der Folge zunehmend Bedeutung. Die Reformation konnte sich in Freiburg nicht durchsetzen, vielmehr bot die Stadt Religionsflüchtlingen Zuflucht. Nach dem Dreißigjährigen Krieg baute Marschall Vauban sie – ähnlich wie in Strasbourg und Neuf-Brisach – zu einer starken französischen Festung aus, die im 18. Jahrhundert restlos gesprengt wurde. Nach dem Zweiten Weltkrieg gab sich die stark zerstörte Stadt sichtlich viel Mühe, das Ambiente der Altstadt möglichst originalgetreu wiederherzustellen. Dies ist umso mehr gelungen, als die Stadt eine richtungsweisende Verkehrspolitik verfolgt und den Umstieg auf umweltschonendere Fortbewegungsmittel forciert. So hat Freiburg beispielsweise bereits in den 1970er Jahren als eine der ersten Städte Deutschlands die Innenstadt für den Autoverkehr gesperrt und eine großzügige Fußgängerzone geschaffen. Durch ein gelungenes Konzept für öffentliche Verkehrsmittel und Radfahrer sieht man heute in Freiburg nicht nur die zahlreichen Studenten durch die Innenstadt radeln (nur wenige Bereiche sind für den Radverkehr gesperrt), sondern auch Geschäftsleute, Touristen oder Menschen, die einfach am Markt einkaufen wollen.

Wirtschaftlich gesehen ist nach wie vor der Universitätsstandort ein wichtiger Faktor für die Ansiedelung von Unternehmen im Bereich Solar-, Medizin- und Medientechnologie. Darüber hinaus ist – bedingt durch das warme Klima und der Rolle als Tor zum Schwarzwald – der Tourismus ein bedeutender Wirtschaftszweig. Nicht zu vernachlässigen ist hierbei die Nähe zu den drei badischen Weinbaugebieten Mark-

gräflerland, Tuniberg und Kaiserstuhl. Es gibt also viel zu entdecken in der sonnigen Wein- und Universitätsstadt – vor allem als Radfahrer sind Sie hier bestens aufgehoben.

Wiehre (Freiburg im Breisgau)

Vorwahl: 0761

✳ **Wasserschlössle**, Waldseestr. Vorbild für die Gestaltung des Hochbehälters war ein Freiburger Stadtsiegel aus dem Jahr 1245, das auch die Kanaldeckel in der Altstadt sowie die Amtskette des Oberbürgermeisters ziert. Von hier haben Sie einen herrlichen Blick auf die Altstadt und das Freiburger Münster. @ vjb756

✉ **Lorettobad**, Lorettostr. 51a, ✆ 2105570, @ jnm866

Oberau (Freiburg im Breisgau)

Waldsee (Freiburg im Breisgau)

Vorwahl: 0761

✱ **Bootsverleih Waldsee**, Waldseestr. 84, ✆ 73688, @ qfs622

✉ **Strandbad**, Schwarzwaldstr. 195, ✆ 2105560, @ etw765

2 Auf dem Schlosssteg queren Sie die Dreisam und folgen dem Radweg und anschließend der Straße geradeaus durch Ebnet.

Ebnet (Freiburg im Breisgau)

St. Hilarius, Scheibenbergweg 3. Die ursprünglich gotische Kirche wurde 1720 im Stil der Barockzeit umgestaltet und gilt als die älteste barocke Landkirche im Breisgau. @ nuw264

Schloss Ebnet, Schwarzwaldstr. 278. Die ehemalige Wasserburg aus dem 14. Jh. wurde im Laufe der Zeit erweitert und im 18. Jh. zu einem Lustschloss in der Art des Mainfränkischen Rokoko umgestaltet. Nach einigen Besitzerwechseln ist das Ensemble seit über 200 Jahren in Besitz der Familie von Gayling-Westphal. Das barocke Herrenhaus und die Parkanlage wird für kulturelle Veranstaltungen genutzt. @ ffn443

3 Stegen

Vorwahl: 07661

Tourist-Information Dreisamtal, Hauptstr. 24, Kirchzarten, ✆ 907980, @ lon674

Schloss Stegen-Weiler, Hauptstr. Das Schloss und die Kapelle wurden Anfang

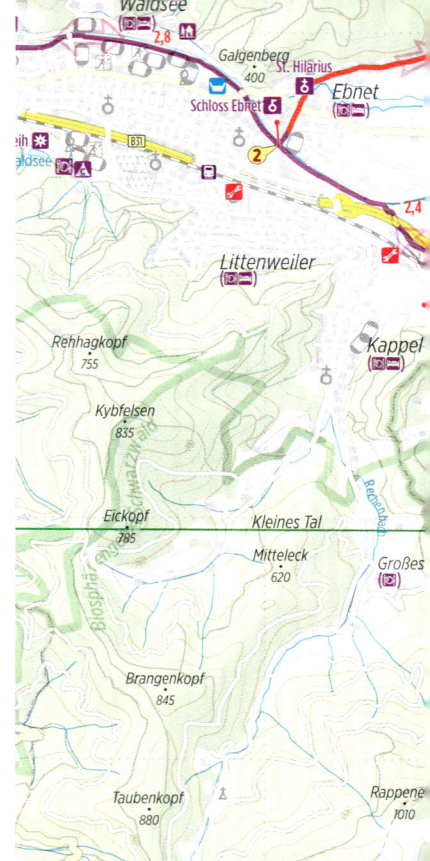

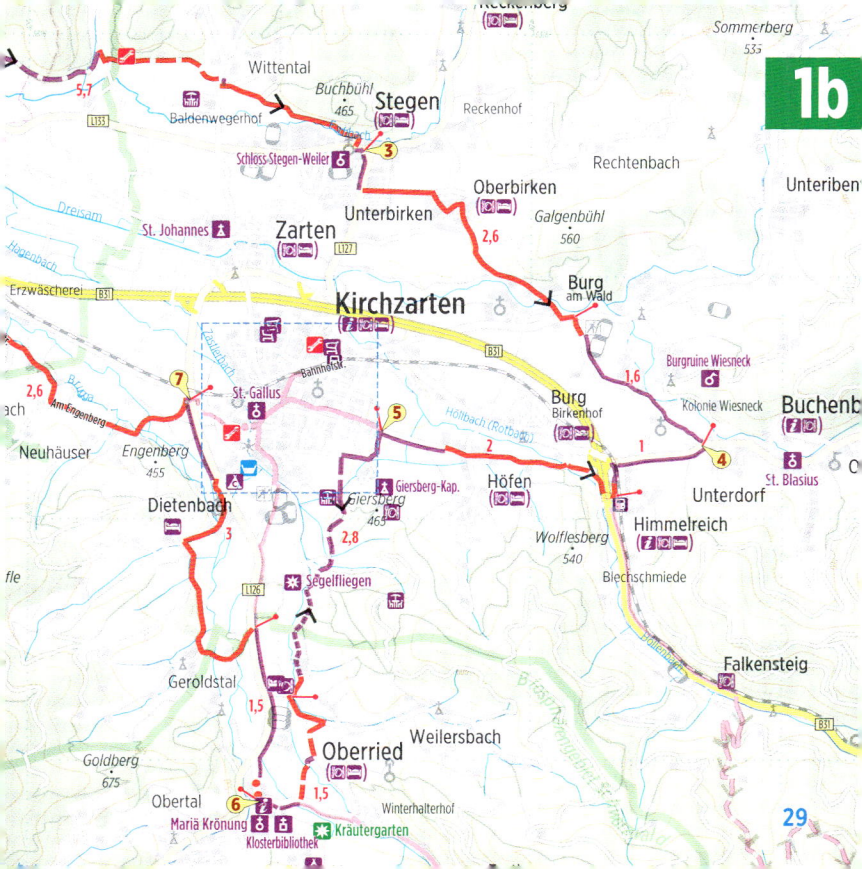

Reckenberg

Sommerberg
535

Wittental
Buchbühl 465

Stegen

Reckenhof

Rechtenbach

Unteriben

5,7

Baldenwegerhof

Schloss-Stegen-Weiler

3

Oberbirken

Unterbirken

Galgenbühl 560

St. Johannes

Zarten

2,6

Dreisam

Erzwäscherei B31

Kirchzarten

Burg am Wald

Burgruine Wiesneck

1,6

Kolonie Wiesneck

Buchenb

2,6

Brugga

Am Engenberg

7

St. Gallus

Höllbach (Rotbach)

Burg
Birkenhof

1

Unterdorf

4

St. Blasius

Neuhäuser

Engenberg
455

5

2

Höfen

Himmelreich

Dietenbach

Giersberg-Kap.
Giersberg 465

2,8

Wolflesberg
540

Blechschmiede

3

L126

Segelfliegen

Geroldstal

1,5

Oberried

Weilersbach

Falkensteig

B31

Goldberg
675

Obertal

6

1,5

Winterhalterhof

Mariä Krönung

Klosterbibliothek

Kräutergarten

Historische Kienzlerschmiede in Kirchzarten an der Dreisam

des 16. Jhs. erbaut und nach der Zerstörung im Dreißigjährigen Krieg wieder aufgebaut. Nach einigen Besitzerwechseln wurde es zuletzt von den Grafen von Kageneck bewohnt. Auf dem Gelände befindet sich heute das Kolleg St. Sebastian.

Zarten (Kirchzarten)

🅱 St. Johanneskapelle, Bundesstr. 40. Die im Volksmund „Zartener Münster" bezeichnete Kapelle beherbergt eine kostbare barocke Ausstattung und ihre Ursprünge reichen bis ins 9. Jh. zurück. @ rpv114

Oberbirken (Stegen)

Burg am Wald (Kirchzarten)

4 Buchenbach

Vorwahl: 07661

🄸 Tourist-Information Dreisamtal, Hauptstr. 24, Kirchzarten, ☎ 907980, @ lon674

🄸 Tourist-Info, Hauptstr. 20, ☎ 396540, @ kdd872

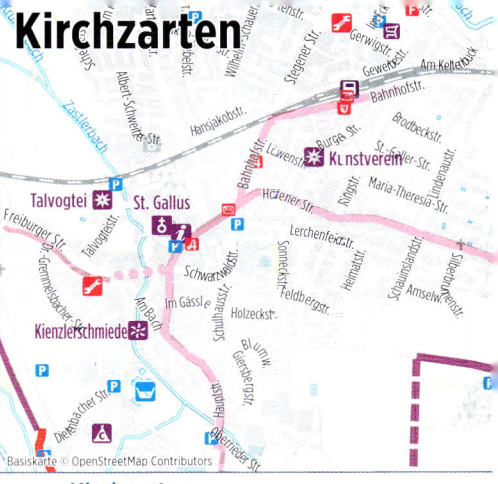
Basiskarte © OpenStreetMap Contributors

Kirchzarten

- ⚭ **St. Blasius,** Hauptstr. Die klassizistische Kirche von 1811 wurde bei Um- und Erweiterungsbauten im Stil der Neugotik umgestaltet. @ swj836
- ♂ **Burgruine Wiesneck.** Die Burg am Eingang de Höllentals war im 11. Jh. Sitz der Wiesecker. Nach der Zerstörung im Dreißigjährigen Krieg wurde die Anlage als Steinbruch geplündert. Einzelne Mauerwerke lassen die Ausmaße der einst strategisch wichtigen Festung erahnen.

Himmelreich (Kirchzarten)

Vorwahl: 07661

- ℹ **Kiosk am Bhf**, Himmelreich 38, ☏ 9862200, @ nrb735

Burg (Kirchzarten)

Höfen (Kirchzarten)

5 Der Dreisamtal-Radweg führt am Ortsanfang von Kirchzarten nach links Richtung Giersberg, geradeaus kommen Sie ins Zentrum des sehenswerten Ortes.

Kirchzarten

Vorwahl: 07661

- ℹ **Tourist-Information Dreisamtal,** Hauptstr. 24, ☏ 907980, @ lon674
- ⚭ **St. Gallus,** Kirchpl. 5. Romantik, Gotik und Barock prägen das Erscheinungsbild der heutigen Kirche. @ esb621
- ℹ **Giersberg-Kapelle,** Silberbrunnenstr. 11, ☏ 5398. Die 1737 erbaute barocke Wallfahrtskapelle ist der heiligen Maria geweiht. @ atv368

❊ **Kienzlerschmiede**, Am Bach 4, ☎ 907980 Ⓖ Ⓒ Die historische, wasserbetriebene Hammerschmiede war bis 1957 in Betrieb. @ wcq342

✿ **Kunstverein**, Burger Str. 8. In der Alten Evangelischen Kirche präsentieren junge Künstler in Wechselausstellungen Skulpturen und zeitgenössische Werke der Malerei. @ smp766

✿ **Talvogtei**, Talvogteistr. 12, ☎ 907980, ☎ 3930. Das ehem. Wasserschloss der Freiburger Vögte aus dem 17. Jh. ist heute Sitz des Rathauses Kirchzarten und Kulturzentrum. In den historischen Räumen werden regelmäßig Kunstausstellungen durchgeführt und der Innenhof wird für Veranstaltungen genutzt. Die Talvogtei kann im Rahmen einer Führung besichtigt werden. @ ext845

✉ **Dreisambad**, Dietenbacher Str. 15, ☎ 62585 ⓑ, @ fru784

Kirchzarten liegt im Zentrum des Dreisamtals und am Eingang des Höllentals, umringt von den Schwarzwaldbergen Feldberg und Schauinsland.

Der Ort ist eine der deutschen Mountainbike-Hochburgen und war Austragungsort der MTB-Weltmeisterschaften 1995. Hier findet alljährlich auch Europas größter Mountainbike-Marathon, der Black Forest Ultra Bike Marathon, statt.

TIPP Auf dem Streckenabschnitt bis Oberried ist ein kleiner Anstieg zu bewältigen. Ein Rastplatz mit Kneippanlage bietet sich vorab zum Entspannen und für eine Erfrischung an.

Segelflugplatz (Kirchzarten)

✿ **Segelfliegen**, Obernrieder Str., ☎ 0176/20802139. Jeweils an Wochenenden und an Feiertagen finden Gastflüge über das Dreisamtal statt. @ wwg168

Weilersbach (Oberried)

6 Oberried

Vorwahl: 07661

ℹ **Tourist-Information Dreisamtal**, Hauptstr. 24, Kirchzarten, ☎ 907980, @ lon674

ℹ **Gemeinde Oberried**, Klosterpl. 4, ☎ 93050, @ xbm146

⛪ **Wallfahrtskirche Mariä Krönung**, Klosterpl., ☎ 982080. Die ehem. Klosterkirche wurde Ende des 17. Jhs. erbaut und birgt im Inneren ein großes Wallfahrt-Kruzifix aus der Mitte des 16. Jhs. @ biv766

Klosterbibliothek Oberried, Klosterpl. 3. Das ehemalige Wilhemitenkloster und Benediktinerpriorat birgt einen Schatz an Büchern. Neben einer Bibelausgabe von 1482 sind Werke aus der Geschichte und Literatur vertreten, u. a. das kunstvoll mit Kupferstichen geschmückte Geschichtswerk „Theatrum Europaeum" von Matthaeus Merian. Führungen durch Bibliothek, Kirche und Kloster sind nach vorheriger Anmeldung möglich. @ sqw444

Kräutergarten, Vörlinsbachstr. 1, ✆ 5081 @ Im idyllisch gelegenen Kräutergarten neben dem Kloster wird das Wissen rund um die Wirkung der Heil- und Wildkräuter bewahrt. @ dag182

AUSFLUG Auf der 6 km lange Fahrt zum Steinwasenpark sind knapp 400 Höhenmeter auf einer Landstraße zu bewältigen. Mit den öffentlichen Verkehrsmitteln lässt sich die Strecke bequem zurücklegen.

Steinwasenpark (Oberried)

Steinwasen-Park,   Steinwasen 1,

✆ 07602/944680 @ Natur-Erlebniswelt mit Erlebnisseilbrücke, frei zu beobachtende heimische Wildarten Spielplätzen, Sommerrodelbahnen etc. Der Park liegt 6 km südlich von Oberried und ist über die L 126 zu erreichen. @ fei536

Dietenbach (Kirchzarten)

TIPP Am Ortsende von Dietenbach zweigt rechts ein Radweg zum Dreisambad ab.

7 Idyllisch an Schwarzwaldhöfen vorbei, führt die Route links Richtung Neuhäuser Tannenhof und verläuft entlang der Brugga bis zum Zusammenfluss mit der Dreisam. Ab hier geleitet Sie das Plätschern und Gurgeln der Dreisam bis nach Freiburg.

Kappel (Freiburg im Breisgau)

Littenweiler (Freiburg im Breisgau)

Nach ca. einem Kilometer erreichen Sie den Wegpunkt **2** am Schlosssteg und folgen dem bereits bekannten Radweg zurück zum Hauptbahnhof.

Freiburg im Breisgau   s. S. 19

Tour 2 Auf der Grünen Straße nach Neustadt im Schwarzwald

43,1 km

HM/km: ↗ 18,9 (815m) ↘ 6,6 (284m) **Radweg:** 34 % **Unbefestigt:** 20 % **Verkehr:** 1 %

Die Grüne Straße verbindet drei Regionen in zwei Ländern und ist ein Zeugnis deutsch-französischer Freundschaft. Auf dem Teilstück von Freiburg über Kirchzarten, Hinterzarten, und Titisee nach Neustadt „erfahren" Sie neben der landschaftlichen Schönheit des Hochschwarzwaldes das kulturelle Erbe der Region. Malerische Altstädte, Museen und Spuren früher Besiedelung spiegeln Jahrtausende alte Geschichte wider.

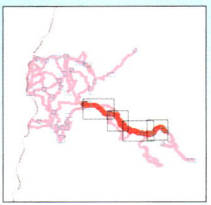

Charakteristik

Start: HBf Freiburg im Breisgau

Ziel: Titisee Neustadt

Wegbeschaffenheit: Asphaltierte/befestigte Rad- und Forstwege und Straßen.

Verkehr: geringes Verkehrsaufkommen

Beschilderung: Weißer Radfahrer auf tiefgrünem Grund.

Steigungen: konditionell anspruchsvoll, starker Anstieg von Falkensteig bis Alpersbach, anschließend hügeliger Verlauf

Anschlusstour(en): 3, 4

Historisches Kaufhaus in Freiburg im Breisgau

1 Die Route startet am Hauptbahnhof und führt entlang der Dreisam nach Neuhäuser.

Freiburg im Breisgau	s. S. 19

Oberau (Freiburg im Breisgau)

Waldsee (Freiburg im Breisgau)

Vorwahl: 0761

- ✳ **Bootsverleih Waldsee**, Waldseestr. 84, ☏ 73688, @ qfs622
- ▬ **Strandbad**, Schwarzwaldstr. 195, ☏ 2105560, @ etw765

Ebnet (Freiburg im Breisgau)

- ⚭ **St. Hilarius**, Scheibenbergweg 3. Die ursprünglich gotische Kirche wurde 1720 im Stil der Barockzeit umgestaltet und gilt als die älteste barocke Landkirche im Breisgau. @ nuw264
- ⚭ **Schloss Ebnet**, Schwarzwaldstr. 278. Die ehemalige Wasserburg aus dem 14. Jh. wurde im Laufe der Zeit erweitert und im 18. Jh. zu einem Lustschloss in der Art des Mainfränkischen Rokoko umgestal-

tet. Nach einigen Besitzerwechseln ist das Ensemble seit über 200 Jahren in Besitz der Familie von Gayling-Westphal. Das barocke Herrenhaus und die Parkanlage wird für kulturelle Veranstaltungen genutzt. @ ffn443

Littenweiler (Freiburg im Breisgau)

Kappel (Freiburg im Breisgau)

2 Neuhäuser

3 Kirchzarten

Vorwahl: 07661

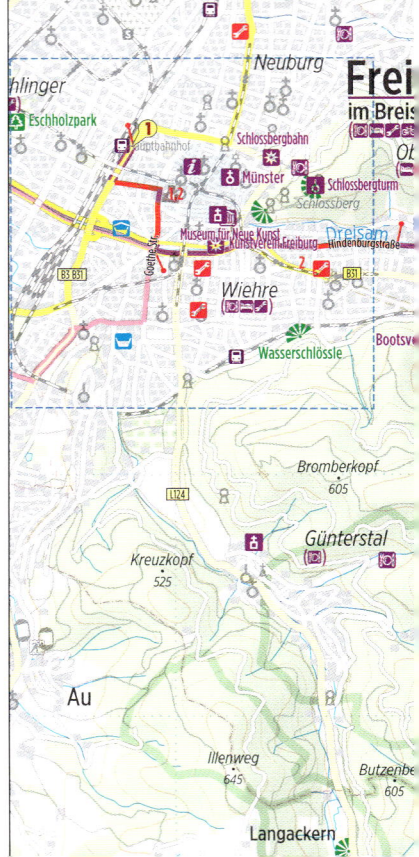

🅘 Tourist-Information Dreisamtal, Hauptstr. 24, ✆ 907980, @ lon674

🅑 St. Gallus, Kirchpl. 5. Romantik, Gotik und Barock prägen das Erscheinungsbild der heutigen Kirche. @ esb621

🅐 Giersberg-Kapelle, Silberbrunnenstr. 11, ✆ 5398. Die 1737 erbaute barocke Wallfahrtskapelle ist der heiligen Maria geweiht. @ atv368

🅚 Kienzlerschmiede, Am Bach 4, ✆ 907980 ⊘ ⊘ Die historische, wasserbetriebene Hammerschmiede war bis 1957 in Betrieb. @ wcq342

🅚 Kunstverein, Burger Str. 8. In der Alten Evangelischen Kirche präsentieren junge

Bollenhut und Schwarzwald-Tracht

Künstler in Wechselausstellungen Skulpturen und zeitgenössische Werke der Malerei. @ smp766

✿ **Talvogtei**, Talvogteistr. 12, ✆ 907980, ✆ 3930. Das ehem. Wasserschloss der Freiburger Vögte aus dem 17. Jh. ist heute Sitz des Rathauses Kirchzarten und Kulturzentrum. In den historischen Räumen werden regelmäßig Kunstausstellungen durchgeführt und der Innenhof wird für Veranstaltungen genutzt. Die Talvogtei kann im Rahmen einer Führung besichtigt werden. @ ext845

✉ **Dreisambad**, Dietenbacher Str. 15, ✆ 62585 ⓝ, @ fru784

Kirchzarten liegt im Zentrum des Dreisamtals und am Eingang des Höllentals, umringt von den Schwarzwaldbergen Feldberg und Schauinsland.

Der Ort ist eine der deutschen Mountainbike-Hochburgen und war Austragungsort der MTB-Weltmeisterschaften 1995. Hier findet alljährlich auch Europas größter Mountainbike-Marathon, der Black Forest Ultra Bike Marathon, statt.

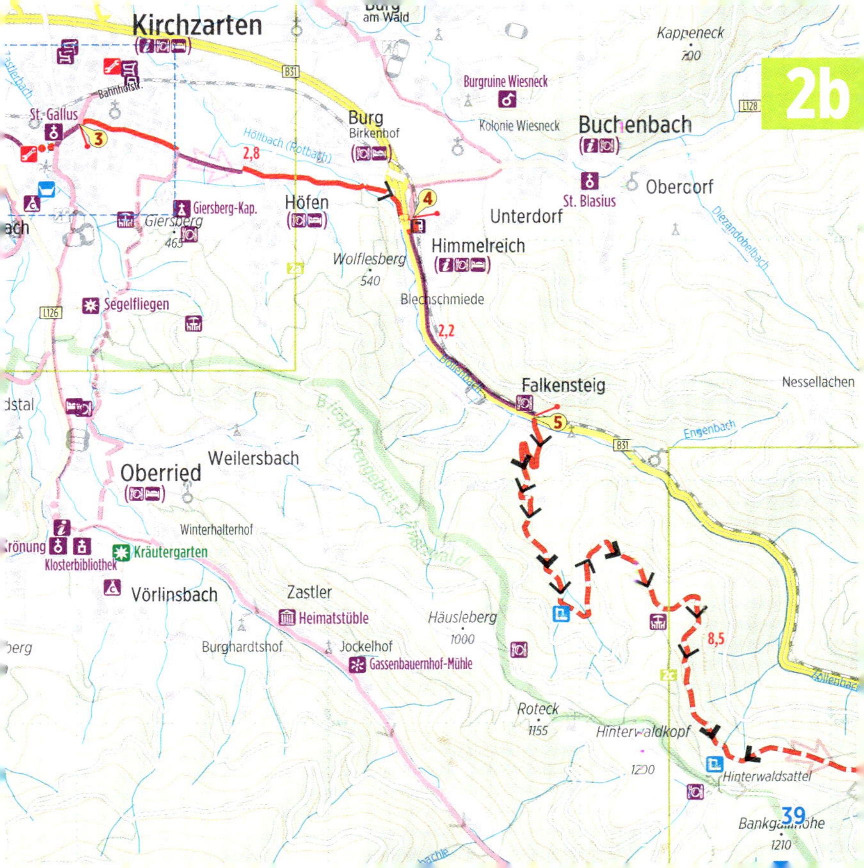

2b
Kirchzarten
Burg am Wald
Kappeneck
700
Bahnhofstr.
St. Gallus
Höllbach (Rotbach)
2,8
Burg
Birkenhof
Burgruine Wiesneck
Kolonie Wiesneck
Buchenbach
St. Blasius
Obercorf
Unterdorf
Höfen
Giersberg-Kap.
Giersberg
465
Himmelreich
Wolflesberg
540
Blechschmiede
Diezendobelbach
2,2
Segelfliegen
Falkensteig
Nessellachen
Engenbach
B31
L126
L128
Oberried
Weilersbach
Winterhalterhof
Klosterbibliothek
Kräutergarten
Vörlinsbach
Zastler
Heimatstüble
Häusleberg
1000
Burghardtshof
Jockelhof
Gassenbauernhof-Mühle
8,5
Roteck
1155
Hinterwaldkopf
1200
Hinterwaldsattel
Bankgallhöhe
1210
39

Blick auf Hinterzarten

🛈 Kiosk am Bhf, Himmelreich 38, ✆ 9862200, @ nrb735

In Falkensteig beginnt eine sportliche Etappe bis kurz vor Alpersbach. Auf einer Länge von rund 8 Kilometern führt die Route über die bewaldeten Berghügel des Schwarzwaldes.

5 Falkensteig (Buchenbach)

6 Alpersbach (Hinterzarten)

Windeck (Hinterzarten)

❊ Hochgangsäge, Löffeltal. Die Einstelzer-Hochgangsäge wurde im 18. Jh. als Hofsäge errichtet und im Jahr 2001/2002 restauriert. Der Antrieb erfolgt über ein Wasserrad.

7 Hinterzarten

Vorwahl: 07652

ℹ Hochschwarzwald Tourismus, Freiburger Str. 1, ✆ 12060, @ svb453

🏛 Schwarzwälder Skimuseum, Erlenbrucker Str. 35, im Hugenhof, ✆ 982192 ♿ Im 300 Jahre alten Hugenhof ist die Entwicklung des Skilaufens, von der Ski-Herstellung über Skimode, Medaillen, bis hin zu erfolgreichen Sportlern, dargestellt. @ poy577

🏛 Spielzeugmuseum Zum kleinen Hannes, Adlerschanze 1, ✆ 980563 ☺ Spielzeug aus zwei Jahrhunderten und Sonderausstellungen mit themenbezogenen Sammlungen lassen die Besucher in Kindheitserinnerungen schwelgen. @ dnl251

⛪ Maria in der Zarten, Vincent-Zahn-Weg 1, ✆ 253 ♿ Achteckige, moderne Glas-Bauweise mit Barockaltären, Turm und Chor stammen von einer Vorgängerkirche. @ vcw557

✳ Adler-Skistadion, Adlerschanze 1, ✆ 12060. Auf den 4 Sprungschanzen

trainieren nicht nur internationale Springer, sondern es werden auch hochkarätige Wettbewerbe ausgetragen. @ mwy317

✳ Hinterzartener Hochmoor @ Auf rund 70 ha befindet sich das größte Moor des Schwarzwaldes, welches für jedermann gut zugänglich ist – ein beispielhaftes Projekt des Natur- und Artenschutzes. @ pjf222

✳ **Naturerlebnispfad,** Freiburger Str. Spielerische Aktionen lassen Sie auf 3,5 km die Natur mit allen Sinnen aktiv erkunden und erleben. Start ist beim Kurhaus. @ bit668

Der Luftkurort Hinterzarten ist vor allem Skisprung-Fans ein Begriff. Denn bereits 1923 wurde hier die erste Sprungschanze errichtet und bis heute zu einem Schanzenzentrum mit insgesamt vier Skisprungschanzen ausgebaut. Skispringer und Nordische Kombinierer verschiedenster Nationen trainieren in Hinterzarten im Sommer wie im Winter – und seit 1982 findet hier auch jährlich das sogenannte „Sommerspringen" statt. Bekannt wurde vor allem die Adlerschanze zur aktiven Zeit des Skispringers Georg Thoma, der hier auf seiner Heimatschanze in den 1960er Jahren nur selten geschlagen wurde.

Der Tourismus prägt jedoch nicht nur im Winter das Orts- und Landschaftsbild, auch im Sommer bieten zahlreiche Wanderwege ideale Bedingungen für Ruhe und Erholung im Höhenluftkurort Hinterzarten.

KuckucksNest Hofgut Sternen, Eingang Ravennaschlucht

Zum Sternen (Breitnau)

Vorwahl: 07652

🏛 **GlasManufaktur Hofgut Sternen**, Höllsteig 76, ☎ 901178 ⓐ Im Höllental begann die Historie der Glasbläserei im 18. Jh. Im Showroom erleben Sie die Entstehung einzigartiger dekorativer Objekte des Glasmachers und Glasbläsers. @ oxh631

🏛 **Heimatpfad Hochschwarzwald**, Höllsteig 76, Breitnau ⓐ Die atemberaubende Schluchtenwanderung führt Sie vorbei an den Kulturdenkmälern der Region. Seilerei, Glasbläserei, Mühlen und Sägen sind die Zeitzeugen des bäuerlichen Lebens und von altem Handwerk. Dieses Freilichtmuseum können Sie auf einem Rundweg von 7,5 km bequem erwandern. @ tgo355

Titisee

Basiskarte © OpenStreetMap Contributors

St. Oswald. Die Kapelle war 1148 die erste Pfarrkirche im Ort und ist somit eines der ältesten Zeugnisse der Geschichte des Höllentals und seiner Bewohner. Den Schlüssel für eine Besichtigung erhalten Sie im Hofgut Sternen. @ ibk718

KuckucksNest, Höllsteig 76, ✆ 9010. Am Eingang begrüßt Sie die größte Uhr vom Hochschwarzwald bevor Sie einen Einblick in die Herstellung der Kuckucksuhren im Schwarzwald nehmen. Die Tradition der geschnitzten Holzuhren gibt es bereits seit dem Jahr 1765. @ ibm664

Ravennabrücke, Höllsteig 77. Die ehem. Brücke (Bj. 1885) mit drei Sandsteinpfeilern wurde 1926 durch ein Steinviadukt mit neun Bögen ersetzt. Spektakulär führt sie in 36 m Höhe die Höllentalbahn über

die Ravennaschlucht und ist die einzige in beheizbare Brücke in Deutschland.

Ravennaschlucht, Höllsteig 76. In dem schmalen und steilen Seitental des Höllentals bahnt sich der Wildbach Ravenna über viele Kaskaden und Wasserfälle seinen Weg. Bei einer Wanderung sollten Sie festes Schuhwerk tragen, da der Weg auf Holzstegen teils über Treppen und Felsgalerien führt.

Karibikfeeling und Aktion mitten im idyllischen Schwarzwald verspricht das Badeparadies Schwarzwald. Planen Sie Zeit für eine entspannte Auszeit in der Palmen- oder Wellness-Oase ein oder verspüren Sie den Nervenkitzel und jede Menge Spaß im Actionparadies mit Abenteuerrutschen, wildem Wellenbecken und waghalsigen Sprungtürmen.

8 Titisee (Titisee-Neustadt)

Vorwahl: 07651

🛈 **Tourist-Information**, Strandbadstr. 4, ☏ 07652/12060, @ xqc437

⛵ **Bootsbetrieb Drubba**, Seestr. 37, ☏ 9812948. Bootsrundfahrten und Mietboote. @ kpt471

⛵ **Bootsbetrieb Schweizer**, Seestr. 33, ☏ 8214. Bootsrundfahrten; Elektro-, Ruder- und Tretbootverleih. @ irj288

🏛 **Kunstareal M-A-C**, Seestr. 21/1, ☏ 2040597 ⓐ Es werden Modelleisenbahnen und andere Ausstellungsobjekte der Firma Märklin aus über 150 Jahren Produktion präsentiert. Die Galerie zeigt Gemälde von Hans-Jörg Franz und Werke von wechselnden Künstlern. Ein Adventure-Minigolfplatz und das Café-Restaurant im Kunstareal M-A-C vereinen Kunst, Kultur, Spiel und Spaß. @ ryo267

✳ **ActionForest**, Neustädter Str. 41, ☏ 9331170 ⓖ Kletterparcours mit verschiedenen Schwierigkeitsgraden; Kletterbäume, Brücken, Kistenklettern, etc. @ dii426

✳ **Zäpfle Bähnle**, Seestr. 11, ☏ 0175/7238971 ⓐ Von der Gaststätte Pferdestall aus führt die gemütliche Rundfahrt durch den Schwarzwald. Dauer: ca. 1 Std. @ aeb358

✳ **Schwarzwald-Galerie Colucci**, Jägerstr. 19, ☏ 88024, ☏ 01515/1068297 ⓐ Ausstellung und Verkauf von Schwarzwaldgemälden. @ yjo847

🔲 **Badestelle Titisee**, Strandbadstr.1. Große Liegewiese, Spielwiese Volleyball, Tischtennis, Gastronomie, @ cwk357

🔲 **Strandbad Titisee**, Strandbadstr. 1, ☏ 2060. Große Liegewiese, Stand-Up-Paddling und Kajak-Verleih, ohne Wasseraufsicht. @ lxn877

🔲 **Badeparadies Schwarzwald**, Am Badeparadies 1, ☏ 0800/04444333 ⓐ Es er-

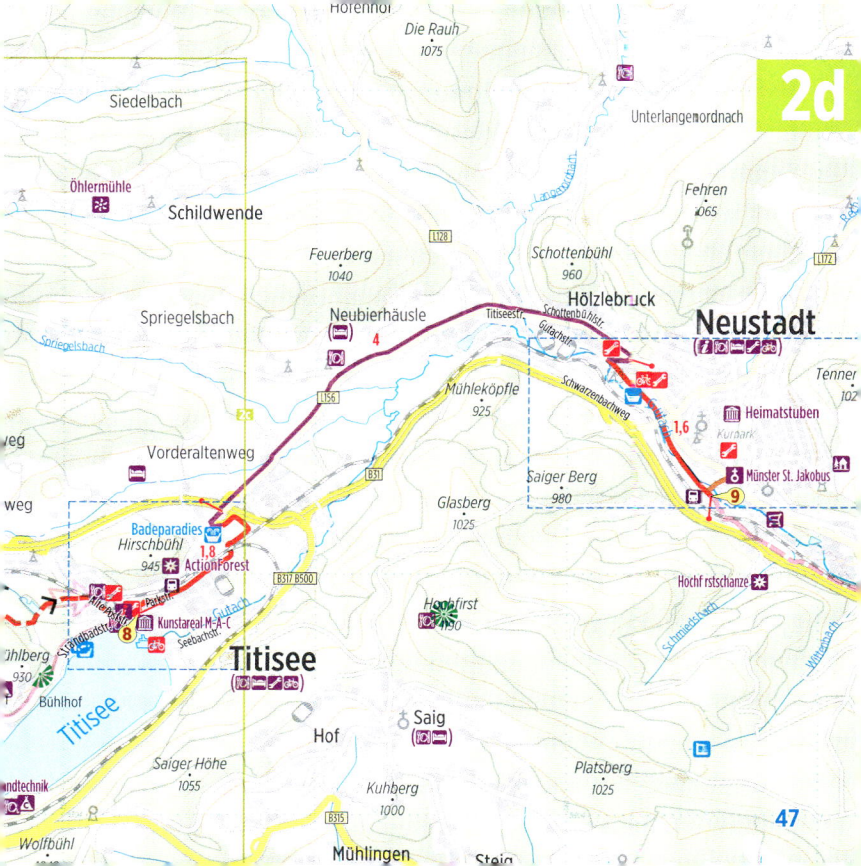

warten Sie u. a. eine Palmenoase, 23 Hightech-Rutschen und eine Saunawelt. @ xdl268

Der Ort Titisee gilt, ebenso wie Hinterzarten, als heilklimatischer Kurort – und dementsprechend viele Touristen sind hier oft anzutreffen. Spätestens in der Flaniermeile zum Titisee hinunter werden Sie merken, dass der größte Natursee des Schwarzwaldes ein äußerst beliebtes Ausflugsziel darstellt. Und das zu Recht: Der 1,3 Quadratkilometer große klare Gletschersee auf 850 Meter Seehöhe bildet nicht nur eine wunderschöne Kulisse für gemütliche Spaziergänge, sondern lädt auch zum Tretbootfahren, Segeln und Schwimmen ein.

AUSFLUG Entlang des Sees bietet sich ein Ausflug in den Ort Bruderhalde an. Die Route ist in der Karte 2c ersichtlich.

Bruderhalde (Hinterzarten)

Vorwahl: 07652

🏛 Museum für alte Landtechnik, Bruderhalde 31, Bankenhof, ✆ 5888 ◔ Die historische Sammlung landwirtschaftlicher Geräte, vom Holzpflug bis hin zum 20-PS-Traktor, dokumentiert das entbehrungsreiche Leben im Hochschwarzwald. @ gas221

🏛 Feuerwehrmuseum, Bruderhalde 30, ✆ 917970 ⚄ Geräte und Ausrüstungsgegenstände dokumentieren 150 Jahre Feuerwehrgeschichte in Baden-Württemberg. @ aya267

Titisee-Neustadt

9 Neustadt (Titisee-Neustadt)

Vorwahl: 07651

🛈 Infopoint Neustadt, Hauptstr. 16, ✆ 07652/12068188, @ emc353

🏛 Heimatstuben, Scheuerlenstr. 31, ✆ 206124 ◔ Das Heimatmuseum zeigt anhand von eindrucksvollen Bildern und Gegenständen aus dem Alltag die Geschichte der Schwarzwaldstadt und ihrer Bewohner. @ lkn367

🏰 Münster St. Jakobus, Bei der Kirche 1, ✆ 5930. Die spätgotische Kirche aus rotem Buntsandstein ist bis auf die Strebebalken am Chor weiß verputzt. @ ovx278

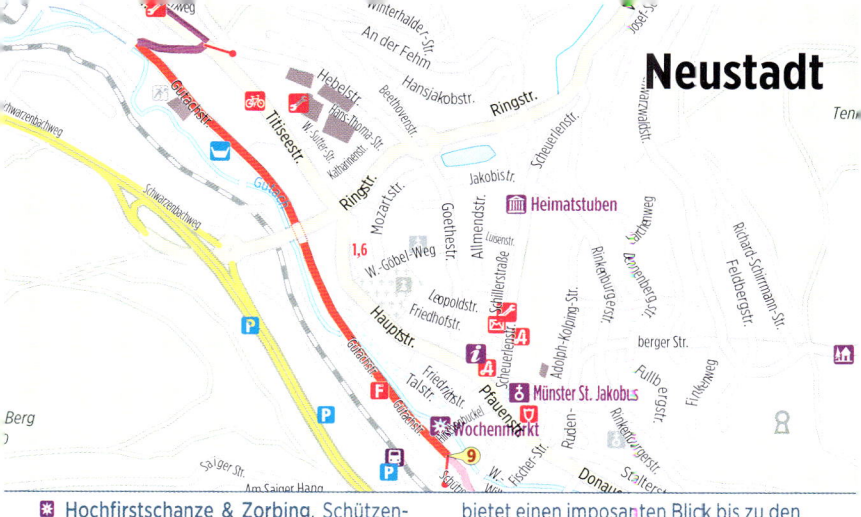

Neustadt

❋ **Hochfirstschanze & Zorbing**, Schützenstr. 100, ☎ 07641/6588, ☎ 0151/19474666. Im Auslauf der größten Naturschanze Deutschlands kann in transparenten Riesenkugeln den Hang hinuntergerollt werden. @ ypy155

❋ **Wochenmarkt**, Parkpl. Narrenbrunnen, ☎ 2060. Jeden Sa Vormittag. @ ryr614

❋ **Hochfirstturm**, Auf dem Hochfirst 10, ☎ 7575. Die 25 m hohe Aussichtsplattform bietet einen imposanten Blick bis zu den Alpen. Turmschlüssel im Gasthaus. @ tfa275

❤ **Freibad Neustadt**, Gutachstr. 33, ☎ 9331121 ⓖ, @ bhm613

Tour 3
Drei-Seen-Radwanderweg 61,9 km

HM/km: ⚹ 18,0 (1.116m) ⚹ 9,1 (564m) **Radweg:** 32 % **Unbefestigt:** 22 % **Verkehr:** 1 %

Entlang der Route entdecken Sie die Einzigartigkeit der Schwarzwälder Mittelgebirgslandschaft. Atemberaubende Ausblicke, kulturhistorische Sehenswürdigkeiten und zahlreiche Wassersportaktivitäten entlohnen für die sportlichen Etappen. Von Kirchzarten radeln Sie über die Passhöhe Rinken nach Hinterzarten und weiter an den Titisee. Vorbei am Windigfällweiher erreichen Sie den malerischen Schluchsee.

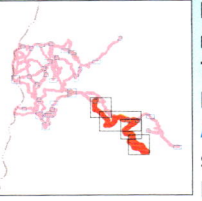

Charakteristik

Start: Kirchzarten

Ziel: Schluchsee

Anreise: PKW: A 5 Karlsruhe-Basel, Ausfahrt Freiburg Mitte auf B 31 in Richtung Donaueschingen bis Kirchzarten. Mit dem ICE, EC oder IC bis nach Freiburg-Hbf. Von Freiburg im Halbstundentakt mit der Höllentalbahn nach Titisee-Neustadt, Haltestelle Kirchzarten.

Abreise: Mit einmaligem Umsteigen fahren Sie mit der Dreiseenbahn bis Titisee und weiter mit dem Anschlusszug nach Kirchzarten oder bis Freiburg.

Wegbeschaffenheit: überwiegend asphaltierte Rad-, Forst- u. Landwirtschaftswege

Verkehr: geringes Verkehrsaufkommen

Beschilderung: Grünes Fahrrad auf weißem Grund

Steigungen: Starke Steigungen von Oberried auf die Passhöhe Rinken.

Anschlusstour(en): 1, 2, 4

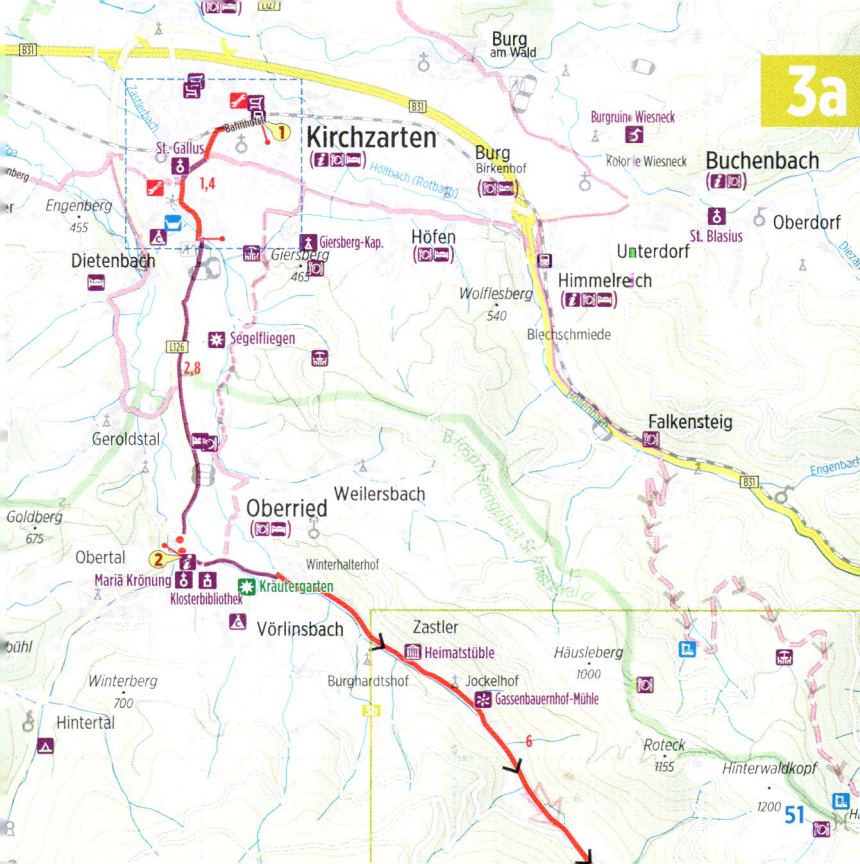

Burg
am Wald

Burgruine Wiesneck

Kolorie Wiesneck

Buchenbach

B31

Kirchzarten

Burg
Birkenhof

St. Blasius

Oberdorf

St. Gallus

1,4

Engenberg
455

Dietenbach

Giersberg-Kap.

Giersberg
465

Höfen

Unterdorf

Wolflesberg
540

Himmelreich

Höllbach (Rotbach)

L126

2,8

Ségelfliegen

Blechschmiede

Falkensteig

B31

Engenbach

Geroldstal

Weilersbach

Oberried

Goldberg
675

Obertal

Mariä Krönung

Klosterbibliothek

Winterhalterhof

Kräutergarten

Vörlinsbach

Zastler

Heimatstüble

Häusleberg
1000

bühl

Burghardhof

Jockelhof

Gassenbauernhof-Mühle

Winterberg
700

Hintertal

6

Roteck
1155

Hinterwaldkopf

1200

51

3a

1 Kirchzarten

s. S. 31

Segelflugplatz (Kirchzarten)

✳ **Segelfliegen**, Obernrieder Str., ✆ 0176/20802139. Jeweils an Wochenenden und an Feiertagen finden Gastflüge über das Dreisamtal statt. @ wwg168

2 Oberried

Vorwahl: 07661

ℹ **Tourist-Information Dreisamtal**, Hauptstr. 24, Kirchzarten, ✆ 907980, @ lon674

ℹ **Gemeinde Oberried**, Klosterpl. 4, ✆ 93050, @ xbm146

🏛 **Wallfahrtskirche Mariä Krönung**, Klosterpl., ✆ 982080. Die ehem. Klosterkirche wurde Ende des 17. Jhs. erbaut und birgt im Inneren ein großes Wallfahrt-Kruzifix aus der Mitte des 16. Jhs. @ biv766

🏛 **Klosterbibliothek Oberried**, Klosterpl. 3. Das ehemalige Wilhemitenkloster und Benediktinerpriorat birgt einen Schatz an Büchern. Neben einer Bibelausgabe von 1482 sind Werke aus der Geschichte und Literatur vertreten, u. a. das kunstvoll mit Kupferstichen geschmückte Geschichtswerk „Theatrum Europaeum" von Matthaeus Merian. Führungen durch Bibliothek, Kirche und Kloster sind nach vorheriger Anmeldung möglich. @ sqw444

✳ **Kräutergarten**, Vörlinsbachstr. 1, ✆ 5081 ♿ Im idyllisch gelegenen Kräutergarten neben dem Kloster wird das Wissen rund um die Wirkung der Heil- und Wildkräuter bewahrt. @ dag182

Zastler (Oberried)

- **Heimatstüble**, Talstr. 27, Im Rathaus, ☎ 07661/989077, ☎ 07661/5038. Die Exponate der Holzfällergemeinde veranschaulichen, dass Holz hier immer eine lebenswichtige Rolle spielte. @ kgi863
- **Gassenbauernhof-Mühle**, Talstr. 26, ☎ 07661/989230, ☎ 07661/2400 ⌚ ⌚ Die über 250 Jahre alte Mühle ist die letzte von 15 Getreidemühlen im Zastlertal. Eine originalgetreue Mühlenstube in dem aufwendig restaurierten Gebäude erinnert an vergangene Zeiten. @ fna384

3 Ab dem Schweizerhof wird das Zastlerbachtal enger und es beginnt eine konditionell anspruchsvolle Etappe bis zur Passhöhe Rinken auf 1.197 m.

4 Rinken (Hinterzarten)

5 Alpersbach (Hinterzarten)

Windeck (Hinterzarten)

- **Hochgangsäge**, Löffeltal. Die Einstelzer-Hochgangsäge wurde im 18. Jh. als Hofsäge errichtet und im Jahr 2001/2002 restauriert. Der Antrieb erfolgt über ein Wasserrad.

6 Hinterzarten

Vorwahl: 07652

- **Hochschwarzwald Tourismus**, Freiburger Str. 1, ☎ 12060, @ swb453
- **Schwarzwälder Skimuseum**, Erlenbrucker Str. 35, im Hugenhof, ☎ 932192 ⌚ Im 300 Jahre alten Hugenhof ist die Entwicklung des Skilaufens, von der Ski-Herstellung über Skimode, Medaillen, bis hin zu erfolgreichen Sportlern, dargestellt. @ poy577
- **Spielzeugmuseum Zum kleinen Hannes**, Adlerschanze 1, ☎ 930563 ⌚ Spielzeug aus zwei Jahrhunderten und Sonderausstellungen mit themenbezogenen Sammlungen lassen die Besucher in Kindheitserinnerungen schwelgen. @ dnl251
- **Maria in der Zarten**, Vincent-Zahn-Weg 1, ☎ 253 ⌚ Achteckige, moderne Glas-Bauweise mit Barockaltären, Turm und Chor stammen von einer Vorgängerkirche. @ vcw557
- **Adler-Skistadion**, Adlerschanze 1, ☎ 12060. Auf den 4 Sprungschanzen trai-

53

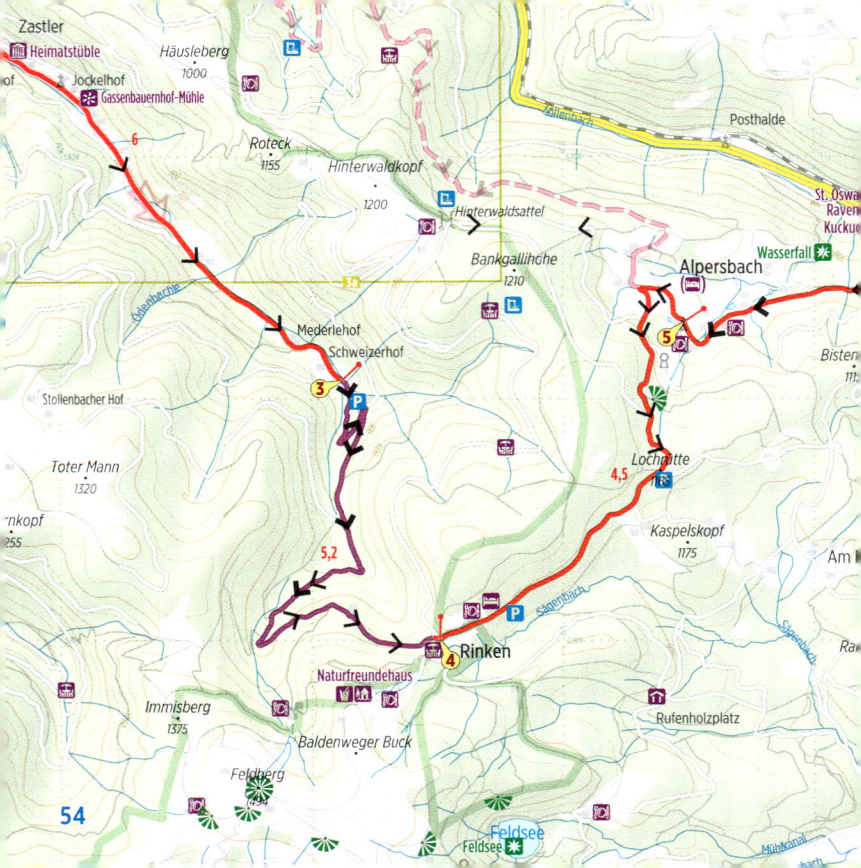

Ohlermü1le

Heiligenbrunnen

Kap. Heiligenbrunnen

Wanderheim

Konradenhof

Spriegelsbach

Vorderaltenweg

Ravennaschlucht

Zum Sternen

natpfad

Ödenbach

B500

Steig

Rössleberg

Oberaltenweg

Höchgangsäge

n-Wasserfall

3,5

Altenweg

5,7

Windeck

Hinterzartener Hochmoor

6

Hinterzarten

B31 B500

Badeparadies

Hirschbühl

945

ActionForest

4,2

Bammelweg

Winterhaldenweg

Kunstareal M-A-C

Winterhalden

7

Seebach

Adler-Skistadion

Maria in der Zarten
Spielzeugmuseum

Skimuseum

Kesslerhöhe

Schwei

1015

Bühlberg

930

Titisee

Kesslerhöhe

Hagenberg

1035

Bühlhof

Weberbauernhof

Erlenbruck

Bruderhalde

Feuerwehrmuseum

8

Museum für alte Landtechnik

Saiger Höhe

1055

Matthisleweiher

Silberberg

1025

Eckle

1115

Dornecker Höhe

1030

Wolfbühl

104

4,2

Bartleshof

Schuppenhörnle

1095

Vorcerfalkau

Schnapsmuseum

Bärental

Mittelfalkau

Sommerberg

9

nieren nicht nur internationale Springer, sondern es werden auch hochkarätige Wettbewerbe ausgetragen. @ mwy317

🔷 **Hinterzartener Hochmoor** ⚲ Auf rund 70 ha befindet sich das größte Moor des Schwarzwaldes, welches für jedermann gut zugänglich ist – ein beispielhaftes Projekt des Natur- und Artenschutzes. @ pjf222

🔷 **Naturerlebnispad**, Freiburger Str. Spielerische Aktionen lassen Sie auf 3,5 km die Natur mit allen Sinnen aktiv erkunden und erleben. Start ist beim Kurhaus. @ bit668

Der Luftkurort Hinterzarten ist vor allem Skisprung-Fans ein Begriff. Denn bereits 1923 wurde hier die erste Sprungschanze errichtet und bis heute zu einem Schanzenzentrum mit insgesamt vier Skisprungschanzen ausgebaut. Skispringer und Nordische Kombinierer verschiedenster Nationen trainieren in Hinterzarten im Sommer wie im Winter – und seit 1982 findet hier auch jährlich das sogenannte „Sommerspringen" statt. Bekannt wurde vor allem die Adlerschanze zur aktiven Zeit des Skispringers Georg Thoma, der hier auf seiner Heimatschanze in den 1960er Jahren nur selten geschlagen wurde.

Der Tourismus prägt jedoch nicht nur im Winter das Orts- und Landschaftsbild, auch im Sommer bieten zahlreiche Wanderwege ideale Bedingungen für Ruhe und Erholung im Höhenluftkurort Hinterzarten.

Stadtplan   s. S. 41

AUSFLUG In Hinterzarten bietet sich ein Ausflug zum Hofgut Sternen und in die wild-romantische Ravennaschlucht an.

Zum Sternen (Breitnau)

Vorwahl: 07652

🏛 **GlasManufaktur Hofgut Sternen**, Höllsteig 76, ✆ 901178 ⚲ Im Höllental begann die Historie der Glasbläserei im 18. Jh. Im Showroom erleben Sie die Entstehung einzigartiger dekorativer Objekte des Glasmachers und Glasbläsers. @ oxh631

🏛 **Heimatpfad Hochschwarzwald**, Höllsteig 76, Breitnau ⚲ Die atemberaubende Schluchtenwanderung führt Sie vorbei an den Kulturdenkmälern der Region.

Viadukt der Höllentalbahn über die Ravennaschlucht

Seilerei, Glasbläserei, Mühlen und Sägen sind die Zeitzeugen des bäuerlichen Lebens und von altem Handwerk. Dieses Freilichtmuseum können Sie auf einem Rundweg von 7,5 km bequem erwandern. @ tgo355

⚿ **St. Oswald.** Die Kapelle war 1148 die erste Pfarrkirche im Ort und ist somit eines der ältesten Zeugnisse der Geschichte des Höllentals und seiner Bewohner. Den Schlüssel für eine Besichtigung erhalten Sie im Hofgut Sternen. @ ibk718

✳ **KuckucksNest**, Höllsteig 76, ✆ 9010. Am Eingang begrüßt Sie die größte Uhr vom Hochschwarzwald bevor Sie einen Einblick in die Herstellung der Kuckucksuhren im Schwarzwald nehmen. Die Tradition der geschnitzten Holzuhren gibt es bereits seit dem Jahr 1765. @ ibm664

✳ **Ravennabrücke**, Höllsteig 77. Die ehem. Brücke (Bj. 1885) mit drei Sandsteinpfeilern wurde 1926 durch ein Steinviadukt mit neun Bögen ersetzt. Spektakulär führt sie in 36 m Höhe die Höllentalbahn über die Ravennaschlucht und ist die einzige in beheizbare Brücke in Deutschland.

✳ **Ravennaschlucht,** Höllsteig 76. In dem schmalen und steilen Seitental des Höllentals bahnt sich der Wildbach Ravenna über viele Kaskaden und Wasserfälle seinen Weg. Bei einer Wanderung sollten Sie festes Schuhwerk tragen, da der Weg auf Holzstegen teils über Treppen und Felsgalerien führt.

Breitnau

Vorwahl: 07652

🄸 **Tourist-Information,** Dorfstr. 11, ☎ 12060, @ oxe645

🄳 **St. Johannes,** Kirchweg. Die barocke Kirche wurde 1753 auf den Grundmauern eines mittelalterlichen Fundaments erbaut und ist mit Werken des „Herrgottschnitzers vom Schwarzwald", Matthias Faller aus St. Märgen, ausgestattet. @ utt323

🖥 **Hallenbad,** Dorfstr. 3, ☎ 910950, @ ahb651

7 Titisee (Titisee-Neustadt)

Vorwahl: 07651

🄸 **Tourist-Information,** Strandbadstr. 4, ☎ 07652/12060, @ xqc437

Titisee im Schwarzwald

⛵ **Bootsbetrieb Drubba,** Seestr. 37, ☎ 9812948. Bootsrundfahrten und Mietboote. @ kpt471

⛵ **Bootsbetrieb Schweizer,** Seestr. 33, ☎ 8214. Bootsrundfahrten; Elektro-, Ruder- und Tretbootverleih. @ irj288

🖼 **Kunstareal M-A-C,** Seestr. 21/1, ☎ 2040597 🅰 Es werden Modelleisenbahnen und andere Ausstellungsobjekte der Firma Märklin aus über 150 Jahren Produktion präsentiert. Die Galerie zeigt Gemälde von Hans-Jörg Franz und Werke von wechselnden Künstlern. Ein Adventure-

Minigolfplatz und das Café-Restaurant im Kunstareal M-A-C vereinen Kunst, Kultur, Spiel und Spaß. @ ryo267

❄ **ActionForest**, Neustädter Str. 41, ☎ 9331170 ☺ Kletterparcours mit verschiedenen Schwierigkeitsgraden; Kletterbäume, Brücken, Kistenklettern, etc. @ dii426

❄ **Zäpfle Bähnle**, Seestr. 11, ☎ 0175/7238971 ⓗ Von der Gaststätte Pferdestall aus führt die gemütliche Rundfahrt durch den Schwarzwald. Dauer: ca. 1 Std. @ aeb358

❄ **Schwarzwald-Galerie Colucci**, Jägerstr. 19, ☎ 88024, ☎ 0515/10€8297 ⓗ Ausstellung und Verkauf von Schwarzwaldgemälden. @ yjo847

❄ **Badestelle Titisee**, Strandbadstr.1. Große Liegewiese, Spielwiese Volleyball, Tischtennis, Gastronomie. @ cwk357

❄ **Strandbad Titisee**, Strandbadstr. 1, ☎ 2060. Große Liegewiese, Stand-Up-Paddling und Kajak-Verleih, ohne Wasseraufsicht. @ lxn877

❄ **Badeparadies Schwarzwald**, Am Badeparadies 1, ☎ 0800/04444333 ⓗ Es erwarten Sie u. a. eine Palmenoase, 23 Hightech-Rutschen und eine Sauna-welt. @ xdl268

Der Ort Titisee gilt, ebenso wie Hinterzarten, als heilklimatischer Kurort – und dementsprechend viele Touristen sind hier oft anzutreffen. Spätestens in der Flaniermeile zum Titisee hinunter werden Sie merken, dass der größte Natursee des Schwarzwaldes ein äußerst beliebtes Ausflugsziel darstellt. Und das zu Recht: Der 1,3 Quadratkilometer große klare Gletschersee auf 850 Meter Seehöhe bildet nicht nur eine wunderschöne Kulisse für gemütliche Spaziergänge, sondern lädt auch zum Tretbootfahren, Segeln und Schwimmen ein.

Stadtplan s. S. 45

8 Bruderhalde (Hinterzarten)
Vorwahl: 07652

🏛 Museum für alte Landtechnik, Bruderhalde 31, Bankenhof, ☎ 5888 ☺ Die historische Sammlung landwirtschaftlicher Geräte, vom Holzpflug bis hin zum 20-PS-Traktor, dokumentiert das entbehrungs-

reiche Leben im Hochschwarzwald. @ gas221

🏛 Feuerwehrmuseum, Bruderhalde 30, ☎ 917970 ☺ Geräte und Ausrüstungsgegenstände dokumentieren 150 Jahre Feuerwehrgeschichte in Baden-Württemberg. @ aya267

9 Bärental (Feldberg)
Vorwahl: 07655

🏛 Schnapsmuseum, Bahnhofstr. 3, ☎ 341 ☺ In Erichs Schnapshäusle erleben Sie das Schnapsbrennen von früher und heute. Neben originalen, alten Utensilien um 1900 gibt es viel zu entdecken und in der Destille folgt eine Verkostung der besten Tropfen. @ cfw666

Bärental gehört zur Gemeinde Feldberg, der höchst gelegenen Gemeinde Deutschlands. Sie lebt vor allem vom Tourismus. Die Skisaison dauert hier von November bis April.

Neuglashütten (Feldberg)

10 Altglashütten (Feldberg)
Vorwahl: 07655

🄸 Tourist-Information Feldberg-Altglashütten, Kirchg. 1, ☎ 07652/12060, @ fva355

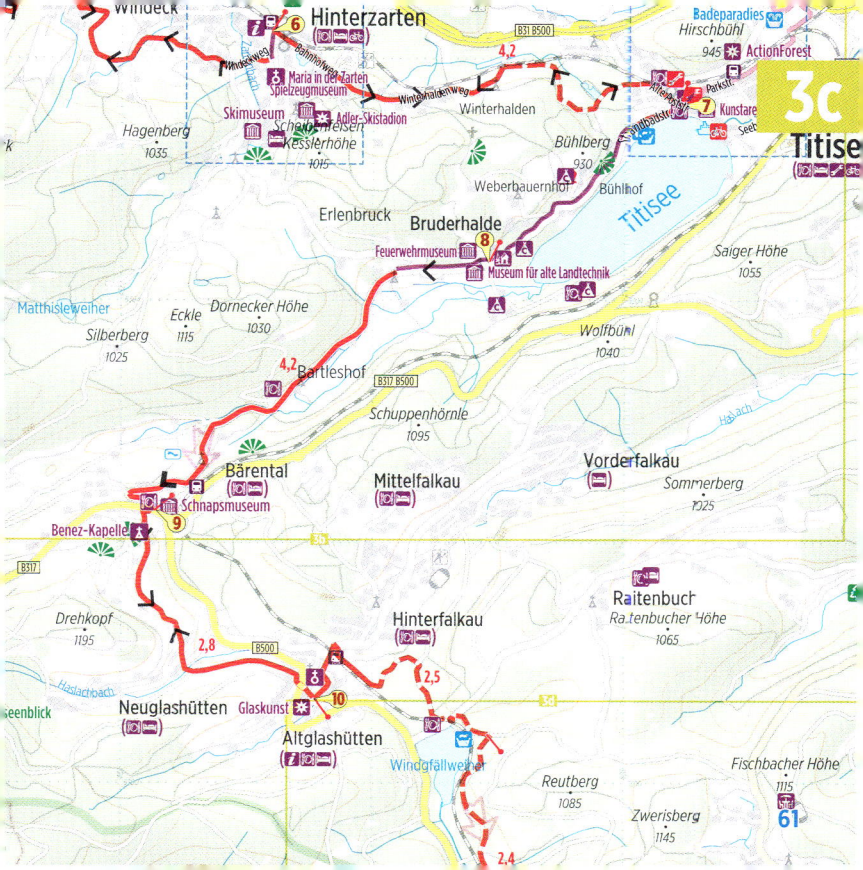

Riesenbühlturm beim Schluchsee

🔥 **St. Wendelin**, Kirchg. 6. Die Kirche wurde 1765 anstelle einer Kapelle errichtet und im Laufe der Jahrhunderte um- und ausgebaut. Die kunstvoll bemalte Holzdecke und die Fensterbilder des Künstlers Valentin Feuerstein prägen das innere Erscheinungsbild. @ hrg314

✳️ **Glaskunst**, Bergweg 4, ✆ 494 ➦ Bereits 1634 wurde der Ortsteil Altglashütten durch Glasmacher gegründet. In der Werkstatt können Sie dem Glasbläser bei der Entstehung von Unikatgläsern aus dem Schwarzwald über die Schulter schauen. @ yxp822

🏊 **Strandbad**, Windgfällweiher, ✆ 0176/98285016. Stand Up Paddle-Verleih, große Liegewiese, Kiosk, @ rva881

11 Aha (Schluchsee)

Aha liegt am Ufer des Schluchsees. Der Schluchsee war ursprünglich ein Gletschersee, dessen Spiegel etwa 30 Meter unter dem heutigen See lag. Der heutige, mehr als 7 Kilometer lange See ist erst 1929-32 durch die Aufstauung der Schwarza entstanden. Der somit größte See im Schwarzwald ist beliebt bei Badegästen und Seglern und dient zugleich auch der Stromerzeugung.

3d

shütten

Windgfällweiher

Reutberg 1085

Zwerisberg 1145

St.-Cyriaks-Kapelle
Schwende

Fischbacher Höhe

Brisgoven-Kapelle

2,4

Bildstein

Fischbach

Hinterhäuser

Oberaha

Ahaberg 1140

Waldhöfe

Aha

11

16

Sommerberg 1100

Unterfischbach

Riesenbühltu m

4

3,5

B500

Schluchsee

Wolfsgrund

Heimethus

Spass-Park

Mineralienwelt

St. Nikolaus

Dre...

Unterkrummen

12

15

Amalienruhe

Schluchsee

4,5

3

Seebrugg

13 Eisenbreche

Bootsvermietung

Bahnhof

14

...bsberg
5

Unter Habsberg 1205

Habsberg 1110

Draiberg

Muchenland

Blasiwald

Wagnersberg 1105

1,8

63

Oberaha

12 Unterkrummen

13 Blasiwald (Schluchsee)

✳ **Müller's Bootsvermietung**, An der Staumauer 1, ✆ 0170/3803299. Elektro-, Tret-, Ruder-, Segel- und Angelboote. Verleihstationen: An der Staumauer, Wolfsgrundbucht, beim Aqua Fun in Schluchsee. @ csp233

14 Seebrugg (Schluchsee)

Vorwahl: 07656

🏛 **Museumsbahnhof**, ✆ 07651/932849. Das Bahnhofsgebäude und die umfangreiche Gleisanlage des Endbahnhofs einer Nebenbahn präsentiert sich unverändert im Zustand der 50er Jahre. Beim jährlichen Bahnhofsfest im August herrscht ein reger Betrieb. Güter von LKWs und Traktoren werden von der Rangierlok verladen, im historischen Geräteschuppen gibt es eine Modellbahnausstellung und Führerstandsmitfahrten werden angeboten. In den Sommermonaten fährt ein Museumszug der 3-Seenbahn mit Dampfloko-

Panorama Schluchsee

motive auf der historischen Bahnstrecke von Titisee nach Seebrugg. @ kwu567

🔲 **Strandbad Seebrugg**, Seebrugg 12, ✆ 9879729. Naturstrand mit Liegewiese und Kiosk

15 Schluchsee

Vorwahl: 07656

🅱 **Tourist-Information**, Fischbacher Str. 7, ✆ 12060, @ duf751

⛵ **Bootsbetrieb & Seerundfahrten**, Dresselbacherstr. 25, ✆ 9230, ✆ 0171/7727237. Rundfahrtenschiff MS

Schluchsee ab Strandbad Schluchsee, täglich 6 Fahrten in der Zeit von 10.30-16.46 Uhr, auch Bootsverleih. @ cut854

- **Heimethus am Scheffelbach**, Mattenweg 10, ✆ 1347, ✆ 12060 ⏰ Neben einer Dauerausstellung wird alte Schwarzwälder Handwerks- und Volkskunst gelebt und praktiziert.

- **Mineralienwelt**, Dresselbacher Str. 3, ✆ 9888456, ✆ 0152/01492110 🖌 Atelier für Steinkunst und privates Mineralienmuseum. @ vls843

- **Riesenbühlturm** ㉔ Bei guter Fernsicht bietet der 36 m hohe Turm einen herrlichen Blick bis zu den Alpen.

- **Pferdekutschenfahrten**, Dresselbach 8, Birkenhof, ✆ 1344, ✆ 0172/7292780, @ oka331

- **Rothaus Express**, Dresselbacher Str. 9, Abfahrt am Bahnhof. Panorama-Rundfahrt und Schluchsee Rundtour, @ mmj576

- **Spass-Park-Hochschwarzwald**, Fischbacher Str. 16, ✆ 9882916, ✆ 0162/2944347. Tubing, Fuball-Golf u. -Billard, Loopyball, Segway, @ ajq665

65

📺📱**Aqua Fun**, Freiburger Str. 16, ✆ 571. Beheiztes Freibad mit Superrutsche, Schwimmkanal, Abenteuerspielplatz, Sprudelliegen und Strandbad direkt am Schluchsee. @ nmy633

🏊 **Hallenbad**, Weiherstr. 4, ✆ 07747/354, ✆ 07747/07748/9297169, @ vna342

Der Ort Schluchsee ist seit 1974 anerkannter Luftkurort. Er liegt oberhalb des einstigen Gletschersees. Schluchsee selbst wird urkundlich erstmals im Jahr 1082 n. Chr. erwähnt und zählt somit zu den ältesten schriftlich genannten Siedlungen im Hochschwarzwald. Grund für diese frühe Besiedelung war der Gletschersee, der schon im frühen Mittelalter einigen Menschen als Lebensgrundlage diente.

Im Mittelalter konnten Mönche Fischzucht betreiben und die Wälder in der Umgebung lieferten Rohstoffe für den gesamten Südschwarzwald. Als Folge der Industrialisierung und der mangelnden Infrastruktur im Hochschwarzwald nahm die Bevölkerung im 19. Jahrhundert stark ab. Dies änderte sich erst mit dem verbesserten Straßenbau durch das Höllental und den Bau der Höllentalbahn und Dreiseenbahn nach Schluchsee. Damit kam der Tourismus in den Hochschwarzwald. Heute besteht Schluchsee aus Aha, am nördlichen Ende des Schluchsees (der Ortsname leitet sich aus dem Althochdeutschen „Aha = fließendes Gewässer" ab), Blasiwald, Eisenbreche, Fischbach, Faulenfürst, Schönenbach und Schwarzhalden.

Wolfsgrund (Schluchsee)

Vorwahl: 07656

❄ **Bootsverleih Schlachter**, Seeweg 4, beim Strandbad und im Wolfsgrund, ✆ 512, ✆ 0173/3289977, @ mpl835

❄ **Kanuverleih RAFFTAFF**, Seeweg 2, ✆ 9889983, @ yex136

16 Unteraha

Aha s. S. 62

Tour 4   Bähnle-Radweg   27 km

HM/km: ⤢ 5,1 (138m) ⤡ 3,4 (93m)   **Radweg:** 38 %   **Unbefestigt:** 46 %   **Verkehr:** 2 %

Der Bähnle-Radweg führt größtenteils auf der Trasse der 1977 stillgelegten Bahnstrecke Lenzkirch - Bonndorf. Historische Zeitzeugen wie das Klausenbachviadukt, stillgelegte Bahnhöfe, Brücken und Schautafeln dokumentieren die Geschichte

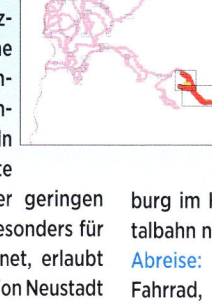

der Eisenbahn. Aufgrund der geringen Steigungen ist der Radweg besonders für Familien und Senioren geeignet, erlaubt aber auch sportliches Fahren. Von Neustadt aus radeln Sie entlang der Gutach vorbei am stillgelegten Bahnhof Kappel und der imposanten Gutachbrücke bis ins idyllische und sehenswerte Lenzkirch. Folgen Sie der historischen Bahntrasse entlang der Haslach über das Klausenbachviadukt bis nach Holzschlag. Das letzte Stück bis Bonndorf verläuft mit einem herrlichen Blick auf die Wutachschlucht oberhalb von Gündelwan-

gen an Pferdeweiden vorbei.

Charakteristik

Start: Bhf. Neustadt/Titisee
Ziel: Bonndorf im Schwarzwald
Anreise: PKW: A 5 Karlsruhe-Basel, Ausfahrt Freiburg-Mitte. Mit dem ICE, EC oder IC bis nach Freiburg-Hbf. Von Freiburg im Halbstundentakt mit der Höllentalbahn nach Titisee-Neustadt.
Abreise: Die Rückreise erfolgt mit dem Fahrrad, da es in Bonndorf keine Bahnanbindung gibt und der Regionalbus keine Fahrräder transportiert.
Wegbeschaffenheit: überwiegend asphaltierte und befestigte Rad- u. Güterwege
Verkehr: geringes Verkehrsaufkommen
Beschilderung: weißes Schild mit grüner Schrift und Lokomotive
Steigungen: flach mit geringen Steigungen
Anschlusstour(en): 2

Wasserfall in der Wutachschlucht

1 Neustadt (Titisee-Neustadt)

Vorwahl: 07651

🛈 **Infopoint Neustadt**, Hauptstr. 16, ✆ 07652/12068188, @ emc353

🏛 **Heimatstuben**, Scheuerlenstr. 31, ✆ 206124 Ⓒ Das Heimatmuseum zeigt anhand von eindrucksvollen Bildern und Gegenständen aus dem Alltag die Geschichte der Schwarzwaldstadt und ihrer Bewohner. @ lkn367

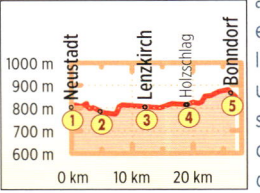

⛪ **Münster St. Jakobus**, Bei der Kirche 1, ✆ 5930. Die spätgotische Kirche aus rotem Buntsandstein ist bis auf die Strebebalken am Chor weiß verputzt. @ ovx278

✳ **Hochfirstschanze & Zorbing**, Schützenstr. 100, ✆ 07641/6588, ✆ 0151/19474666. Im Auslauf der größten Naturschanze Deutschlands kann in transparenten Riesenkugeln den Hang hinuntergerollt werden. @ ypy155

Mühleköpfle
925

Tennenberg
1025

Rudenberg

Schwarzenbachweg

Heimatstuben

Kurpark

Münster St. Jakobus

Neustadt

Kirchsteig

Saiger Berg
980

Glasberg
1025

1,6

Hochfirstschanze

ochfirst
90

Schmiedbach

Winterbach

Gutach

B31

Schanz
955

Platsberg
1025

4,5

L156

Bahnhof Kappel

Steig

Franzosenkreuz

Kappel

Gutachbrücke

2

Gutach

Lenzkircher Straße

Sommerberg
930

L156

Golfpark

Erlenschle

2

Alt Urach

Lenzkirch

Puppenstüble

St. Gallus

Mittelberg
885

Antonius-Kapelle

Ludwig-Kegel-Str.

3

1,6

Uhrenausstellung

Mühlenrundweg

Wutachsprung

5,7

Rechenfelsen

Stöckleberg
935

Geopark

1,8

Tennelweg

Haslachschlucht

Höllochfelsen

69

Herrgottsbächle

Brauerei

1,4

Klausenbach-Viadukt

3,8

B315

Rühbühl

❇ **Wochenmarkt**, Parkpl. Narrenbrunnen, ✆ 2060. Jeden Sa Vormittag. @ ryr614

✳ **Hochfirstturm**, Auf dem Hochfirst 10, ✆ 7575. Die 25 m hohe Aussichtsplattform bietet einen imposanten Blick bis zu den Alpen. Turmschlüssel im Gasthaus. @ tfa275

✉ **Freibad Neustadt**, Gutachstr. 33, ✆ 9331121 ⓑ, @ bhm613

Stadtplan   s. S. 49

2 Kappel-Gutachbrücke (Lenzkirch)

❇ **Gutachbrücke**. Die Gutachbrücke ist eine Bahnbrücke der Hinteren Höllentalbahn auf dem Streckenabschnitt zwischen Neustadt und Rötenbach. Als sie im Jahr 1899 erbaut wurde, galt die 141 m lange Brücke mit ihrer Höhe von 35 m als größte Steinbogenbrücke Deutschlands.

❇ **Bahnhof Kappel-Gutachbrücke**. Der ehemalige Bahnhof Kappel-Gutachbrücke ist ein stillgelegter Bahnhof an der ehemaligen Bahnstrecke von Neustadt über Lenzkirch nach Bonndorf.

Wutachursprung (Lenzkirch)

❇ **Wutachursprung**. Bei der Einmündung der Haslach in die Gutach beginnt das enge Kerbtal der Wutach. Auf dem wildromantischen Weg zum Rhein durchquert sie sämtliche geologischen Formationen Südwestdeutschlands. Von den Graniten und Gneisen des Schwarzwaldgrundgebirges über den Buntsandstein und Muschelkalk bis hin zum Jura ist hier in der Schlucht alles zu sehen. Die Vielfalt der Natur mit einer einzigartigen Fauna und Flora machen den besonderen Reiz der Flusslandschaft aus.

Kappel (Lenzkirch)

Vorwahl: 07653

ℹ **Hochschwarzwald Tourismus**, Erlenbachw. 4, ✆ 962061, @ gdm648

🏛 **Heimatstube**, Erlenbachw. 4, ✆ 962061 ⓒⓒ Im alten Rathaus sind neben originalgetreuen Einrichtungsgegenständen landwirtschaftliche Geräte und bäuerliche Utensilien von Schwarzwaldhöfen ausgestellt. @ lvb748

🏛 **Puppenstüble**, Erlenbachweg 4, ✆ 962061, ✆ 1819, ✆ 0173/3003522 ⓒⓒ

Rathaus Lenzkirch

Kunstvolle Handarbeiten arrangiert in verschiedenen Themenwelten wie: Tiere, Märchen, Klassenzimmer etc. @ wml718

 **St.-Gallus-Kirche**, Neustädter Str. 7, ℓ 208. Die 1696 erbaute Barockkirche weist einen charakteristischen Zwiebelturm auf. Ursprünglich gehörte sie zum Kloster Grünwald.

 **Antonius-Kapelle**, Antoniusweg 1 ℗ Die Kapelle wurde 1935 errichtet und ist dem Volksheiligen Antonius von Padua (1195-1231), auch „Schlampertoni" genannt, gewidmet.

 **Abenteuer Golfpark**, Am Kurgarten 1, ℓ 07641/6588 ℗ Entdecken Sie den Schwarzwald entlang von 18 Themenbahnen und begeben Sie sich auf eine Reise

Lenzkirch

Alt Urach
Friedhofstraße
Schlossäcker
Lärchenweg
Steinbühlweg
Birkenweg
Schloss-Urach-Weg
Ammel-Straße
Freiburger Straße
Tannenweg
Schulstraße
In Angeln
Vogelpfad
Am Sommerberg
Schwarzwaldstraße
Mittelbergweg
Urseeweg
Grabenstraße
St. Nikolaus
Ludwig-Kegel-Str.
Fürstenberg Straße
Am Kurpark
Uhrenausstellung
Kurhaus
Kolumban-Kayser-Straße
Schlichtstraße
Schlichtstraße
Trenschle
Geopark

durch die sagenhafte Naturlandschaft mit ihren uralten Traditionen, @ icm811

✳ **Mühlenrundweg** 🅶 Der Wanderweg beginnt in Kappel und zeigt den landschaftlichen Übergang von der Haslach- zur Wutachschlucht. Betreut und gepflegt wird dieser Weg, der an mehreren Mühlen vorbeiführt, vom Heimatverein Kappel.

📧 **Freibad Kappel**, Erlenbachweg 50, ✆ 326, ✆ 0170/9279873 ⌖, @ bbg437

3 Lenzkirch
Vorwahl: 07653

🛈 **Tourist Info**, Am Kurpark 2, Kurhaus, ✆ 07652/12060, ✆ 07652/12068400, @ xep634

🏛 **Uhrenausstellung**, Am Kurpark 2, im Kurhaus, ✆ 07652/12068401 ⌖ In der Sammlung gibt es ca. 250 Exponate aus der ehem. Lenzkircher Uhrenfabrik zu sehen. @ top664

⛪ **St.-Nikolaus**, Kirchpl. 6, ✆ 208. Der Turmaufbau der 1935 erbauten Kirche ist noch von der Vorgängerkirche von 1818 erhalten.

⛪ **Alt-Urach**, Freiburger Str. ⌖ Die Burganlage (13. Jh.) war einst Sitz der Herrschaft Lenzkirch. Bereits im Jahre 1491 wurde sie als unbewohnbarer Burgstall an die Grafen von Fürstenberg verkauft. @ aoa438

✳ **Wochenmarkt**, Rathauspl. 🅶 Am Rathausplatz findet von Mai bis Oktober jeden Samstag der Lenzkircher Wochenmarkt statt.

🅰 **Geopark**, Schliechtstr. 🤳 Geologisch und heimatkundlich Interessierte erfahren über zahlreiche große Felsbrocken, die entlang des Wanderweges und rund um den Aussichtspunkt aufgestellt wurden, vieles aus der Erdgeschichte des Hochschwarzwaldes.

🅰 **Ursee**, westlich von Lenzkirch 🤳 Der kleine Ursee inmitten des Naturschutzgebietes wird von kleineren Bächen gespeist und beheimatet eine seltene Flora und Fauna. Bereits im Jahre 1940 wurde der Bereich um den See zu einem der ersten Naturschutzgebiete im Schwarzwald erklärt.

✳ **Haslachschlucht**. Die wildromantische Schlucht führt von Lenzkirch zur Haslachmündung, wo sich Haslach und Gutach zur Wutach vereinen. Überhängende Felswände und die Urkräfte des Wassers schufen die raue Schönheit der engen Klamm.

✳ **Vogelpfad Lenzkirch**. Der abenteuerliche Pfad in Kucky's Vogelwelt ist ein informativer Rundweg für Groß und Klein. @ kpu435

✉ **Freibad Lenzkirch**, Friedhofstr. 11, ☏ 400, @ mwy755

Der heilklimatische Kurort Lenzkirch liegt mit seinen Ortsteilen Saig, Kappel, Raitenbuch und Grünwald im Herzen des Hochschwarzwaldes. Zwischen Titisee, Feldberg, Schluchsee und der wildromantischen Wutachschlucht. Lenzkirch, auf einer Höhe von 810 Höhenmetern im sonnigen Haslachtal, hat der ganzen Gemeinde den Namen gegeben. Sehenswert sind in Lenzkirch die Reste der mittelalterlichen Burg Alt-Urach, die am nordwestlichen Ortsausgang erkundet werden können. In seiner Geschichte wechselte der Ort mehrfach seine Zugehörigkeit. Ende des 13. Jahrhunderts fiel Lenzkirch an die Grafen von Lupfen und ging Ende des 15. Jahrhunderts an die Grafen von Fürstenberg über, ehe es 1806 an das Großherzogtum Baden fiel.

Wanderbegeisterte finden in naher Umgebung von Lenzkirch attraktive Landschaften rund um den Titisee und den Schluchsee, die von vielen Wanderwegen erschlossen sind. Der Bähnle-Radweg ver-

läuft durch den Ort und ist ideal für eine Radtour mit der ganzen Familie. Entspannung finden die Gäste auch im Freibad des Ortes oder im 2 Kilometer entfernten Freibad Kappel.

Ruhbühl (Lenzkirch)

Vorwahl: 07653

-  **Brauerei Rogg**, Bonndorfer Str. 61, ☎ 700. Von ehemals 100 Brauereien im Landkreis Breisgau-Hochschwarzwald hat die Brauerei Rogg als Einzige überlebt und wird seit 1846 in sechster Generation als Familienbetrieb geführt. Im Rahmen einer Besichtigung erfahren Sie Wissenswertes über die Geschichte vom Brauhaus, über Rohstoffe und Produktion. @ xak444

- **Klausenbach-Viadukt**, Löffelschmiede 1. Die imposante 47 m lange und 22 m hohe Fischbauchbrücke wurde im Jahr 1906 erbaut.

- **Hallenbad im Schwarzwaldhotel Ruhbühl**, Am Schönenberg 6, ☎ 6860 ⓐ, @ lvw137

4 Holzschlag (Bonndorf im Schwarzwald)

Vorwahl: 07653

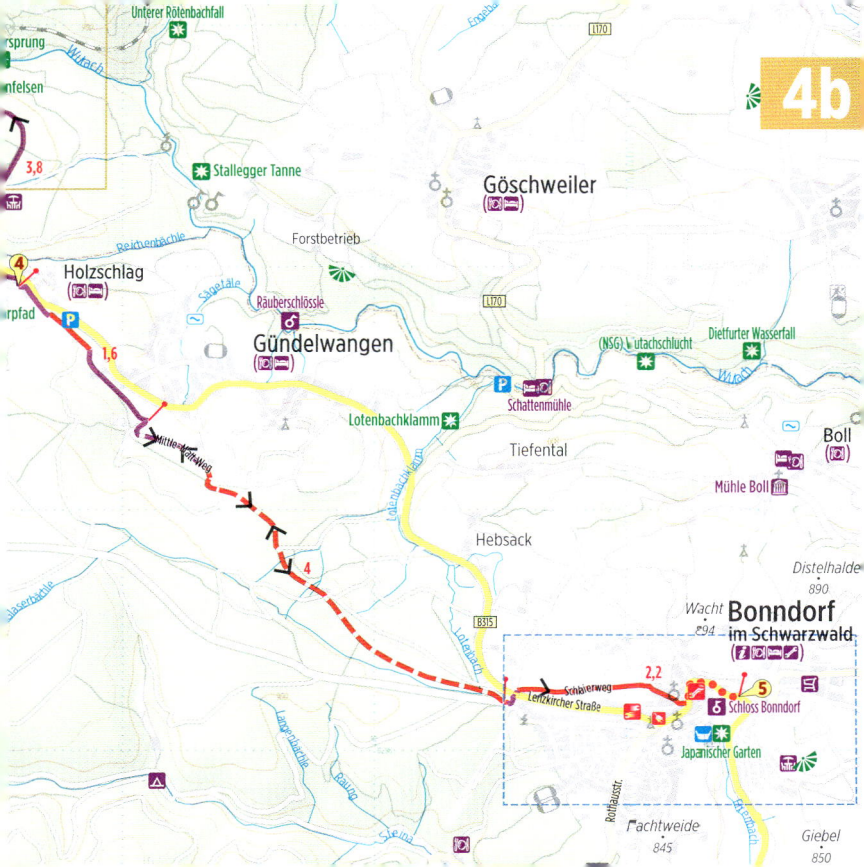

🌸 **Bienenlehrpfad**, Tirolerstr. 8, 📞 6660 ⏰ Auf einem 2 km langen Panoramaweg bieten 15 Stationen mit Lehrtafeln und einem Schaukasten Einblicke in die Geschichte der Imkerei und das faszinierende Leben der Bienen. @ kuv346

Gündelwangen (Bonndorf im Schwarzwald)

🏰🌸 **Räuberschlössle**. Von den Mauerresten der einstigen Burg Neu Bumegg bietet sich ein schöner Tiefblick auf die Wutach. Der Ort ist ein beliebtes Wanderziel der Wutachschlucht.

🌸 **Lotenbachklamm**. Der 1,5 km lange Seitenarm der Wutachschlucht fließt zunächst noch gemächlich zwischen Granitfelsen dahin. In seinem unteren Verlauf hat der Lotenbach eine sehr tiefe Klamm mit Wasserfällen und Tosbecken in das umgebende Gestein gegraben, die nur über Treppen und gesicherte Stege begehbar ist. Die Lotenbachklamm ist ideal als Ein- oder Ausstieg für Wanderungen durch die Wutachschlucht.

Schattenmühle (Löffingen)

🌸 **Wutachschlucht**, Schattenmühle 1. Die Wutach und ihre Nebenflüsse bilden eine überwältigende Urlandschaft mit romantischen Schluchten und urwüchsigen Wäldern. Auf gut erschlossenen Wanderwegen durch das Wildflusstal erleben Sie spektakuläre Aussichten und eine seltene Tier- und Pflanzenwelt. @ jcj146

5 Bonndorf im Schwarzwald

Vorwahl: 07703

ℹ️ **Tourist-Information Bonndorf**, Martinstr. 5, 📞 7607 🖨, @ lnv546

🏛 **Kulturzentrum Schloss Bonndorf**, Schlosstr. 9, 📞 7978 🖨 In den Sälen des Schlosses werden Ausstellungen zur Klassischen Moderne und zur zeitgenössischen Kunst präsentiert. @ rrn457

🏛 **Mühle Boll**, Wutachstr. 2, Boll (Bonndorf im Schwarzwald), 📞 7607 🕐 Ursprünglich diente das im 14./15. Jh. entstandene Gebäude als Pfarrhaus und wurde im 17. Jh. zu einer Getreidemühle umgebaut. Aufgrund von Straßenarbeiten wurde die

Wasserzufuhr im Jahre 1972 unterbrochen und der Betrieb als Handelsmühle musste eingestellt werden. Im heutigen Museumsbetrieb kann man die gesamte Technik in voller Funktion sehen. Die Mahlgänge, Maschinen und der Fahrstuhl von 1902 werden von Elektromotoren betrieben. @ brt557

Schlossnarrenstuben, Schlossstr. 9, im Schloss, ✆ 233 ☺ In unterschiedlichen Narrenstuben ist hier das ganze Jahr Fasnacht. Über 400 witzige, alte und auch neuere, bunte und skurrile Masken, Figuren und Gewänder versetzen den Besucher in Staunen. @ abq885

Schloss Bonndorf, Schlossstr. 9, ✆ 7978 ☺ Das Schloss von 1592 beherbergt mehrere Prunkräume. Besonders der barocke Festsaal im zweiten Stock ist sehenswert. @ fmt583

Schloss Bonndorf

🅰 **Japanischer Garten**, Kurpark, hinter dem Schloss, ☎ 7607 ㉔ Ein Teich mit Schildkröteninsel, die Bepflanzung aus typischen japanischen Pflanzen und ein Meditationsgarten laden zum Besinnen und Verweilen ein.

📧 **Freibad**, Schwimmbadstr. 11, ☎ 8034 ㉖

Zur Stadt Bonndorf im Schwarzwald gehören die Stadt selbst und 8 Ortsteile. Bonndorf beherbergt die zweitälteste Sparkasse Deutschlands, die 1765 von Fürstabt Martin II. Gerbert gegründet wurde. Der Name der Stadt kommt - der Legende zufolge - von den Bohnen, mit denen die Bürger des Ortes in Abstimmungen ihre Meinung bekundet haben sollen. Nach einer zweiten, auf die Kelten zurückgehenden Deutung, ist Bonndorf das Dorf bei den Bäumen.

Japanischer Garten in Bonndorf

Bonndorf

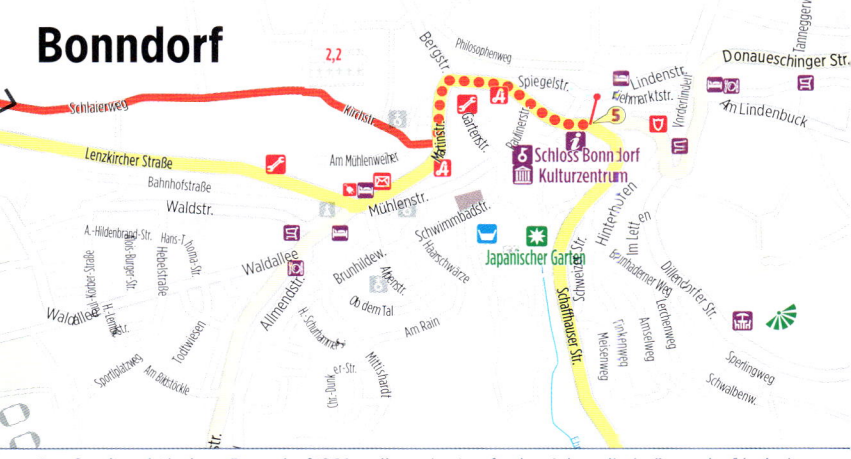

Das Stadtrecht bekam Bonndorf 1891 verliehen, den Namensbestandteil „im Schwarzwald" führt die Stadt seit 1963.

Die Stadt Bonndorf ist auch eine Hochburg der schwäbisch-alemannischen Fastnacht. Einer Legende nach sollen die Bonndorfer die ersten Pflaumen, die in den Schwarzwald kamen, mitsamt den Kernen und Stielen gegessen haben. Fortan wurden sie Pflumenschlucker genannt. So entstand im Laufe der Jahre die in Bonndorf beheimatete Narrenfigur und Narrenzunft der „Pflumenschlucker".

Tour 5   FR1/Dreisamradweg   16 km

HM/km: ↗ 0,1 (1m) ↘ 5,4 (87m)   Radweg: 79 %   Unbefestigt: 43 %   Verkehr: 3 %

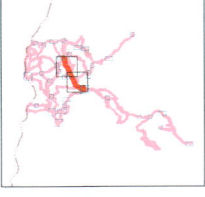

Der Dreisamradweg ist eine von drei Rad-Vorrang-Routen der Stadt Freiburg und bietet eine attraktive und zügige Radverbindung mit kreuzungsfreien Querungen oder Bevorrechtigungen an querenden Straßen durch die Stadt.

Die Route verläuft flussabwärts, immer am Wasser der Dreisam entlang, bis Eichstetten am Kaiserstuhl. Geprägt von großzügigen Parkanlagen wie dem Eschholzpark, dem Dietenbachsee, dem Seepark in Bietzenhausen oder dem Tier-Natur-Erlebnispark in Mundenhof lädt der Dreisamradweg zu einer gemütlichen Entdeckungsreise der Tier- und Pflanzenwelt ein. Immer wieder locken Bademöglichkei-

ten oder kulturelle Sehenswürdigkeiten entlang der Strecke zu einer Rast, bevor Sie Deutschlands sonnenreichstes Gebiet, den Kaiserstuhl, erreichen.

Charakteristik

Start: Freiburg im Breisgau
Ziel: Eichstetten am Kaiserstuhl
Abreise: Bus- und Bahnverbindungen
Wegbeschaffenheit: überwiegend asphaltierte/befestigte Radwege
Verkehr: geringes Verkehrsaufkommen
Beschilderung: Bodenmarkierungen und Radwegbeschilderung
Steigungen: stetig leicht bergab
Anschlusstour(en): 6, 7, 8

1 Freiburg im Breisgau   s. S. 19

Stühlinger (Freiburg im Breisgau)

🅰 **Eschholzpark**. Die 3,4 ha große Parkanlage mit großzügiger Wiesenfläche, Rundpergola und Staudenbeeten ist von einer Kastanienallee mit 190 Bäumen eingerahmt. Die ehemalige Kleingartenanlage wird regelmäßig für verschiedenste Veranstaltungen genutzt.

Haslach (Freiburg im Breisgau)

Vorwahl: 0761

🛏 **Hallenbad Haslach**, Carl-Kistner-Str. 67, ✆ 2105-521, @ rvl335

Weingarten (Freiburg im Breisgau)

🛏 **Dietenbachsee**. Inmitten einer weitläufigen Parkanlage.

Betzenhausen (Freiburg im Breisgau)

Vorwahl: 0761

✳ **Seepark**, Sundgauallee 12A. Naherholungsgebiet mit Badesee, Restaurants, Schwimmbad, Spielplätzen, Joggingpfaden, Tretbootverleih u.v.m. @ qhr851

🅰 **Japangarten**, Im Seepark. Der 3.500 m^2 große Japangarten wurde 1989 nach Plänen des japanischen Gartenarchitekten Yoshinori Tokumoto aus Matsuyama geschaffen. @ yvc881

🛏 **Westbad**, Ensisheimer Str. 9, ✆ 2105510, @ uxb312

2 Lehen (Freiburg im Breisgau)

Vorwahl: 0761

🅱 **Tier-Natur-Erlebnispark Mundenhof**, Mundenhof 37, ✆ 2016580 ⌾ Im Laufe der letzten 40 Jahre entstand eine bunte Mischung aus heimischen und exotischen Tieren. In großzügig angelegten Gehegen können die Lamas, Pferde, Kamele etc. besucht werden. @ bkb235

🛏 **Hallenbad Lehen**, Lindenstr. 4, ✆ 2105-540 ⌾, @ gtx351

Landwasser (Freiburg im Breisgau)

🛏 **Moosweiher**, Auwaldstr. Baggersee mit Liegewiesen, Minigolf, Toiletten, Restaurant

Hochdorf (Freiburg im Breisgau)

Vorwahl: 07665

✳ **Tunisee**, Seestr. 28, ✆ 9329910. Stand Up Paddling, Wakepark, Badesee, @ ebb737

Altes Rathaus in Freiburg im Breisgau

 **Strandbad Silbersee**, Seestr. 20, ✆ 0761/2346. Wasserski-Anlage, Kletter-eisberg, Kiosk, Liegewiesen, @ gqy552

 **Hallenbad**, Hochdorfer Str. 16b, ✆ 0761/2105-550, @ tfl184

Hugstetten (March)
Vorwahl: 07665

 **Rathaus March**, Am Felsenkeller 2-4, ✆ 422-9000, @ brf252

 **Gerspach - Ofenmuseum**, Indusːriestr. 2, ✆ 1515 ℭ Das Ofenmuseum mit über 300 historischen Öfen beherbergt seltene Sammlerstücke.

 **Heimatmuseum**, Am Felsenkeller, ✆ 9477881 ℭℭ Die Exponate sind auf

83

vier Gebäude aufgeteilt: In der alten Pfarrscheune sind landwirtschaftliche und handwerkliche Geräte untergebracht, Brenngeschirr und Keltergeräte befinden sich im ehem. Waschhaus des Pfarrhauses, das Backhaus ist mit Küche und Holzofen eingerichtet und im Ausstellungsraum vom Rathaus II wird die Marcher Tracht präsentiert. @ xan658

🛡 **Hugstetter Schloss**, Dorfstr. Das dreigeschossige Schloss wurde um 1805 erbaut und befindet sich heute im Besitz der Familie von Mentzingen. Das Schloss ist der Öffentlichkeit nicht zugänglich.

✳ **Sternwarte March**, ✆ 422-9701. Das Observatorium bietet einmal im Monat einen Beobachtungsabend an. Auf dem frei zugänglichen Planetenweg wird das Sonnensystem mit seinen acht Planeten erläutert. @ sgj278

🟩 **Englischer Garten**. Der Park im Stil eines Englischen Landschaftsparks ist heute einer der schönsten Englischen Gärten in ganz Süddeutschland. Franz Stephan von Schackmin begann, nachdem er das Lehen erbte, 1792 mit dem Bau des neuen Schlosses und der Gartengestaltung. Nach den Kriegswirren wurde die Anlage von Konrad von Andlau gegen 1830 vollendet. Bereits der Komponist Felix Mendelsohn-Bartholdy und seine Frau Cecilie besuchten auf ihrer Hochzeitsreise den Schlosspark des Hugstetter Schlosses. Knapp 5 ha des Parks sind öffentlich zugänglich. @ gee223

3 Buchheim (March)

🛡 **St. Georgskirche**, Holzhauser Str. Die Kirche mit spätgotischem Chor und barockem Langhaus wurde 1757 erbaut und ist die früheste erwähnte Kirche im gesamten Breisgau (anno 769).

🛡 **Buchheimer Schloss**, Schlossstr. Das heutige Ensemble stammt größtenteils aus dem 18. Jh. und war Sitz der Ortsherrschaft der Stürtzel von Buchheim und danach der Freiherren von Schackmin. Das Gebäude befindet sich in Privatbesitz und kann nicht besichtigt werden.

Geo-Pfad
ler Samengarten
Dorfmuseum

⑷

Eichstetten
am Kaiserstuhl

Nimburger Bergkirche

Böttingen

5b

enberg
80

Sausenberg
220 L114

L114

3,2

NSG Neurshausener Mooswald

Oberschaffhausen

Neurshausen

Holzhau

St. Vinzentius
Schloss Neurshausen

Bötzingen

Buchheim

Mühlbach

St. Georgskirche

Buchheimer Schloss

Sternwarte

March

1,8

Neu... dam

Rebhisli-Tour

Heimatmuseum

Hochdor...

St. Stephan

Hugstetter Schloss
Englischer Garten

⑶

Gottenheim

Ofenmuseum

Hugstetten

Dachswanger Mühle

Umkirch

B31a

5

Windhundstadion

85

Neuershausen (March)

- **St. Vinzentius**, Rathausstr. 9. Die barocke St. Vinzenz-Kirche (1758) wurde mit einer prunkvollen Ausstattung durch regionale Künstler ausgestattet.

- **Schloss Neuershausen**, Eichstetter Str. 17. Das Schloss in Neuershausen wurde zwischen 1781 und 1783 unter der Gräfin Elisabeth von Schauenburg-Hennin nach Plänen des französischen Architekten Franncois Pinot neu erbaut. Heute ist das Schloss im Besitz der Familie Marschall von Bieberstein.

4 Eichstetten am Kaiserstuhl
Vorwahl: 07663

- **Gemeinde Eichstetten**, Hauptstr. 43, ✆ 932313, @ icj883

- **Dorfmuseum**, Altweg 93, ✆ 3522 ⓖⓖ Archäologische Funde aus der Steinzeit, bronzezeitliche Siedlungsspuren und mittelalterliche Funde dokumentieren die bewegte Geschichte von Eichstetten. @ caj544

- **Fünf-Bogen-Brücke**, Hauptstr. Das historische Bauwerk wurde 1784 errichtet und führt die Landesstraße 116 auf knapp 33 m Länge über die Alte Dreisam.

- **Kunst am Kaiserstuhl**. Auf exponierten Plätzen präsentieren Künstler unterschiedlichste Kunstwerke in der Natur. @ erx462

- **Geo-Pfad**, Altweg. Der Themenpfad informiert an 13 Stationen über die geologischen und geographischen Besonderheiten des Kaiserstuhls. Der 9,4 km lange Pfad startet beim Samengarten.

- **Samengarten & Obstmuseum**, Altweg 129, ✆ 932313 @ In dem Schaugarten besonderer Art wird eine große Anzahl bekannter, seltener und beinahe vergessener Kulturpflanzen angebaut. Über 200 Sorten Gemüse, Kräuter, Wildblumen, Getreide und Obsthochstämme und Beerensträucher alter Sorten werden hier kultiviert. @ okk766

Stadtplan s. S. 89

Der Kaiserstuhl

Entstanden ist der Kaiserstuhl vor etwa 38 Millionen Jahren, als sich der Schwarzwald

Weinterrassen am Kaiserstuhl

und die Vogesen beim Einbruch des Oberrheingrabens trennten. Drei vulkanische Ausbruchsphasen und die Eiszeit haben das Gebirge geprägt. Deutschlands sonnenreichstes Gebiet verdankt seine Bekanntheit Mineralogen, Botanikern, Zoologen und Paläontologen. Das milde Klima beheimatet eine vielfältige, wärmeliebende Flora und Fauna und aufgrund der geologischen Entstehung ist das Gebiet für den Fund seltener Minerale bekannt. Auf den fruchtbaren Lössböden wird reger Wein- und Gemüseanbau betrieben. Themenpfade, Rad- und Wanderwege mit herrlichen Panoramablicken, einladende Weinterrassen oder ein Besuch beim Winzer bieten eine perfekte Mischung für einen Tagesausflug.

Tour 6   Dreisam-Tour

33,1 km

HM/km: ↗ 1,0 (33m) ↘ 1,0 (33m)   **Radweg: 45 %**   **Unbefestigt: 5 %**   **Verkehr: 6 %**

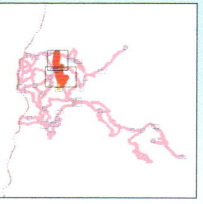

Die Rundtour verläuft zwischen Weindörfern durch die reizvolle Landschaft entlang der alten und neuen Dreisam. Von dem Gemüsedorf Eichstetten mit dem Kaiserstühler Samengarten fahren Sie entlang der alten Dreisam in das malerische Bahlingen und weiter in die Römerstadt Riegel. Kulturelle, historische und archäologische Denkmäler locken zu einem Zwischenstopp, bevor es entlang der neuen Dreisam über Bahlingen-Riedlen in den Winzerort Nimburg geht. Badeseen wie der Löhlinsee, der Nimburger Freizeitsee oder der Tuni- und Silbersee bieten neben einer Abkühlung jede Menge an Freizeit- und Wassersportaktivitäten an. Aber auch der Genuss regionaler Spezialitäten und preisgekrönter Weine kommen bei einer Vesper oder einer Weinprobe in einem der vielen Weingüter nicht zu kurz.

Charakteristik

Start/Ziel: Eichstetten am Kaiserstuhl

An- und Abreise: Bus- und Bahnverbindungen über Freiburg, mit dem PKW über die A 5, Ausfahrt 60 (Teningen)

Wegbeschaffenheit: überwiegend asphaltierte Straßen, Güter- und Radwege

Verkehr: geringes Verkehrsaufkommen

Steigungen: flacher Verlauf

Anschlusstour(en): 7, 11

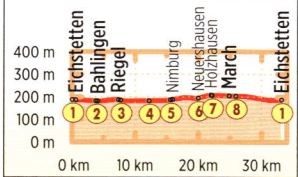

Eichstetten am Kaiserstuhl

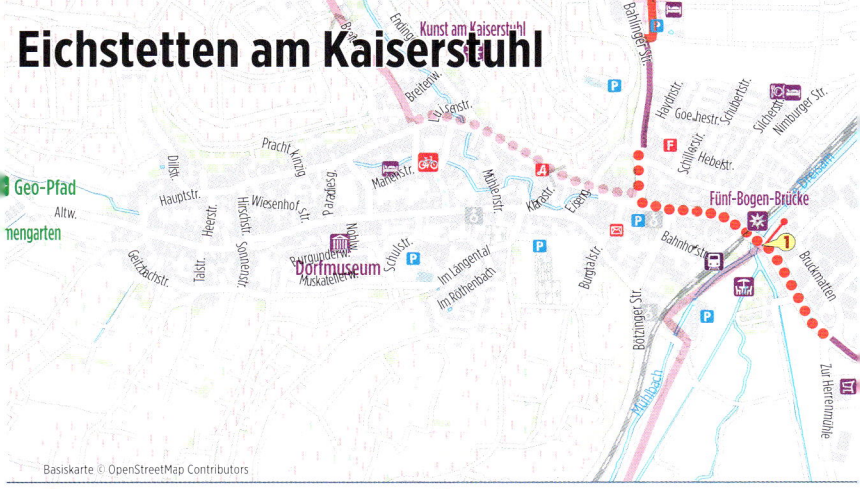

Basiskarte © OpenStreetMap Contributors

1 Eichstetten am Kaiserstuhl

Vorwahl: 07663

🛈 **Gemeinde Eichstetten**, Hauptstr. 43,
📞 932313, @ icj883

🏛 **Dorfmuseum**, Altweg 93, 📞 3522 ⌚⌚
Archäologische Funde aus der Steinzeit,
bronzezeitliche Siedlungsspuren und
mittelalterliche Funde dokumentieren die
bewegte Geschichte von Eichstetten.
@ caj544

✳ **Fünf-Bogen-Brücke**, Hauptstr. Das historische Bauwerk wurde 1784 errichtet und
führt die Landesstraße 116 auf knapp 33 m
Länge über die Alte Dreisam.

✳ **Kunst am Kaiserstuhl**. Auf exponierten
Plätzen präsentieren Künstler unterschiedlichste Kunstwerke in der Natur.
@ erx462

✳ **Geo-Pfad**, Altweg. Der Themenpfad informiert an 13 Stationen über die geolo-

89

gischen und geographischen Besonderheiten des Kaiserstuhls. Der 9,4 km lange Pfad startet beim Samengarten.

✳ **Samengarten & Obstmuseum**, Altweg 129, ✆ 932313 ㉔ In dem Schaugarten besonderer Art wird eine große Anzahl bekannter, seltener und beinahe vergessener Kulturpflanzen angebaut. Über 200 Sorten Gemüse, Kräuter, Wildblumen, Getreide und Obsthochstämme und Beerensträucher alter Sorten werden hier kultiviert. @ okk766

2 Bahlingen am Kaiserstuhl

Vorwahl: 07663

🚪 **Touristinformation-Bürgerbüro**, Webergässle 2, ✆ 933122, @ qtj865

⛪ **Bergkirche**, Kirchenstr. 8. Die erste schriftliche Erwähnung der Bergkirche erfolgte Ende des 13. Jhs. Um 1454 wurde mit dem Neubau begonnen. Sehenswert sind die Kirchenfenster, hergestellt 1963 von Peter Valentin Feuerstein.

✳ **Die Winzer vom Silberberg**, Kapellenstr. 13, ✆ 1225, ✆ 4454 ⓔ Keller- u. Wein-

90

bergführungen, Selektionsweine aus alten Anlagen.

✳ **Kunst im alten Spritzenhaus**, Kapellenstr. 16, ✆ 911210 ↻ Hier finden vom Frühjahr bis in den Herbst wechselnde Kunstausstellungen der Malerei, Bildhauerei, Fotografie und Installationsarbeiten statt. @ wor748

✳ **Rathaus**, Webergässle 2, ✆ 93310. Das Rathaus mit reichem Fachwerk stammt aus dem 16. Jh. Hier befindet sich der Hoselips, eine 250 Jahre alte Symbolfigur für den Weinbau der Bahlinger. @ nbj857

🏊 **Löhlinsee**, Reetzestr. Kleiner Bade- u. Angelsee.

3 Riegel am Kaiserstuhl

Vorwahl: 07642

🚪 **Gemeinde Riegel**, Hauptstr. 31, ✆ 90440, @ crx648

🏛 **Kunsthalle Messmer**, Grossherzog-Leopold-Pl. 1, ✆ 9201620 ⓔ In dem historischen Brauereigebäude werden seit 2009 hochkarätige Wechselausstellungen präsentiert. @ elx186

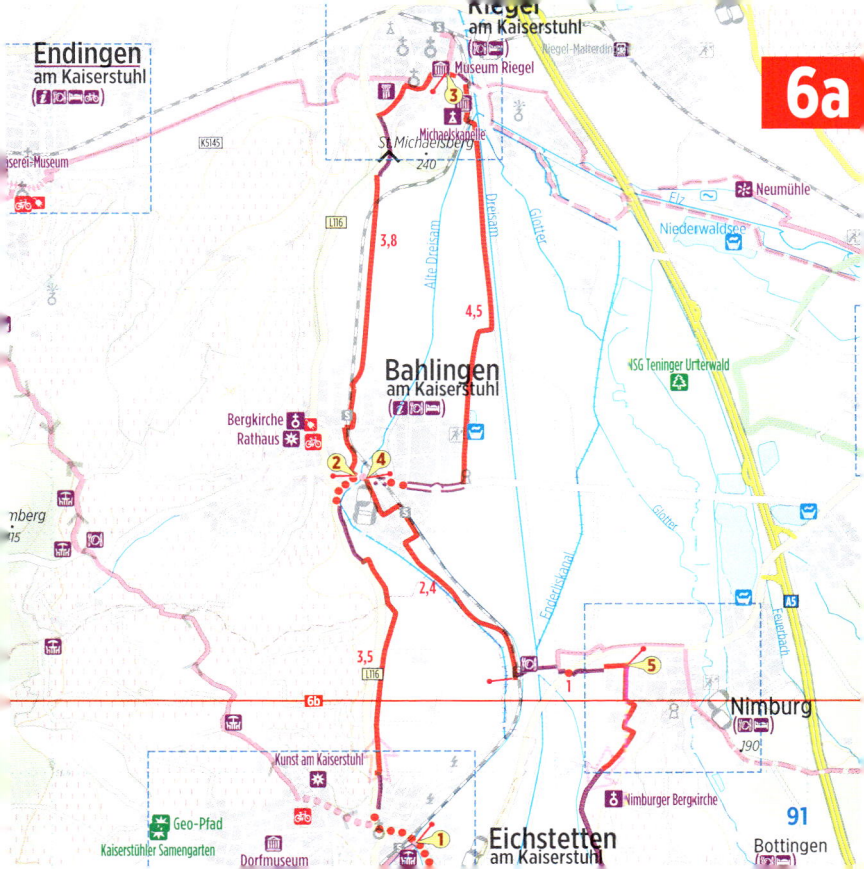

Endingen
am Kaiserstuhl

Riegel
am Kaiserstuhl

Museum Riegel

St. Michaelsberg

Michaelskapelle
240

Bahlingen
am Kaiserstuhl

Bergkirche
Rathaus

3,8

4,5

2,4

3,5

Neumühle

Niederwaldsee

NSG Teninger Unterwald

Nimburg

Nimburger Bergkirche

Bottingen

Kunst am Kaiserstuhl

Geo-Pfad
Kaiserstühler Samengarten

Dorfmuseum

Eichstetten
am Kaiserstuhl

🏛 **Museum Riegel**, Hauptstr. 12, ☎ 904411 ↻↻ Das Römermuseum wurde 2006 als archäologisches Museum eröffnet und 2012 um eine zweite Abteilung - Technik der Luft- und Raumfahrt - erweitert. @ chv475

⛪ **St. Martin**, Kirchstr. 7. Die Barockkirche wurde 1743 - 1749 errichtet und bei der reichen künstlerischen Ausstattung wirkten namhafte Künstler mit. Nach zweimaliger Zerstörung, 1936 bei einem Brand und im Zweiten Weltkrieg, folgte beim jeweiligen Wiederaufbau eine völlige Rekonstruktion der kostbaren historischen Ausstattung. @ llv414

⛪ **Michaelskapelle**, Drollberg 5. Wahrzeichen von Riegel in 243 m Höhe auf dem Michaelsberg. Erstmals 996 erwähnt, entstand das heutige Gebäude als Burgkapelle Ende des 13. Jhs. @ kuc851

📕 **Mithras Tempel**, Üsenbergstr. ↻ Nachdem im Garten des erzbischöflichen Kinderheims St. Anton im Jahr 1932 ein römischer Opferaltar gefunden wurde, konnten schließlich durch weitere Ausgrabungen (1974 - 1975) die Grundmauern eines Mithras-Tempel freigelegt werden. Das Heiligtum wurde konserviert und ist nun als Freilichtmuseum zu besichtigen.

✷ **Archäologischer Rundweg**, Forchheimer Str. 11. Von der Jungsteinzeit (6. Jh. v. Chr.) über die Kelten und Römer bis ins frühe Mittelalter (7. -10. Jh.) belegen Funde die Besiedelung unterschiedlichster Kulturgruppen. Auf einer Länge von 1 km informieren 13 Text- u. Bildtafeln über die reiche archäologische Kulturlandschaft des nördlichen Breisgaus. @ wdx781

✷ **Kanustation & Rafting & Outdoorschule Black Forest Magic**, Pegelhäuschen 1, ☎ 07664/6137700, ☎ 0173/3908054. Geführte Kanutouren, Verleih von Kanus, Kajaks und SUPs, @ wum368

✷ **Keramik Atelier**, Hauptstr. 43, ☎ 927883 ⊜ Die selbst entworfene Keramik der Künstlerin Silvia Wenzinger wird auch bei Kunstausstellungen im In- und Ausland präsentiert. @ yto876

✷ **Kunst aus Ton**, Großherzog-Leopold-Pl. 6, ☎ 9216420. In ihrem Atelier im Süßwas-

Alte Brauerei in Riegel mit Kunsthalle Messmer

serturm der alten Riegeler Brauerei fertigt Dorothee Lang ausdrucksstarke Skulpturen aus Ton. @ wiu734

✳ **Wildsport Tours**, Pegelhäuschen 1, ☎ 07631/7932877. Geführte Kanutouren auf der Alten Elz und Kanuvermietung. @ wbx258

✤ **Naturpfad Riegeler Michaelsberg**, Römerstr. 2. An 16 Infotafeln erfahren Sie Wissenswertes über die reichhaltige (Natur-)Geschichte des Ortes. Start ist beim Theater Kumedi und das Ende auf dem Michaelsberg. @ keo567

Stadtplan   s. S. 101

4 Bahlingen-Riedlen

5 Nimburg (Teningen)

Vorwahl: 07641

⛪ **Nimburger Bergkirche**, ☎ 58060. Die älteste urkundliche Erwähnung reicht bis in das Jahr 977 zurück. Das Innere zieren Fresken aus dem 15. Jh., aus der Zeit als die Antoniter ein kleines Kloster

93

zur Krankenpflege errichtet hatten. Aufgrund der wunderbaren Akustik werden jährlich mehrere Konzerte mit hochkarätigen Musikern organisiert. @ vie855

📧 **Freizeitsee**, ✆ 58060. Baggersee, Liegewiese, Kiosk

Stadtplan s. S. 142

Bottingen (Teningen)

6 Neuershausen (March)

🔯 **St. Vinzentius**, Rathausstr. 9. Die barocke St. Vinzenz-Kirche (1758) wurde mit einer prunkvollen Ausstattung durch regionale Künstler ausgestattet.

🔯 **Schloss Neuershausen**, Eichstetter Str. 17. Das Schloss in Neuershausen wurde zwischen 1781 und 1783 unter der Gräfin Elisabeth von Schauenburg-Hennin nach Plänen des französischen Architekten Franncois Pinot neu erbaut. Heute ist das Schloss im Besitz der Familie Marschall von Bieberstein.

7 Holzhausen (March)

Hochdorf (Freiburg im Breisgau)

Vorwahl: 07665

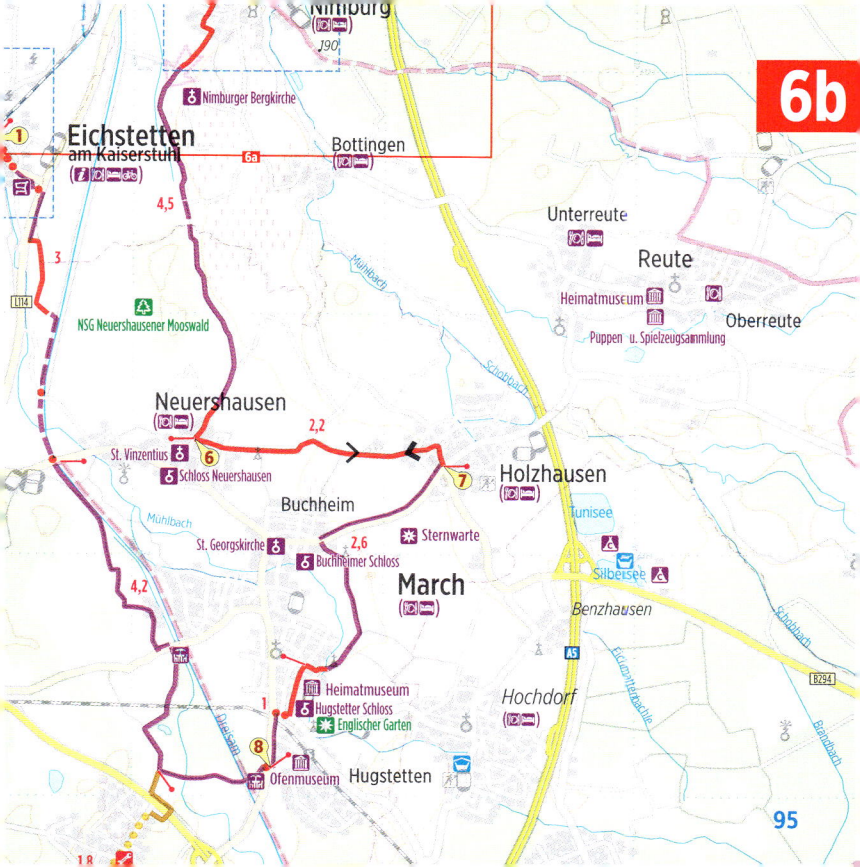

6b

Nimburg

J90

🚹 Nimburger Bergkirche

① Eichstetten
am Kaiserstuhl

Bottingen

6a

4,5

3

L114

🏕 NSG Neuershausener Mooswald

Mühlbach

Unterreute

Reute

Heimatmuseum 🏛

Oberreute

Puppen- u. Spielzeugsammlung

Neuershausen

⑥ St. Vinzentius 🚹

🏰 Schloss Neuershausen

2,2

⑦

Holzhausen

Buchheim

Mühlbach

St. Georgskirche 🚹

🏰 Buchheimer Schloss

2,6

✳ Sternwarte

March

Tunisee

Silbersee

Benzhausen

A5

B294

4,2

Hochdorf

🏛 Heimatmuseum

1

🚹 Hugstetter Schloss

🌳 Englischer Garten

⑧ 🏛 Ofenmuseum

Hugstetten

Dreisam

Elzumleitungskanal

Brandbach

Schobbach

95

18 🔥

❄ **Tunisee**, Seestr. 28, ✆ 9329910. Stand Up Paddling, Wakepark, Badesee, @ ebb737

▣ **Strandbad Silbersee**, Seestr. 20, ✆ 0761/2346. Wasserski-Anlage, Klettereisberg, Kiosk, Liegewiesen, @ gqy552

▣ **Hallenbad**, Hochdorfer Str. 16b, ✆ 0761/2105-550, @ tfl184

Buchheim (March)

⛪ **St. Georgskirche**, Holzhauser Str. Die Kirche mit spätgotischem Chor und barockem Langhaus wurde 1757 erbaut und ist die früheste erwähnte Kirche im gesamten Breisgau (anno 769).

🏰 **Buchheimer Schloss**, Schlossstr. Das heutige Ensemble stammt größtenteils aus dem 18. Jh. und war Sitz der Ortsherrschaft der Stürtzel von Buchheim und danach der Freiherren von Schackmin. Das Gebäude befindet sich in Privatbesitz und kann nicht besichtigt werden.

8 Hugstetten (March)

Vorwahl: 07665

🅘 **Rathaus March**, Am Felsenkeller 2-4, ✆ 422-9000, @ brf252

🏛 **Gerspach - Ofenmuseum**, Industriestr. 2, ✆ 1515 Ⓒ Das Ofenmuseum mit über 300 historischen Öfen beherbergt seltene Sammlerstücke.

🏛 **Heimatmuseum**, Am Felsenkeller, ✆ 9477881 ☺Ⓒ Die Exponate sind auf vier Gebäude aufgeteilt: In der alten Pfarrscheune sind landwirtschaftliche und handwerkliche Geräte untergebracht, Brenngeschirr und Keltergeräte befinden sich im ehem. Waschhaus des Pfarrhauses, das Backhaus ist mit Küche und Holzofen eingerichtet und im Ausstellungsraum vom Rathaus II wird die Marcher Tracht präsentiert. @ xan658

🏰 **Hugstetter Schloss**, Dorfstr. Das dreigeschossige Schloss wurde um 1805 erbaut und befindet sich heute im Besitz der Familie von Mentzingen. Das Schloss ist der Öffentlichkeit nicht zugänglich.

❄ **Sternwarte March**, ✆ 422-9701. Das Observatorium bietet einmal im Monat einen Beobachtungsabend an. Auf dem frei zugängigen Planetenweg wird das Son-

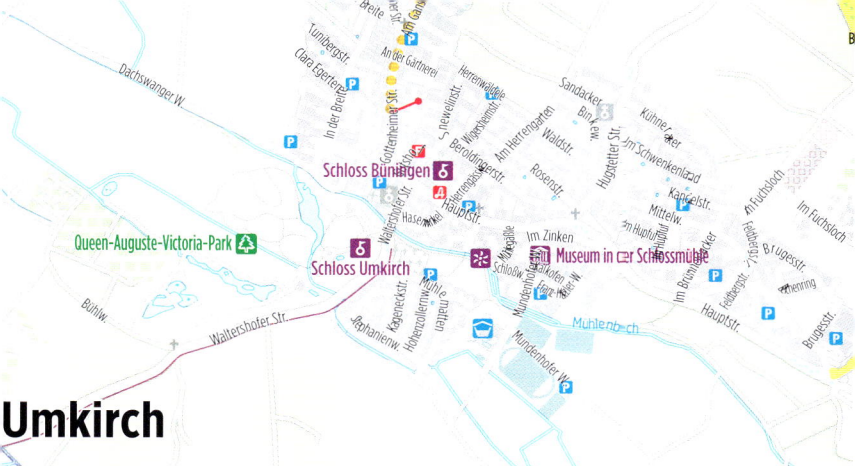

Umkirch

nensystem mit seinen acht Planeten erläutert. @ sgj278

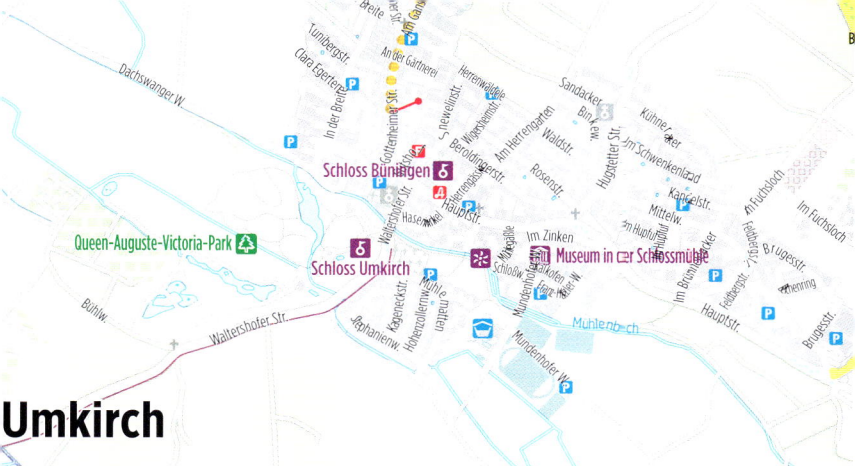 **Englischer Garten**. Der Park im Stil eines Englischen Landschaftsparks ist heute einer der schönsten Englischen Gärten in ganz Süddeutschland. Franz Stephan von Schackmin begann, nachdem er das Lehen erbte, 1792 mit dem Bau des neuen Schlosses und der Gartengestaltung. Nach den Kriegswirren wurde die Anlage von Konrad von Andlau gegen 1830 vollendet. Bereits der Komponist Felix Mendelsohn-Bartholdy und seine Frau Cecilie besuchten auf ihrer Hochzeitsreise den Schlosspark des Hugstetter Schlosses. Knapp 5 ha des Parks sind öffentlich zugänglich. @ gee223

AUSFLUG Nach Hugstetten bietet sich ein Ausflug in den sehenswerten und geschichtsträchtigen Ort Umkirch an. Archäologische Funde bezeugen, dass auf der Gemarkung Umkirch eine römische Siedlung von beachtlicher Größe bestand.

Umkirch

Vorwahl: 07665

🏛 **Museum in der Schlossmühle**, Schlossweg 3, ✆ 7245. Wechselausstellungen römerzeitlicher Funde, Utensilien aus dem alltägl. Leben, dem Handwerk und der Landwirtschaft ab den 1920er Jahren und über die Ortsgeschichte. @ deu418

🏰 **Schloss Büningen**, Vinzenz-Kremp-Weg 1. Nachdem das mittelalterliche Wasserschloss um 1637 niederbrannte, ließ es Freiherr Gervasius Escher v. Binningen zwischen 1663 u. 1669 wieder aufbauen. Im Laufe der Zeit wurde das Schloss mehrmals aus- und umgebaut und wurde als Gast-, Förster-, Waisen-, Schul- u. Schwesternhaus genutzt. Heute erstrahlt das Kulturdenkmal wieder in neuem Glanz und beheimatet das Rathaus. @ vvx757

✳ **Dachswanger Mühle**, Im Mösle 1, ✆ 940161. Dachswangen als Wasserburg und Adelssitz wurde im Jahre 1122 erstmals erwähnt. Das Anwesen durchlief eine wechselvolle Geschichte: 1525 Wiederaufbau nach der Zerstörung im Bauernkrieg, Umbau zu einem Schloss und später Ausbau zu einer Mühle, 1826 ging das Anwesen an die Großherzogin Stefanie von Baden über. Der Mühlenbetrieb wurde 1930 eingestellt. Als das Anwesen Dachswanger Mühle abgerissen werden sollte, wurden Reste der alten Burganlage entdeckt. Das Gebäude wurde von Grund auf stilgetreu renoviert und wird als landwirtschaftlicher Betrieb genutzt. @ ahj636

🅐 **Queen-Auguste-Victoria-Park**, Waltershofer Str., ✆ 9660 Ⓒ Die letzte Königin von Portugal, Auguste Victoria, Prinzessin von Hohenzollern, erbaute sich 1934 einen königlichen Landsitz mit einer weitläufigen Parkanlage im englischen Landhausstil. Im Jahre 1993 ersteigerte der Publizist und Verleger Werner Semmler das Anwesen und gestaltete den Landschaftspark neu. Im Park werden

Fünf-Bogen-Brücke und alter Wasserturm in Eichstetten am Kaiserstuhl

regelmäßig private und öffentliche Konzerte, Veranstaltungen und Führungen durchgeführt. @ pcf771

Hallenfreibad Aquafit, Mundenhofer Weg 30, ✆ 9345815, @ iap841

Eichstetten a. Kaiserstuhl   s. S 89.

Tour 7
Kaiserstuhl Radwanderweg

61,5 km

HM/km: ↗ 2,1 (132m) ↘ 2,1 (132m) Radweg: 32 % Unbefestigt: 10 % Verkehr: 4 %

Von Riegel, dem kulturellen und historischem Tor zum Kaiserstuhl, begleitet Sie die Dreisam nach Bahlingen, Eichstetten und Bötzingen durch flaches Terrain. Es folgt ein Anstieg auf den Tuniberg-Höhenweg, durch die Rebanlagen von Gottenheim und Waltershofen bis der höchste Punkt der Radtour erreicht ist. Nun rollen Sie gemütlich über Merdingen bergab zum wärmsten Ort Deutschlands, dem Weinort Ihringen. Schon von Weitem ist das St. Stephansmünster von Breisach am Rhein sichtbar, das hoch über der Rheinebene thront. Nehmen Sie sich Zeit und tauchen in die Stadt der grenzenlosen Vielfalt ein, bevor die Route durch den schattigen Auenwald über Burkheim, Sasbach, Königschaffhausen und Endingen zum Ausgangspunkt, der von Kunst und südländischem Flair geprägten Gemeinde Riegel, gelangt.

Charakteristik

Start/Ziel: Riegel am Kaiserstuhl

An- und Abreise: PKW: Autobahn A 5, Ausfahrt 59-64a. Bahn: Von Freiburg mit der Breisgau-S-Bahn.

Wegbeschaffenheit: überwiegend asphaltierte/befestigte Straßen und Radwege

Verkehr: Mit etwas Verkehr ist nur in den Ortschaften zu rechnen.

Beschilderung: regionale Beschilderung

Steigungen: Bis auf einen Anstieg nach Gottenheim verläuft die Route steigungsfrei.

Anschlusstour(en): 6, 11

1 Riegel am Kaiserstuhl

Vorwahl: 07642

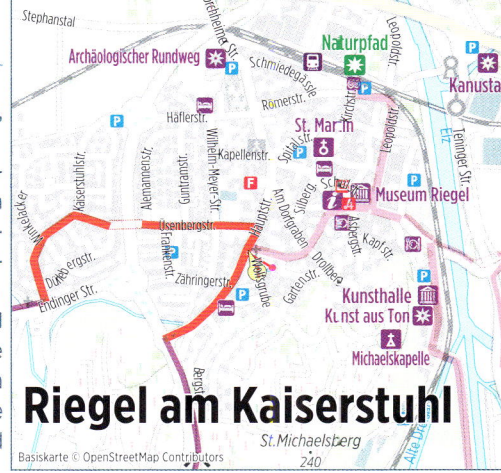

Basiskarte © OpenStreetMap Contributors

Riegel am Kaiserstuhl

ℹ️ **Gemeinde Riegel**, Hauptstr. 31, ✆ 90440, @ crx648

🏛️ **Kunsthalle Messmer**, Grossherzog-Leopold-Pl. 1, ✆ 9201620 ⏱ In dem historischen Brauereigebäude werden seit 2009 hochkarätige Wechselausstellungen präsentiert. @ elx186

🏛️ **Museum Riegel**, Hauptstr. 12, ✆ 904411 ⏱⏱ Das Römermuseum wurde 2006 als archäologisches Museum eröffnet und 2012 um eine zweite Abteilung - Technik der Luft- und Raumfahrt - erweitert. @ chv475

⛪ **St. Martin**, Kirchstr. 7. Die Barockkirche wurde 1743 - 1749 errichtet und bei der reichen künstlerischen Ausstattung wirkten namhafte Künstler mit. Nach zweimaliger Zerstörung, 1936 bei einem Brand und im Zweiten Weltkrieg, folgte beim jeweiligen Wiederaufbau eine völlige Rekonstruktion der kostbaren historischen Ausstattung. @ llv414

⛪ **Michaelskapelle**, Drollberg 5. Wahrzeichen von Rie-

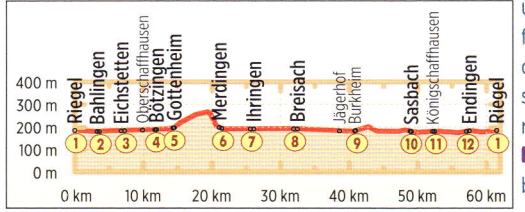

gel in 243 m Höhe auf dem Michaelsberg. Erstmals 996 erwähnt, entstand das heutige Gebäude als Burgkapelle Ende des 13. Jhs. @ kuc851

🚩 **Mithras Tempel**, Üsenbergstr. @ Nachdem im Garten des erzbischöflichen Kinderheims St. Anton im Jahr 1932 ein römischer Opferaltar gefunden wurde, konnten schließlich durch weitere Ausgrabungen (1974 - 1975) die Grundmauern eines Mithras-Tempel freigelegt werden. Das Heiligtum wurde konserviert und ist nun als Freilichtmuseum zu besichtigen.

❋ **Archäologischer Rundweg,** Forchheimer Str. 11. Von der Jungsteinzeit (6. Jh. v. Chr.) über die Kelten und Römer bis ins frühe Mittelalter (7. -10. Jh.) belegen Funde die Besiedelung unterschiedlichster Kulturgruppen. Auf einer Länge von 1 km informieren 13 Text- u. Bildtafeln über die reiche archäologische Kulturlandschaft des nördlichen Breisgaus. @ wdx781

❋ Kanustation & Rafting & Outdoorschule Black Forest Magic, Pegelhäuschen 1, ☎ 07664/6137700, ☎ 0173/3908054. Geführte Kanutouren, Verleih von Kanus, Kajaks und SUPs, @ wum368

❋ **Keramik Atelier**, Hauptstr. 43, ☎ 927883 ⊜ Die selbst entworfene Keramik der Künstlerin Silvia Wenzinger wird auch bei Kunstausstellungen im In- und Ausland präsentiert. @ yto876

❋ **Kunst aus Ton**, Großherzog-Leopold-Pl. 6, ☎ 9216420. In ihrem Atelier im Süßwasserturm der alten Riegeler Brauerei fertigt Dorothee Lang ausdrucksstarke Skulpturen aus Ton. @ wiu734

❋ **Wildsport Tours**, Pegelhäuschen 1, ☎ 07631/7932877. Geführte Kanutouren auf der Alten Elz und Kanuvermietung. @ wbx258

🚏 **Naturpfad Riegeler Michaelsberg**, Römerstr. 2. An 16 Infotafeln erfahren Sie Wissenswertes über die reichhaltige (Natur-)Geschichte des Ortes. Start ist beim Theater Kumedi und das Ende auf dem Michaelsberg. @ keo567

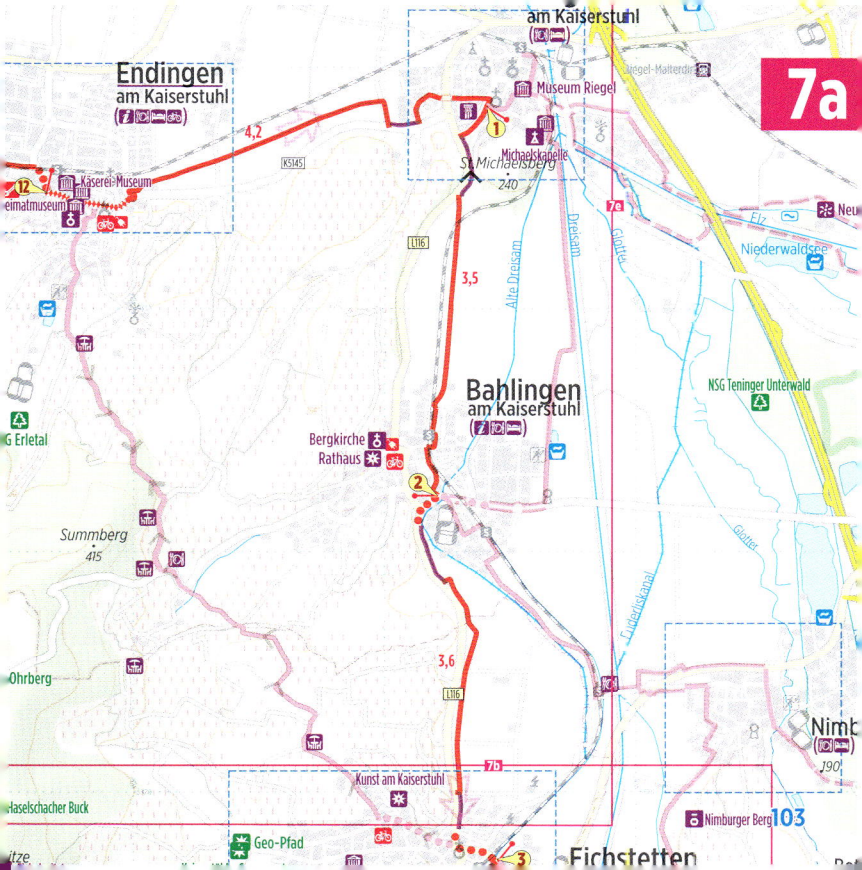

7a

Endingen
am Kaiserstuhl

Käserei-Museum
eimatmuseum

am Kaiserstuhl

Museum Riegel

Michaelskapelle
St. Michaelsberg
240

12

4,2

K5145

L116

3,5

Bahlingen
am Kaiserstuhl

Alte Dreisam

Dreisam

Glatterin

Elz

Neu

Niederwaldsee

NSG Teninger Unterwald

Bergkirche
Rathaus

2

G Erletal

Summberg
415

Ohrberg

3,6

L116

Glatter

Ludwigskanal

Nim

190

Nimb

103

Kunst am Kaiserstuhl

7b

Haselschacher Buck

Geo-Pfad

itze

3

Nimburger Berg

Fichstetten

4 Bötzingen

Vorwahl: 07663

Gemeinde Bötzingen, Hauptstr. 11, ☎ 931013, @ tsp242

Oldtimer-Museum, Gottenheimer Str. 16, ☎ 0171/5318264 ⌂⌂ Das kleine private Oldtimer-Museum mit Raritäten aus den 1920er bis 1980er Jahren, alten Radios, Musiktruhen und Werbeschildern, vermittelt einen Einblick in die Automobilgeschichte. @ wuk311

St. Laurentius, Sieglestr. 4, ☎ 1594. Die Pfarrkirche mit mächtigem, asymmetrischem Wehrturm wurde erstmals 1275 urkundlich erwähnt und ist das älteste Bauwerk von Bötzingen. @ nax328

Pestkapelle St. Alban, Kapellenweg. In der spätgotischen Kapelle befinden sich wertvolle Fresken und Wandmalereien aus der Erbauungszeit (1473 - 1481)

Erlebnispfade, Hauptstr. 11, ☎ 93100. Der Weinlehrpfad, Brunnenpfad, Schambach-Erlebnispfad und ein Walderlebnispfad lassen Sie die Natur, das Element Wasser und die Geschichte des Ortes auf abwechslungsreiche Art und Weise entde-

104

cken. @ aky677

Freibad Bötzingen, Im Ried, ☎ 949972, @ cyg722

Stadtplan   s. S. 125

5 Gottenheim

Vorwahl: 07665

Gemeinde Gottenheim, Hauptstr. 25, ☎ 98110, @ bkm758

St. Stephan, Kirchstr. Die Kirche St. Stephan ist das weithin sichtbare Wahrzeichen von Gottenheim und ist mit Statuen und Gemälden von bester künstlerischer Qualität ausgestattet.

Rebhisli-Tour. Der 5,8 km lange Rundkurs durch die Rebfluren des alten Rebberges führt direkt an den traditionellen „Rebhisli" vorbei. Start ist am Bahnhof. @ ncd444

Stadtplan   s. S. 203

Waltershofen (Freiburg im Breisgau)

St. Peter und Paul, Spielhöfe 4, ☎ 0761/6431. Die klassizistische Kirche wurde in den Jahren 1816 bis 1819 im Weinbrenner-Stil erbaut. Die Orgel (1892) stammt von dem Freiburger Orgelbaumeister August Merklin. @ moc633

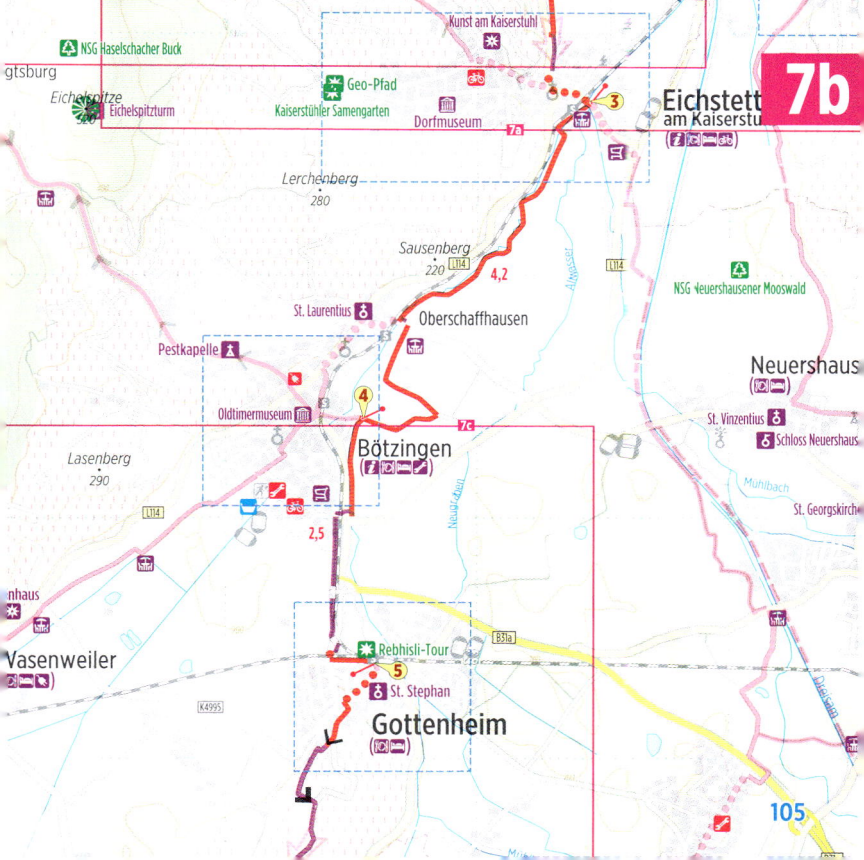

NSG Haselschacher Buck

gtsburg

Eichelspitze
280
Eichelspitzturm

Geo-Pfad
Kaiserstühler Samengarten

Kunst am Kaiserstuhl

Dorfmuseum

Eichstett
am Kaiserstul

3

Lerchenberg
280

Sausenberg
220

L114

4,2

L114

NSG Neuershausener Mooswald

St. Laurentius

Oberschaffhausen

Neuershaus

Pestkapelle

St. Vinzentius

Oldtimermuseum

4

Schloss Neuershaus

Bötzingen

7c

Neugraben

St. Georgskirch

Mühlbach

Lasenberg
290

L114

2,5

nhaus

Rebhisli-Tour

B31a

5

Vasenweiler

St. Stephan

K4995

Gottenheim

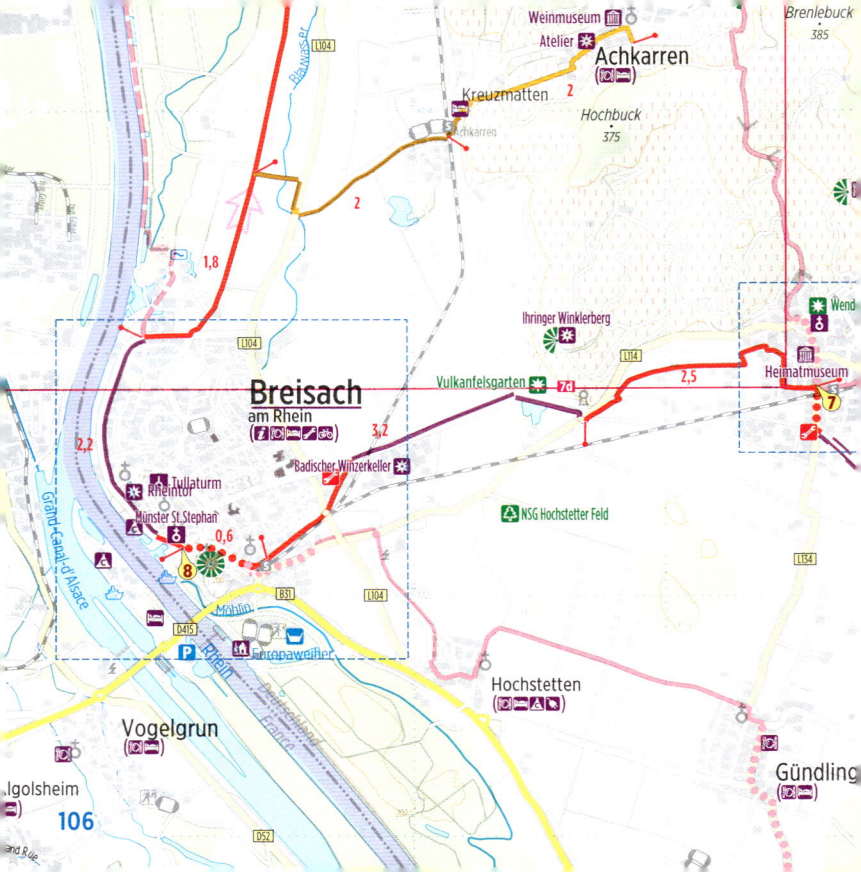

Brenlebuck
385

Weinmuseum 🏛
Atelier ✳
Achkarren
📷🏛
2
Hochbuck
375

Kreuzmatten
Achkarren

L104

Ihringer Winkelberg ✳

L114

Breisach
am Rhein
ℹ️📷🏛🚲

2

1,8

L104

Vulkanfelsgarten ✳   7d

2,5

Heimatmuseum
🏛

7

2,2

3,2

Badischer Winzerkeller ✳

✳ Rheintor
🏛 Tullaturm
Münster St.Stephan 🏛

0,6

8 ✳

NSG Hochstetter Feld 🌲

L134

B31

L104

Mohlin

D415

Rhein

🅿

Europaweiher 🏊

Hochstetten
📷🚲🏊

Wend
📷🏛

Vogelgrun
📷🏛

Gündling
📷🏛

Igolsheim
📷🏛

106

D52

and Rue

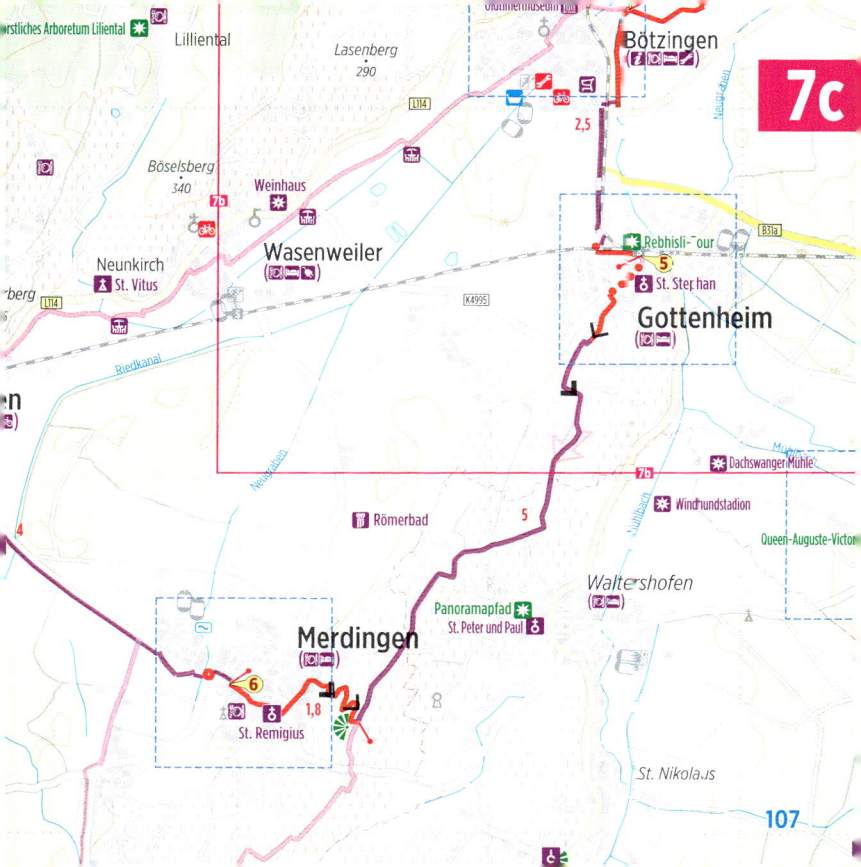

7c

Lilliental

Lasenberg
· 290

rstliches Arboretum Lilliental

Bötzingen

Böselsberg
· 340

Weinhaus

7b

2,5

Neunkirch
St. Vitus

Wasenweiler

Rebhisli-Tour

5

St. Stephan

Gottenheim

berg

Riedkanal

K4995

B31a

Dachswanger Mühle

7b

Römerbad

5

Windhundstadion

Queen-Auguste-Victor

4

Neugraben

Walteshofen

Panoramapfad
St. Peter und Paul

Merdingen

6

1,8

St. Remigius

St. Nikolaus

🌟 **Windhundstadion**, ✆ 07668/99512930. Auf dem Gelände der Rennbahn lernen Sie bei verschiedensten Veranstaltungen die Faszination Windhund kennen. Ein öffentliches Training findet in der Saison am Sonntag statt, Termine der öffentlichen Rennen lt. Terminkalender. @ bae273

🌟 **Panoramapfad "Wein - Natur - Landschaft"**, Benleweg. Auf dem 9 km langen Panoramapfad begleiten Sie neben 15 informativen Thementafeln ein Weinsortengarten, ein Wildbienenhotel und themenbezogene Holzskulpturen des Freiburger Holzkünstlers Thomas Rees. Die Kulturlandschaft rund um den Tuniberg ist geprägt von Wein, Natur und herrlichen Aussichten auf Schwarzwald, Kaiserstuhl, Vogesen, Oberrheintal und die Freiburger Bucht.

Der Ort Waltershofen mit rund 2.200 Einwohnern ist geprägt vom Wein- und Spargelanbau. Die fruchtbaren Lössböden und das südliche Klima am sonnenverwöhnten Tuniberg schaffen dafür beste Voraussetzungen. Vier Weingüter und zahlreiche Nebenerwerbswinzer produzieren Weine mit besonderer Güteklasse, wie die zahlreichen Prämierungen und Auszeichnungen der Burgundersorten bestätigen.

Archäologische Funde und Hinweise auf eine alemannische Ausbausiedlung deuten auf eine sehr frühe Siedlungsgeschichte im 7./8. Jahrhundert hin. Die erste urkundliche Nennung Waltershofens datiert aus dem Jahr 1139. Das Dorf gehörte während des Mittelalters dem Kloster St. Märgen und musste wegen Verarmung des Klosters Ende des 15. Jahrhunderts verkauft werden. Wechselnde Adelsfamilien herrschten über den Ort bevor er 1806 an das Land Baden fiel. Der Ort Waltershofen wurde 1972 nach Freiburg eingemeindet und behielt dennoch eine eigene Ortsverwaltung, die die Geschicke der Ortschaft mitbestimmt.

6 Merdingen

Vorwahl: 07668

🏛 **St. Remigius**, Kirchg. 2, ✆ 241. Die spätbarocke Pfarrkirche (1738 - 1741) des Deutschordensbaumeisters Johann Kaspar Bagnato gehört mit der Innenausstattung zu den schönsten Barockkirchen in Südbaden. @ eeb154

- 🏛 **Römerbad**, Wasenweiler Str. Archäologische Funde von Mauerresten vermitteln einen Einblick in eines jener Bäder, wie sie hier überall betrieben wurden. @ rpu342

- ✳ **Historischer Ortskern**. Im Jahre 1754 wurde Merdingen als eines der größten Dörfer im Breisgau beschrieben. Die historischen Gebäude, Fachwerkbauten und der Marktbrunnen im Ortskern zeugen von der gewerblichen und bäuerlichen Vergangenheit, die im 18. Jh. eine Blütezeit erlebte.

- ✳ **Winzer & Weinbaubetriebe**, Stockbrunneng. 4, ✆ 9954980. Viele Weingüter bieten Kellerbesichtigungen, Weinbergführungen, Weinproben u.v.m an. @ tnf741

Stadtplan   s. S. 207

7 Ihringen

Vorwahl: 07668

🅘 **Kaiserstuhl Touristik e.V.**, Bachenstr. 38, 📞 9343, @ dln252

🏛 **Heimatmuseum**, Bachenstr. 42, 📞 5763, 📞 9343 ◔◔ Neben allerlei Raritäten geben Gerätschaften aus Haushalt und Landwirtschaft einen Einblick in das typische, früher oft ärmliche Leben eines Weinbauers. @ nmr211

🅱 **Evangelische Kirche**, Am Kirchpl. ◔ Die Kirche wurde in den Jahren 1874 bis 1877 erbaut und erhielt während einer Renovierung im 20. Jh. eine moderne künstlerische Ausgestaltung von dem Glasmaler Valentin Peter Feuerstein aus Neckarsteinach und Prof. Walter Schelens aus Freiburg. Von der Vorgängerkirche ist noch der Taufstein aus dem 17. Jh. erhalten. @ ilj414

🅐 **Naturzentrum Kaiserstuhl**, Bachenstr. 42, 📞 710880. Als zentrale Informationsstelle für die Natur, Geologie und Kulturgeschichte des Kaiserstuhls erwarten Sie kompakte Ausstellungen mit geologischen und mineralogischen Exponaten, ein Geländemodell, ein reich-

haltiges Exkursionsprogramm u.v.m. @ gwo784

🅐 **Duft- und Kräutergarten**, Riedengartenstr. 4 ◔ Über 60 Pflanzenarten, ein Beerenpfad und Obstbäume erwarten Sie.

🅐 **Forstliches Arboretum Liliental**, Lilienhof 7 ◔ Botanische Raritäten wie der Mammutbaumwald, japanische Kirschen und Eisbirken sowie eine besondere Stauden- u. Orchideenflora verleihen dem forstlichen Kleinod einen exotischen Charakter. @ ccq634

🅲 **Vulkanfelsgarten Rundweg**, Ihringer Winklerberg, Start ist nach dem Ihringer Baggersee. Bunte Lavaströme aus Tephrit mit Olivin-Einschlüssen, Mauereidechsen und Feigenkakteen begleiten Sie entlang des 2,4 km langen Rundweges. Während Sie 15 Mio. Jahre Erdgeschichte entdecken, sollten Sie gut zu Fuß sein. Tipp: Der Weg ist am Nachmittag voll besonnt, am Vormittag kühler. @ gdb632

🅲 **Wendelin Wiedehopf durch den Weinberg**, Schlichteng. ◔ Auf der 2 km langen Schatzsuche zu den tiefsten Hohlwegen

Breisach

und Lösskellern in den Weinbergen gibt es spannende Rätsel zu lösen, einiges zu fühlen, zu hören und zu entdecken. @ ikp453

📧 **Kaiserstuhlbad**, Sportzentrum Nachtwaid 1, 📞 9529612, @ jiq352

Stadtplan   s. S. 201

8 Breisach am Rhein

Vorwahl: 07667

ℹ️ **Breisach-Touristik**, Marktpl. 16, 📞 940155, @ djn321

⛵ **Breisacher Fahrgast-Schifffahrt**, Rheinuferstr., Anlegestelle 2, 📞 942010 ↻ Von

Ostern-Ende Okt. regelmäßige Rundfahrten. Außerdem kulinarische Fahrten und Tagesausflüge nach Strasbourg, Colmar und Basel. @ cyc867

🏛 **Blaues Haus**, Rheintorstr. 3, ✆ 911374 ⏱ ⏱ Gedenk- und Bildungsstätte für die Geschichte der Juden am Oberrhein mit Dauerausstellung „Jüdisches Leben in Breisach 1931". @ twy714

🏛 **Museum für Stadtgeschichte**, Rheintorpl. 1, ✆ 832161, ✆ 7089 ♿ Die Sammlung bietet einen Rundgang durch die fast 4.000-jährige Geschichte Breisachs. Schwerpunkte bilden das umfangreiche Fundmaterial einer Handwerker- und Händlersiedlung der keltischen La-Tène-Kultur von Breisach-Hochstetten, die mittelalterlichen Siedlungsreste vom Münsterberg und die Entwicklung der Breisacher Festung. Wechselnde Sonderausstellungen. @ qaj737

🔵 **Münster St. Stephan**, ✆ 203 ♿ Ein Neubau des Münsters anstelle einer 1139 erwähnten Kirche war im 12. Jh. begonnen worden. Deutlich sind die einzelnen Bauphasen zu erkennen. Selbst das symmetrische Turmpaar besteht aus einem rein romanischen und einem gotisch aufgelockerten Teil. Sehenswert sind der Hochaltar (1526) und Wandmalereien vom Jüngsten Gericht und der Auferstehung. @ uqa118

🔵❄ **Ruine Eckartsberg**, südlich des Stadtzentrums ㉔ Auf der Anhöhe standen einst eine Burg und ein kleines Kloster. Heute bietet die Aussichtsplattform einen herrlichen Blick auf die Stadt und den Rhein.

🔵 **Radbrunnenturm**, Radbrunnenallee. Mit dem Bau des 41 m tiefen Trinkwasserbrunnens im Inneren des Turms wurde 1189 begonnen. Die Räumlichkeiten dienten als mittelalterliches Rathaus, Gerichtsstätte und Folterkammer und werden heute nach mehrfachen Umbauten für Ausstellungen und Konzerte genutzt. @ nxf623

🔵 **Tullaturm**. Der Turm (1874) ist nach dem „Bändiger des wilden Rheins", dem Ingenieur und Oberst Johann Gottfried Tulla benannt. Vor dem Turm finden jeden Sommer die Breisacher Festspiele statt.

✿ **Badischer Winzerkeller**, Zum Kaiserstuhl 16, ✆ 9000 ↻ Einer der bedeutendsten Winzerbetriebe in Europa, Kellerführungen mit Multi-Dia-Show und Weinprobe. @ drr434

✿ **Rheintor**, Rheintorpl. ⌚ Mit seiner Prunkfassade ist das 1678 erbaute Tor als Rest der unter Ludwig XIV. ausgebauten französischen Festung erhalten. Seit 1991 Museum für Stadtgeschichte. @ tbq131

✿ **Vinothek Breisach**, Am Marktpl. 16, ✆ 904952. Neben diversen Weinen, Sekt u. Edelbränden bietet die Vinothek Führungen, Weinbergtouren mit dem Traktor, kulinarische Weinproben u. Winzerkeller-Krimi an. @ lad751

▲ **Franziskaner Klostergarten**, Kapuzinerg. 4, ✆ 911499 ⌚ Das Kleinod auf dem Münsterberg erstrahlt in neuem Glanz und bietet eine herrliche Aussicht auf Breisach. @ dlu136

▲ **Naturschutzgebiet Hochstetter Feld**, östlich von Breisach ⌚ Die ehemalige Kiesgrube mit mehreren Teichen bietet 135 Vogelarten einen Lebensraum. @ kev273

✉ **Waldschwimmbad**, Rheinuferstr. 19-20, ✆ 338 ⌚, @ rgo388

Auf einem zum Rhein vorgeschobenen vulkanischen Bergrücken gelegen, hatte die Vorläufersiedlung von Breisach bereits zu römischen Zeiten eine große strategische Bedeutung gehabt. Nach 1198 errichteten die Zähringer eine mächtige Burganlage auf dem nördlichen Felsplateau. Breisach wurde in den darauffolgenden Jahrhunderten eine der am heißest umkämpften Festungen in Europa. Abwechselnd wurde sie von Franzosen und Habsburgern in Besitz genommen. Die von Vauban unter Ludwig XIV. verstärkte Festung wurde schließlich auf Befehl von Maria Theresia 1741-45 geschleift. Im Zweiten Weltkrieg wurde ein Großteil der Stadt zerstört, das historische Stadtbild jedoch beim Wiederaufbau bewahrt. Heute ist Breisach Zentrum des badischen Weinlandes mit großen Wein- und Sektkellereien.

Das Verhältnis der Stadt zum Fluss muss vor der Rheinregulierung allerdings ein recht flexibles gewesen sein: Infolge des häufig wechselnden Rheinlaufes befand sich Breisach nämlich während der römischen Zeit westlich des Stroms, im 10. Jahrhundert auf einer Insel, zwei Jahrhunderte später wieder auf der elsässischen Seite und erst seit dem 14. Jahrhundert ist die Stadt auf der östlichen Seite zu finden.

Stadtplan s. S. 183

Kreuzmatten (Vogtsburg im Kaiserstuhl)

Achkarren (Vogtsburg im Kaiserstuhl)

Vorwahl: 07662

🏛 **Weinbaumuseum**, Schloßbergstr. 30, ☎ 68940 ♿ In der ehem. Zehntscheune befindet sich eine umfangreiche Sammlung zum Thema Entwicklung des Weinbaus, Traubensorten und Geologie. Die mühevolle Arbeit in den Weinbergen lässt sich anhand von originalen Gerätschaften nachvollziehen. @ fcs485

⚔ **Burg Höhingen**, Schlossberg. Die frühmittelalterliche Burganlage wurde im Jahre 1064 erstmals urkundlich erwähnt und im Laufe der Zeit mehrmals ausgebaut. Nach einer wechselvollen Kriegsgeschichte war die Burg 1638 militärisch nicht mehr zu halten, darum setzte sie die kaiserliche Besatzung in Brand. Heute sind nur mehr spärliche Reste der Ruine zu sehen.

✳ **Atelier Birgit Greshake**, Schlossbergstr. 18, ☎ 9365480, ☎ 0157/30466960 ✍✍ Malerei und Objektkunst. @ cgg584

✤ **Weinlehrpfad**, Schlossberg. Der geologische Pfad informiert auf einer Länge von 2,5 km über die Bodenbeschaffenheit, das Klima, die Rebsorten und die Geschichte des Weinbaus. @ fud584

Achkarren verfügt neben den Lössböden über verwitterten Vulkanboden und gehört dadurch zu den deutschen Spitzenweinlagen. Die Winzergenossenschaft Achkarren und die örtlichen Weingüter sind vor allem für ihre Ruländer und besonderen Grauburgunder Weine bekannt.

Burkheimer Baggersee (Vogtsburg im Kaiserstuhl)

🏊 **Baggersee**. Naturbelassener 5 ha großer Baggersee, Liegewiese, durch teils nicht

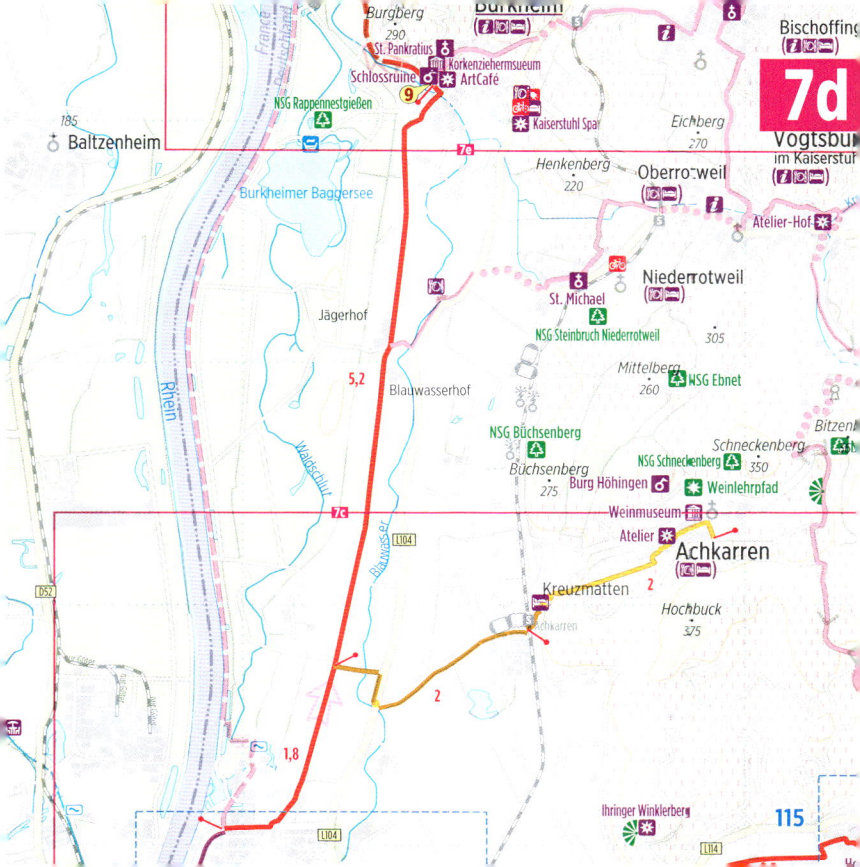

ungefährliche Ufer für Kinder nur bedingt geeignet. @ gks453

9 Burkheim (Vogtsburg im Kaiserstuhl)

Vorwahl: 07662

🅘 Burkheim Touristik e.V., Fischerg. 6, ✆ 949780, @ lum866

🏛 Korkenziehermuseum, Mittelstadt 18, ✆ 947525 ⊜ Über 1000 Korkenzieher aus rund 350 Jahren sind hier ausgestellt. @ vcm783

🅑 St. Pankratius, Am Kirchberg. Der älteste, gotische Teil der Kirche wurde im 14. Jh. erbaut. Das Netzgewölbe schmücken Malereien aus der Zeit der Renaissance.

🅓 Burkheimer Schlossruine ⌘ An Stelle eines römischen Wartturms oder Kastells erbaut, ist die Schlossanlage alten alemannisch-fränkischen Ursprungs. Nach Zerstörungen und Wiederaufbauten wurde die Burg zwischen 1672 und 1676 im französisch-holländischen Krieg endgültig zerstört. Die Ruine ist im Besitz einer Weinkellerei. @ mqg127

✱ Altstadt. Fachwerkhäuser, spätgotische und barocke Gebäude prägen das Bild der mittelalterlichen Innenstadt. @ noy378

✱ Burkheimer Kräuterhof, Plonweg 2, ✆ 1583 ⊜ Regelmäßige Führungen durch die duftende Kräuter- und Gewürzwelt, der Kräutergarten ist jederzeit frei zugänglich. @ bes212

✱ Burkheimer Winzer, Winzerstr. 8, ✆ 939315 🅚 Weinproben, Kellerführungen, Nachtwächterrundgänge, Traktorfahrten mit dem Planwagen durch die Reblandschaft, @ jmi151

✱ Galerie mit ArtCafé, Mittelstadt 19, ✆ 936893 ⊜ Lassen Sie sich in der kleinen Galerie in der historischen Altstadt von Kunst, Vintage und vielen netten Details inspirieren. @ hat874

✱ Kaiserstuhl-Spa, Landstr. 1, ✆ 90910. Rotwein-Peeling, Schwarzbrenner-Sauna, Pool, Ruheräume und eine großzügige Liegewiese, @ bfo376

✱ Marionettenbaukunst, Mittelstadt 11, ✆ 94201 ⊜ Die Künstlerin Mutgard Dross fertigt in dem kleinen Laden mit angeschlossener Werkstatt neben freien Figuren, Marionetten nach Vorlage. @ lsq853

❇ **Nachtwächter**. Von Ostern bis Ende Oktober geht der Nachtwächter immer sonntags und mittwochs um 22 Uhr durch die Gassen, erzählt Geschichten und Anekdoten aus früheren Zeiten und singt in alemannischer Sprache. @ wmx585

🅰 **Rappennestgießen**. Benannt nach einem Rheinaltarm beherbergt das Naturschutzgebiet teils auch vom Aussterben bedrohte Tier- und Pflanzenarten.

Verträumte, Jahrhunderte alte Fachwerkhäuser säumen den Platz, viele beherbergen einen Gasthof oder eine Weinschenke. Das Portal des Rathauses, ein Renaissancebau aus dem Jahre 1604, ziert ein österreichisches Wappen. Die Staat stand etwa 500 Jahre lang unter der Herrschaft der Habsburger.

Burg Sponeck (Sasbach am Kaiserstuhl)

♂ **Burg Sponeck** @ Schon zu spätrömischer Zeit soll auf dem Standort der heutigen Burg ein römisches Kastell gestanden haben. Die Burg wurde im Zweiten Weltkrieg schwer beschädigt, ist aber nach wie vor in Privatbesitz. Der Garten kann besichtigt werden, Führungen auf den Turm nach Absprache. @ gnw332

Jechtingen (Sasbach am Kaiserstuhl)

Vorwahl: 07662

🏛 **Emil-Gött-Stube**, Dorfstr. 37, ✆ 282. Im Jahre 1864 wurde der Schriftsteller Emil Gött in Jechtingen geboren. Ein Gedenk-

Burkheim

Wyhler Baggersee

Wasserskiclub

Limberg
270

Ruine Limburg
Wissenschaftlicher Lehrpfad

2,5

Sasbach
am Kaiserstuhl

10

3,6

du Rhinwald

Kirschenmuseum

200

K5144

Leiselheim

Leiselheimer Gestühl

Gestühl

He
St. Pe

NSG Hochberg

Brunnenstüble

Rhein

2,5

KunsTRAUM

Jechtingen

L105

Teufelsburg
460

Emil-Gött-Stube

Humberg

Ruine Sponeck

Winzergenossenschaft

Enselberg
260

Weingut Abril

3

Haberberg
290

L104

Burgberg
290

7d

Burkheim

Bischoffingen

Kais

St. Pankratius

Korkenziehermsueum
ArtCafé

Schlossruine

9

NSG Rappennestgießen

Kaiserstuhl Spar

Eichberg
270

Obe

118

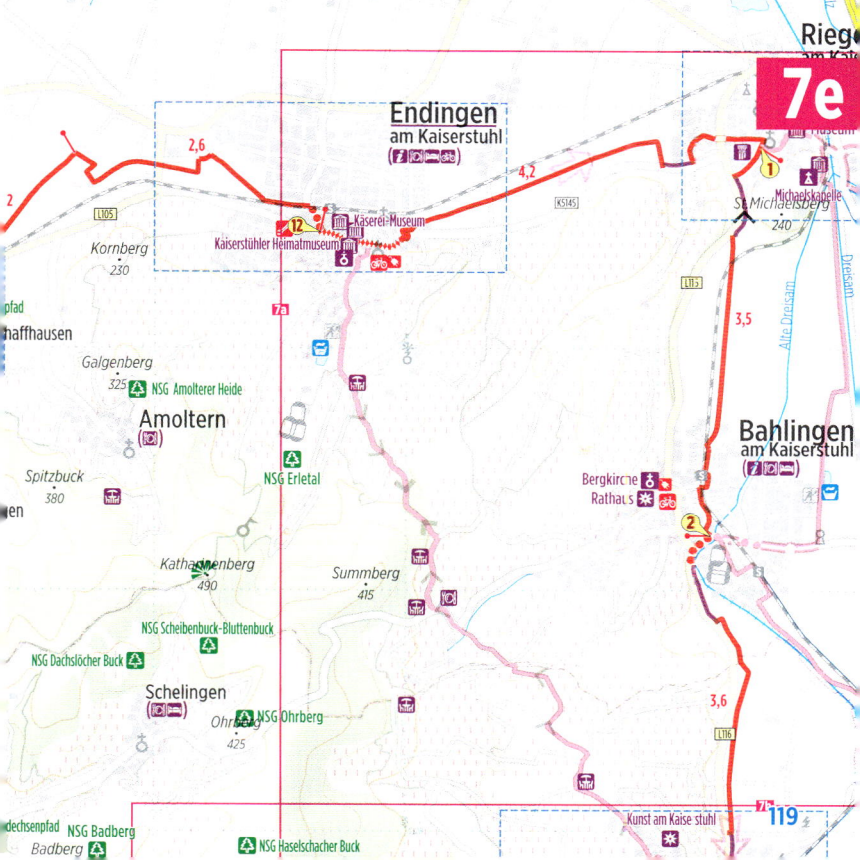

Endingen
am Kaiserstuhl

Riege
am Kai

7e

Museum

Michaelskapelle

St. Michaelsberg
240

2,6

4,2

K5145

2

L105

12

Kaiserstühler Heimatmuseum

Käserei-Museum

Kornberg
230

L115

3,5

7a

pfad

haffhausen

Galgenberg
325

NSG Amolterer Heide

Amoltern

Spitzbuck
380

en

Bahlingen
am Kaiserstuhl

Bergkirche
Rathaus

2

NSG Erletal

Katharinenberg
490

Summberg
415

NSG Scheibenbuck-Bluttenbuck

NSG Dachslöcher Buck

Schelingen

Ohrberg
425

NSG Ohrberg

3,6

L116

NSG Badberg

dechsenpfad

Badberg

NSG Haselschacher Buck

Kunst am Kaiserstuhl

7e

119

Naturlandschaft Rheinauen

brunnen vor seinem Geburtshaus und die Emil-Gött-Stube in der Ortschaftsverwaltung erinnern an die bedeutendste Persönlichkeit Jechtingens.

❋ **KunsTRAUM**, Rosenstr. 16, ✆ 8544, ✆ 07642/926688 ⓖⓒ Die vielseitigen Bilder der Malerinnen Kerstin Weinzierl & Annette Gräf in verschiedenen Maltechniken reichen von pittoresken Landschaften und Blumenaquarellen über kunstvolle Stillleben bis hin zu Portraitzeichnungen. ⓐ mxc144

❋ **Winzergenossenschaft Jechtingen-Amolter**, Winzerstr. 1, ✆ 93230. Jeden Donnerstag Kellerführung mit Weinpro-

be, Weinbergsführung mit Weinprobe je nach Teilnehmer oder Vereinbarung. Dabei lernen Sie den Werdegang des Jechtinger Weines von der Traube durch den Weinkeller über die Abfüllung bis in den Verkauf kennen. ⓐ jjh734

10 Sasbach am Kaiserstuhl

Vorwahl: 07642

🄸 **Gemeinde**, Hauptstr. 15, ✆ 91010, ⓐ gdm251

▦ **Museumsstüble**, Marckolsheimerstr. 3, ✆ 8551. Wechselausstellungen des Heimat- und Geschichtsvereins.

🄳 **Ruine Limburg** ㉔ Auf der einstigen Burg wurde 1214 Kaiser Rudolf von

Habsburg geboren, der mit seinem Sieg über den böhmischen König Ottokar II. Přemysl im Jahr 1278 die Herrschaft über Österreich und die Steiermark erlangte.

- ✽ **Wasserskiclub Breisgau**, Am Rhein 10, ☎ 7478. Wasserski für Anfänger sowie Fortgeschrittene. @ tcy521
- ✚ **Wissenschaftlicher Lehrpfad über Limberg und Lützelberg.** Beginnt am großen Parkplatz am Rhein (ehemalige Zollstelle). Auf einer Länge von 6,2 km erschließt der Lehrpfad die Besonderheiten von Geologie, Geschichte, Naturschutz, Forstwirtschaft, Weinbau und Wasserwirtschaft. @ anl624
- 🛏 **Badesee Leopoldsinsel**, Dorfinsel. Umgeben von Wald, bietet der See genügend Liegefläche und sauberes Wasser. @ jtb185

11 Königschaffhausen (Endingen am Kaiserstuhl)

Vorwahl: 07642

Sasbach am Kaiserstuhl

Basiskarte © OpenStreetMap Contributors

- 🖼 **Kirchenmuseum**, Untere Guldenstr. 1A, ☎ 8585 ⟲⟲ Alles rund ums Thema Kirsche, von der Kunst des Leitermachens über das Korbflechten sowie Anbau, Ernte und Verarbeitung der „Schwarzen Königin". @ crb487
- ✽ **Brennstüble**, Endinger Str 49, ☎ 8760, ☎ 0172/5914096. Verkostungen & Führungen durch den Winzer- u. Rebenveredelungshof mit eigener Brennerei. @ uha467

Königschaffhausener Tor

✤ **Obst- und Weinpfad**, Endinger Str. . Die beiden 3,9 km langen Wege informieren über Anpflanzmethoden, Sorten, Früchte und die am Kaiserstuhl vorhandene Vogel- und Insektenwelt. @ abt218

Stadtplan   s. S. 132

12 Endingen am Kaiserstuhl

Vorwahl: 07642

🄸 **Kaiserstühler Verkehrsbüro**, Adelshof 20, ✆ 689990, @ jlq756

🄸 **Tourist-Info**, Marktpl. 8, ✆ 68990, @ lcp157

🏛 **Kaiserstühler Heimatmuseum**, Marktpl. 1, ✆ 689990 ◔◑ Im „Alten Rathaus" sind unter anderem die Themen Brauchtum, Gerichtsbarkeit und Handwerk in einer mittelalterlichen Stadt vertreten. @ bwb526

🏛 **Käserei-Museum**, Rempartstr. 7, ✆ 9289520 ◔ In der ehemaligen Käserei soll Interessierten das Thema Käse mit allen Sinnen erfahrbar gemacht werden. @ unl453

🏛 **Königschaffhauser Tor**, Markgrafenstr. 8/, ✆ 68990. Das einzig noch erhaltene Stadttor von Endingen wurde erstmals

Endingen am Kaiserstuhl

Basiskarte © OpenStreetMap Contributors

1319 erwähnt und erhielt nach einem Ausbau im Jahre 1581 das heutige Aussehen. Die Räume dienten als Stadtgefängnis und als Zunftstube der Narrenzunft. In den ehem. Arrestzellen wurde ein kleines Narrenzunftmuseum eingerichtet. @ uuj416

🏛 **Vorderösterreich Museum**, Adelshof 20, im Üsenberger Hof ♿ In dem historischen Fachwerkhaus (15. Jh.) wird die Geschich-

te der „habsburgischen Vorlande" dokumentiert. @ xak854

⛪ **St. Martin**, Marktpl., ✆ 7043 ♿ Nach Abriss des mittelalterlichen Gotteshauses wurde 1846 die heutige Kirche erbaut. Seit dem „Tränenwunder" von 1615 wird jedes Jahr eine Wallfahrt zur „Weinenden Muttergottes" durchgeführt. @ trs124

🏊 **Badeweiher**, Im Erle. Kiosk, Minigolfplatz

Riegel a. Kaiserstuhl
s. S101

Tour 8   Vulkan-Tour

HM/km: ↗ 11,7 (385m) ↘ 11,7 (385m)   **Radweg:** 0 %   **Unbefestigt:** 1 %   **Verkehr:** 7 %

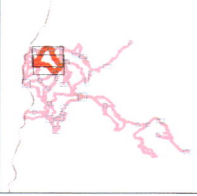

Die konditionell anspruchsvolle Tour durch den nördlichen Teil des Kaiserstuhls beginnt in Eichstetten mit einer gemütlichen Etappe entlang des Mühlbachs nach Bötzingen. Ein herrlicher Panoramablick vom Eichelspitzturm entschädigt für den relativ steilen Anstieg zum Vogelsangpass, bevor es bergab über die traditionsreichen Winzerorte Altvogtsburg und Oberbergen nach Oberrotweil geht. Nach einem erneuten Anstieg durch die Weinberge erreichen Sie einen der ältesten Orte im Kaiserstuhl, Bischoffingen. Beim Passieren der Winzerdörfer Kiechlinsbergen und Königschaffhausen genießen Sie fantastische Ausblicke. Vorbei an Feldern und Obstplantagen radeln Sie gemütlich durch Endingen und am Erlenweiher vorbei. Es folgt eine sportliche Etappe durch malerische Weinberge über den Silberbrunnen nach Eichstetten.

Charakteristik

Start/Ziel: Eichstetten am Kaiserstuhl

An- und Abreise: PKW: Autobahn A 5, Ausfahrt 59-64a. Bahn: Von Freiburg mit der Breisgau-S-Bahn.

Wegbeschaffenheit: asphaltierte Straßen u. Wirtschaftswege

Verkehr: es ist mit wenig Verkehr zu rechnen.

Beschilderung: regionale Beschilderung

Steigungen: konditionell anspruchsvoll mit einigen stärkeren Steigungen und hügeligem Verlauf

Anschlusstour(en): 5, 6, 7

1 **Eichstetten a. Kaiserstuhl**

Stadtplan   s. S. 89

2 **Bötzingen**

Vorwahl: 07663

Basiskarte © OpenStreetMap Contributors

ℹ **Gemeinde Bötzingen,** Hauptstr. 11, ☏ 931013, @ tsp242

🏛 **Oldtimer-Museum,** Gottenheimer Str. 16, ☏ 0171/5318264 ☺ ☺ Das kleine private Oldtimer-Museum mit Raritäten aus den 1920er bis 1980er Jahren, alten Radios, Musiktruhen und Werbeschildern, vermittelt einen Einblick in die Automobilgeschichte. @ wuk311

⛪ **St. Laurentius,** Sieglestr. 4, ☏ 1594. Die Pfarrkirche mit mächtigem, asymetrischem Wehrturm wurde erstmals 1275 urkundlich erwähnt und ist das älteste Bauwerk von Bötzingen. @ nax328

⛪ **Pestkapelle St. Alban,** Kapellenweg. In der spät-

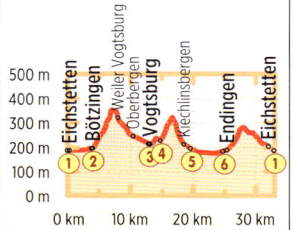

gotischen Kapelle befinden sich wertvolle Fresken und Wandmalereien aus der Erbauungszeit (1473 - 1481).

❋ **Erlebnispfade,** Hauptstr. 11, ☏ 93100. Der Weinlehrpfad, Brunnenpfad, Schambach-Erlebnispfad und ein Walderlebnispfad lassen Sie die Natur, das

Smaragdeidechse

Element Wasser und die Geschichte des Ortes auf abwechslungsreiche Art und Weise entdecken. @ aky677

🔵 **Freibad Bötzingen**, Im Ried, ☎ 949972, @ cyg722

Eichelspitze (Eichstetten am Kaiserstuhl)

♨✳ **Eichelspitzturm**, Eichelspitze. Nachdem Sie die 143 Stufen auf den 42,5 m hohen Stahlturm erklommen haben, genießen Sie einen herrlichen Panoramablick bis zum Straßburger Münster, die Hornisgrinde im Nordschwarzwald und den Schweizer Jura. @ qeq818

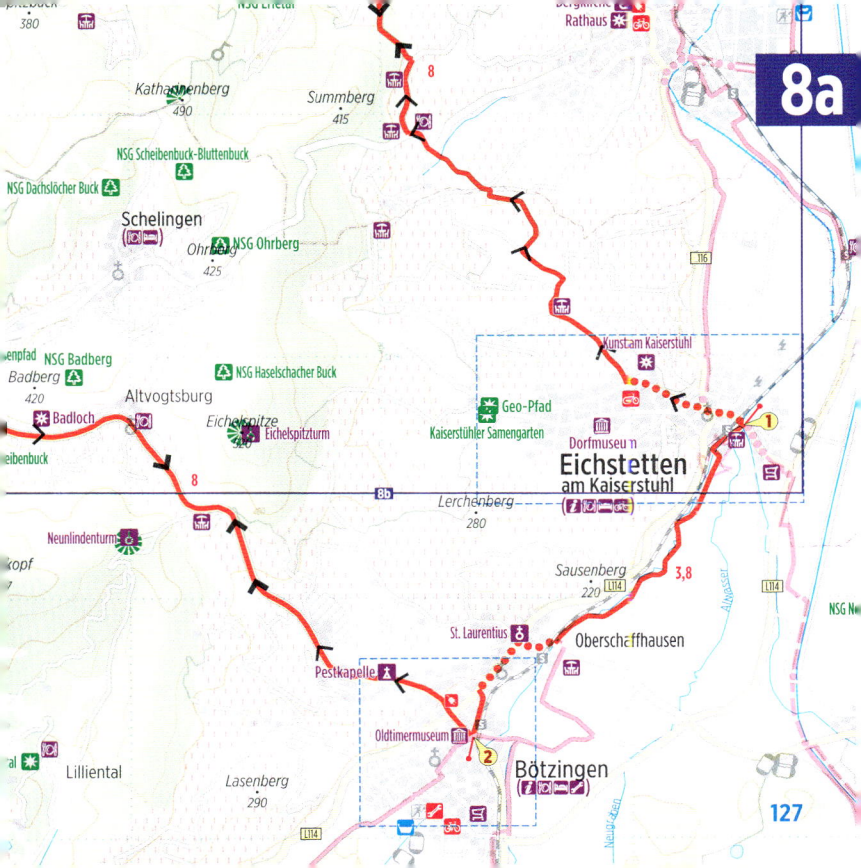

NSG Erletal
Rathaus

380
Katharinenberg
490
Summberg
415
8

NSG Scheibenbuck-Bluttenbuck
NSG Dachslöcher Buck
Schelingen
NSG Ohrberg
Ohrberg
425

Kunst am Kaiserstuhl

enpfad
NSG Badberg
Badberg
420
Badloch
NSG Haselschacher Buck
Altvogtsburg
Eichelspitze
420
Eichelspitzturm

Geo-Pfad
Kaiserstühler Samengarten

Dorfmuseum
Eichstetten
am Kaiserstuhl
①

eibenbuck
8
8b
Lerchenberg
280

Neunlindenturm
kopf

Sausenberg
220
L114
3,8

St. Laurentius
Oberschaffhausen

Pestkapelle

al
Lilliental

Oldtimermuseum
②
Bötzingen

Lasenberg
290
L114

Panorama von Bischoffingen

Altvogtsburg (Vogtsburg im Kaiserstuhl)
Oberbergen (Vogtsburg im Kaiserstuhl)

- ✳ **Badloch**, Am Fuße vom Badberg. Kneippbecken und Badeanlage mit leicht radioaktivem Quellwasser mit ganzjährig 21°C Wassertemperatur. Bereits die Römer haben im 1. Jh. n. Chr. das Wasser des Badlochs genossen.
- ✳ **Smaragdeidechsenpfad**, Schulstr. Der 2,5 km lange Lehrpfad entlang von schmalen und steilen Rebterrassen bietet Einblicke in das Leben der Smaragdeidechse und zeigt auch Besonderheiten aus Flora und Fauna. Herrliche Ausblicke ins Krottenbachtal, zum Badberg und in die Rheinebene hinterlassen bleibende Eindrücke. @ ftv165

3 Vogtsburg im Kaiserstuhl
Oberrotweil (Vogtsburg im Kaiserstuhl)
Vorwahl: 07662

- 🛈 **Tourist-Info Vogtsburg**, Bahnhofstr. 20, @ nca866
- ✳ **Atelier-Hof**, Hauptstr. 69, ✆ 80144 © Das Spektrum der Werke von Maria-Luise Bodirsky reicht von Skulpturen über Bilder bis zu Objekten aus Keramik, Bronze und Holz. @ qda365
- ✉ **Schwimmbad Oberrotweil**, Hauptstr. 81, ✆ 6147

4 Bischoffingen (Vogtsburg im Kaiserstuhl)
Vorwahl: 07662

- 🛈 **Bischoffingen Touristik**, Steinbuckstr. 2, ✆ 947991, @ iwa651
- ⛪ **St. Laurentius**, Am Pfarrgarten, ✆ 6779. Die ansonsten schlichte evangelische

Kirche ist für ihre spätgotischen Fresken im Chor bekannt. @ ilh372

❊ **Schmidlins Weinkultour**, Dorfstr. 21 - 23, ✆ 912306, ✆ 1759. Individuelle Planwagenfahrten, Weinproben mit Vesper u.v.m. @ lvl614

❊ **Weinbergführungen**, Rosenkranzweg, ✆ 6436. Bei einer fachkundigen Weinbergführung mit anschließender Verkostung erleben Sie die Entwicklung von der Traube zum Wein. Anmeldung bis Mittwoch 12 Uhr. @ out282

❊ **Weingut Abril**, Am Enselberg 1, ✆ 9493230 ⓒ Kellerführungen und Weinproben. @ aql316

❊ **Winzergenossenschaft Bischoffingen-Endingen**, Bacchusstr. 20, ✆ 93010. Regelmäßige Kellerführungen mit Weinprobe jeweils Dienstags 14 Uhr. @ rsi125

Kiechlinsbergen (Endingen am Kaiserstuhl)

🏛 **Heimatmuseum**, Grienerstr. 13, ✆ 07667/8220 ⓖⓔ Im ehem. Rathaus dokumentieren eine Sammlung von altem Werkzeug und Geräte aus der Haus- u. Landwirtschaft das traditionelle Handwerk, den Alltag und den Weinbau der früheren Dorfbewohner. @ wif488

🕎 **St. Petronilla**, Hinterer Kirchweg. Die 1813 im schlichten klassizistischen Stil erbaute Kirche wartet mit einer farben- u. formenreichen neobarocken Verzierung im Inneren auf.

Mitten im Kaiserstuhl, in einem kleinen nur nach Norden geöffneten Talkessel, liegt das Winzerdorf Kiechlingsbergen. Es zählt zu ei-

nem der schönst gelegenen Dörfer am Kaiserstuhl. Zahlreiche historische Baudenkmäler bezeugen die bewegte Geschichte des erstmals im Jahre 862 erwähnten Ortes. Das 1776 von Abt Berier von Tennenbach errichtete Probsteigebäude oder Schloss diente bis zur Säkularisation im Jahre 1806 als Residenz der Äbte und als Amtshaus. Wohl eines der ältesten Häuser am Kaiserstuhl ist die Fränkische Hofanlage aus dem Jahr 1544, die sich gegenüber der Kirche befindet. Der schmucke Fachwerkbau vom Gasthaus „Zur Sonne", welcher 1589 erbaut wurde, bildet die historische Kulisse für die alle zwei Jahre bei den Weintagen stattfindende Aufführung vom „Bauernaufstand". Dieser hat sich unter dem Anführer Hans Ziller im Vorgängerbau, der sogenannten „Herberger Freiheit", zugetragen.

5 Königschaffhausen (Endingen am Kaiserstuhl)
Vorwahl: 07642

🏛 **Kirschenmuseum**, Untere Guldenstr. 1A,
📞 8585 🌐 Alles rund ums Thema Kirsche, von der Kunst des Leitermachens über das Korbflechten sowie Anbau,

Königschaffhausen

Basiskarte © OpenStreetMap Contributors

Ernte und Verarbeitung der „Schwarzen Königin". @ crb487

✱ **Brennstüble**, Endinger Str. 49, ✆ 8760, ✆ 0172/5914096. Verkostungen & Führungen durch den Winzer- u. Rebenveredelungshof mit eigener Brennerei. @ uha467

✱ **Obst- und Weinpfad**, Endinger Str. . Die beiden 3,9 km langen Wege informieren

über Anpflanzmethoden, Sorten, Früchte und die am Kaiserstuhl vorhandene Vogel- und Insektenwelt. @ abt218

6 Endinger am Kaiserstuhl

Vorwahl: 07642

🛈 **Kaiserstühler Verkehrsbüro**, Adelshof 20, ✆ 689990, @ jlq756

🛈 **Tourist-Info**, Marktpl. 8, ✆ 68990, @ lcp157

🏛 **Kaiserstühler Heimatmuseum**, Marktpl. 1, ✆ 689990 ◔◔ Im „Alten Rathaus" sind unter anderem die Themen Brauchtum, Gerichtsbarkeit und Handwerk in einer mittelalterlichen Stadt vertreten. @ bwb526

🏛 **Käserei-Museum**, Rempartstr. 7, ✆ 9289520 ◔ In der ehemaligen Käserei soll Interessierten das Thema Käse mit allen Sinnen erfahrbar gemacht werden. @ unl453

🏛 **Königschaffhauser Tor**, Markgrafenstr. 8/, ✆ 68990. Das einzig noch erhaltene Stadttor von Endingen wurde erstmals 1319 erwähnt und erhielt nach einem

Historische Gastwirtschaft in Endingen

Ausbau im Jahre 1581 das heutige Aussehen. Die Räume dienten als Stadtgefängnis und als Zunftstube der Narrenzunft. In den ehem. Arrestzellen wurde ein kleines Narrenzunftmuseum eingerichtet. @ uuj416

🏛 **Vorderösterreich Museum**, Adelshof 20, im Üsenberger Hof ⓔ In dem historischen Fachwerkhaus (15. Jh.) wird die Geschichte der „habsburgischen Vorlande" dokumentiert. @ xak854

🔯 **St. Martin**, Marktpl., ✆ 7043 ⓡ Nach Abriss des mittelalterlichen Gotteshauses wurde 1846 die heutige Kirche erbaut. Seit dem „Tränenwunder" von 1615 wird jedes Jahr eine Wallfahrt zur „Weinenden Muttergottes" durchgeführt. @ trs124

🅱 **Badeweiher**, Im Erle. Kiosk, Minigolfplatz

Stadtplan   s. S.

Eichstetten a. Kaiserstuhl s. S.89

Tour 9   Breisgau-Radweg   32,8 km

HM/km: ↗ 0,6 (20m) ↘ 3,3 (109m) **Radweg:** 58 % **Unbefestigt:** 23 % **Verkehr:** 4 %

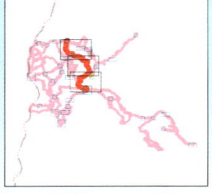

Das Freiburger Münster im Rücken führen die ersten Kilometer entlang der Dreisam nach Betzenhausen und Lehen. Durch den schattenspendenden Mooswald und anschließend weiter über waldige, autofreie Wege radeln Sie gemütlich über Gundelfingen nach Vörstetten, wo Sie das Alamannen-Freilichtmuseum ins Frühmittelalter entführt. Steigungsfrei führt die Route weiter nach Nimburg. Hier lockt der Freizeitsee zu einer kleinen Rast und Abkühlung, bevor Sie das idyllisch am Kaiserstuhl gelegene Winzerdorf Bahlingen erreichen. Wunderschöne Fachwerkhäuser und Winzerhöfe prägen das reizvolle Ortsbild. Mit freiem Blick auf die Weinterrassen des Kaiserstuhls geht es schnurgerade bis nach Riegel am Kaiserstuhl. Archäologische Funde seit Beginn der Jungsteinzeit und

Rekonstruktionen römischer Bauten dokumentieren die geschichtliche Bedeutung. Aber auch Kunstgenuss und Kultur haben in dem vom südländischen Flair geprägten Ort einen hohen Stellenwert.

Charakteristik

Start: Freiburg im Breisgau
Ziel: Riegel am Kaiserstuhl
Abreise: Bahn: mit der Breisgau-S-Bahn bis Freiburg
Wegbeschaffenheit: überwiegend asphaltierte und befestigte Rad- u. Forstwege
Verkehr: geringes Verkehrsaufkommen in den Ortsgebieten
Beschilderung: regionale Beschilderung
Steigungen: keine, stetig leicht bergab
Anschlusstour(en): 7, 11

Fasnacht Zunft – Freiburger Hexen

1 Freiburg im Breisgau s. S. 19

Stühlinger (Freiburg im Breisgau)

🅐 **Eschholzpark**. Die 3,4 ha große Parkanlage mit großzügiger Wiesenfläche, Rundpergola und Staudenbeeten ist von einer Kastanienallee mit 190 Bäumen eingerahmt. Die ehemalige Kleingar-

tenanlage wird regelmäßig für verschiedenste Veranstaltungen genutzt.

Haslach (Freiburg im Breisgau)

Vorwahl: 0761

☎ **Hallenbad Haslach**, Carl-Kistner-Str. 67, ✆ 2105-521, @ rvl335

Weingarten (Freiburg im Breisgau)

🅑 **Dietenbachsee**. Inmitten einer weitläufigen Parkanlage.

Betzenhausen (Freiburg im Breisgau)

Vorwahl: 0761

- ✳ **Seepark**, Sundgauallee 12A. Naherholungsgebiet mit Badesee, Restaurants, Schwimmbad, Spielplätzen, Joggingpfaden, Tretbootverleih u.v.m. @ qhr851
- ▲ **Japangarten**, Im Seepark. Der 3.500 m² große Japangarten wurde 1989 nach Plänen des japanischen Gartenarchitekten Yoshinori Tokumoto aus Matsuyama geschaffen. @ yvc881
- ⬛ **Westbad**, Ensisheimer Str. 9, ☎ 2105510, @ uxb312

Lehen (Freiburg im Breisgau)

Vorwahl: 0761

- ⬛ **Tier-Natur-Erlebnispark Mundenhof**, Mundenhof 37, ☎ 2016580 ㉔ Im Laufe der letzten 40 Jahre entstand eine bunte Mischung aus heimischen und exotischen Tieren. In großzügig angelegten Gehegen können die Lamas, Pferde, Kamele etc. besucht werden. @ bkb235
- ⬛ **Hallenbad Lehen**, Lindenstr. 4, ☎ 2105-540 ㉘, @ gtx351

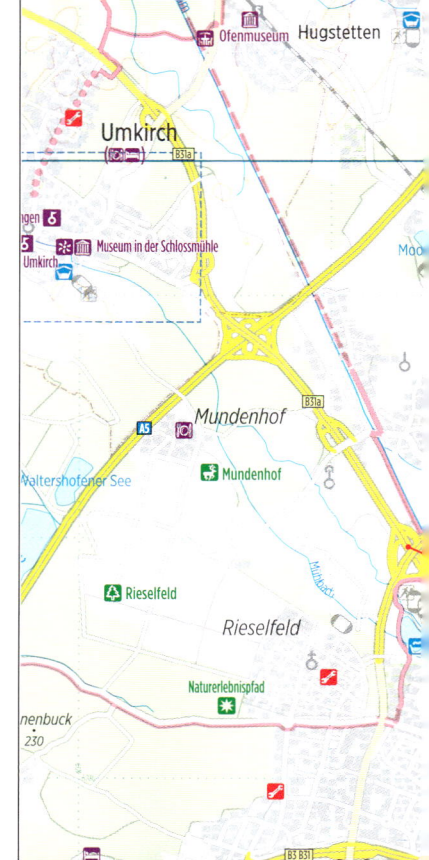

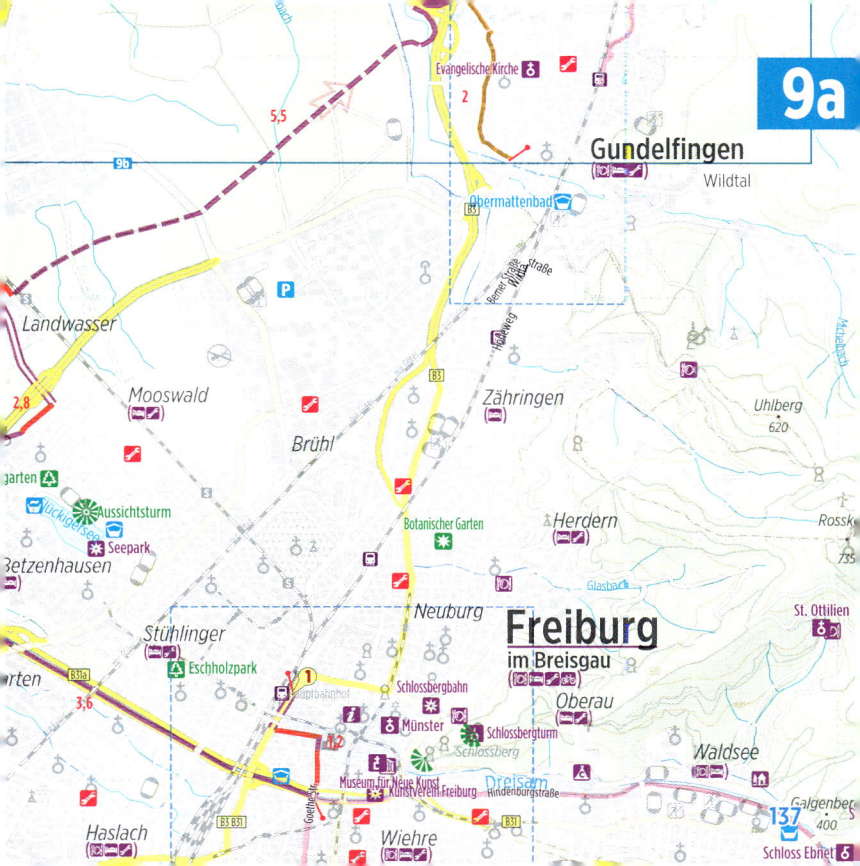

5,5

9b

Evangelische Kirche

2

Gundelfingen
Wildtal

Obermattenbad

Berne Straße

Wildtal Straße

Landwasser

2,8

Mooswald

Zähringen

Uhlberg
620

Brühl

Rossk

735

garten

Rückligsee

Aussichtsturm

Botanischer Garten

Herdern

Seepark

Glasbach

Betzenhausen

Neuburg

St. Ottilien

Stühlinger

Freiburg
im Breisgau

Eschholzpark

Oberau

garten

Hauptbahnhof

Schlossbergbahn

3,6

B315

Waldsee

Münster

Schlossbergturm

Schlossberg

Galgenberg
400

Museum für Neue Kunst
Kunstverein Freiburg

Dreisam

Hindenburgstraße

137

Haslach

B3 B31

Goethestraße

Wiehre

B31

Schloss Ebnet

Mooswald (Freiburg im Breisgau)

2 Landwasser (Freiburg im Breisgau)

- **Moosweiher**, Auwaldstr. Baggersee mit Liegewiesen, Minigolf, Toiletten, Restaurant

3 Gundelfingen

Vorwahl: 09073

- **Englerbeck-Huus**, Alte Bundesstr. 64, ✆ 0761/582491, ✆ 0761/60067033 Ⓒ Das historische Kleinod stammt vermutlich aus dem 18. Jh. und beherbergt neben einer Dauerausstellung wechselnde thematische Ausstellungen und Veranstaltungen. @ xjy434

- **Evangelische Kirche**, Kirchstr. 15. Der Kirchturm (1341) ist als einziges Bauzeugnis von der ursprünglichen Kirche erhalten geblieben. @ nrb414

- **Kulturpfad**, Alte Bundesstr. 64, ✆ 59110. An 40 Stationen erfahren Sie Interessantes über alte Bauwerke und Naturdenkmäler, die sich wie ein architektonisch-historisches Band durch die Gemeinde ziehen. @ cgl636

- **Obermattenbad**, Im Zollgarten 2, ✆ 584221, @ snm652

Stadtplan s. S. 147

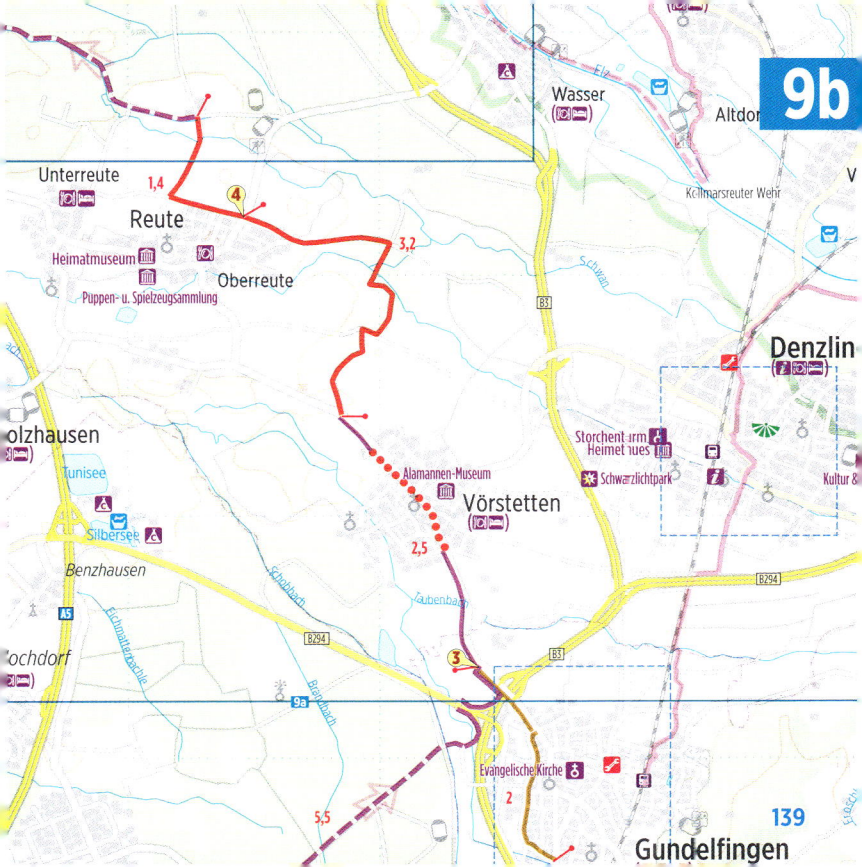

Wasser

Altdor

Kollmarsreuter Wehr

Unterreute

1,4

④

Reute

Heimatmuseum

Puppen- u. Spielzeugsammlung

Oberreute

3,2

Schwa

B3

Denzlin

Storchent rm
Heimet ues

Schwa zlichtpark

Kultur &

Alamannen-Museum

Vörstetten

olzhausen

Tunisee

Silbersee

Benzhausen

2,5

Schild ach

ubenhau

B294

ochdorf

B294

3

B3

9a

Brandbach

Evangelische Kirche

2

5,5

Gundelfingen

Vörstetten

Vorwahl: 07666

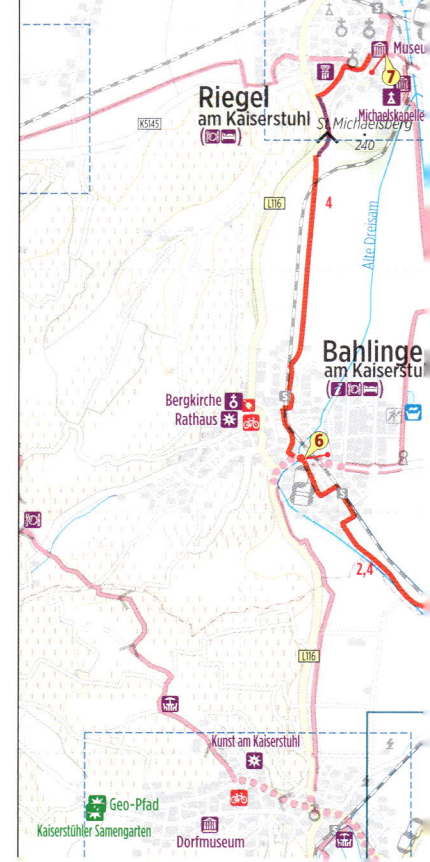

🏛 **Alamannen-Museum,** Denzlinger Str. 24a, ✆ 8820042 ✆ Rekonstruktion einer frühalamannischen Siedlung mit Wohnstallhaus, Speicher, Töpferwerkstatt, Kultstätte u.v.m., Ausstellung über die frühen Alamannen im Breisgau anhand archäologischer Grabungsfunde und ein Nutzgarten mit alten Getreide- und Gemüsesorten, Hopfen- und Kräutergarten. @ odk373

4 Reute

Vorwahl: 07641

🏛 **Heimatmuseum,** Hauptstr. 2, ✆ 917275 ✆✆ Im Försterhaus dokumentieren historische Gerätschaften, Kleidung, Schriftstücke, Fotos u.v.m. die traditionelle kleinbäuerliche Landwirtschaft mit Tabakanbau, Seegrasernte und das damalige Handwerk. @ ymq227

🏛 **Puppen-und Spielzeugsammlung,** Hauptstr. 2, Im Försterhaus, ✆ 917275 ✆✆ Historisches Spielzeug aus dem 19. u. 20. Jh. repräsentiert die Hand-

Rohrberg
250

Burgruine Landeck

L

Neumühle

Elz

Köndringen

Niederwaldsee

Mundingen

Wö

NSG Teninger Unterwald

Mundinger Mühle

E

i

Rathaus

Teningen

St. Bonifa

Deutsche

B3

Über der Elz

ARKANA Forum

Glotter

A5

Feuerbach

1,5

5

Nimburg

190

9b

4,5

Nimburger Bergkirche

tten
stuhl

Bottingen

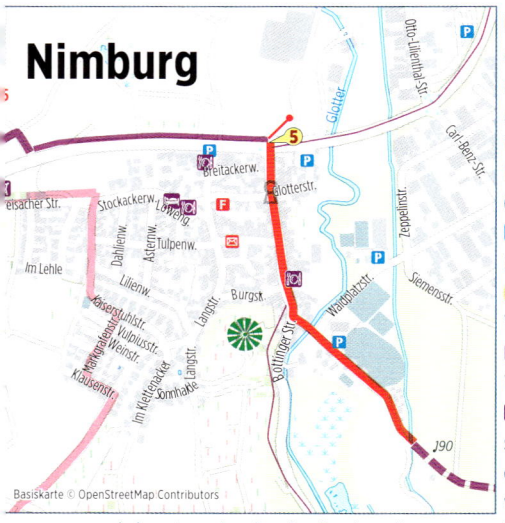

Nimburg

Basiskarte © OpenStreetMap Contributors

werkskunst und spiegelt die damalige Kultur und Lebensverhältnisse wider. @ bby843

5 Nimburg (Teningen)

Vorwahl: 07641

🏛 **Nimburger Bergkirche**, ✆ 58060. Die älteste urkundliche Erwähnung reicht bis in das Jahr 977 zurück. Das Innere zieren

Fresken aus dem 15. Jh., aus der Zeit als die Antoniter ein kleines Kloster zur Krankenpflege errichtet hatten. Aufgrund der wunderbaren Akustik werden jährlich mehrere Konzerte mit hochkarätigen Musikern organisiert. @ vie855

📮 **Freizeitsee**, ✆ 58060. Baggersee, Liegewiese, Kiosk

6 Bahlingen am Kaiserstuhl

Vorwahl: 07663

🛈 **Touristinformation-Bürgerbüro**, Webergässle 2, ✆ 933122, @ qtj865

🏛 **Bergkirche**, Kirchenstr. 8. Die erste schriftliche Erwähnung der Bergkirche erfolgte Ende des 13. Jhs. Um 1454 wurde mit dem Neubau begonnen. Sehenswert sind die Kirchenfenster, hergestellt 1963 von Peter Valentin Feuerstein.

✳ **Die Winzer vom Silberberg**, Kapellenstr. 13, ✆ 1225, ✆ 4454 🍷 Keller- u. Weinbergführungen, Selektionsweine aus alten Anlagen.

✳ **Kunst im alten Spritzenhaus**, Kapellenstr. 16, ✆ 911210 ◔ Hier finden vom Früh-

Bahlingen am Kaiserstuhl mit Blick auf die Bergkirche

jahr bis in den Herbst wechselnde Kunstausstellungen der Malerei, Bildhauerei, Fotografie und Installationsarbeiten statt. @ wor748

✳ **Rathaus**, Webergässle 2, ✆ 93310. Das Rathaus mit reichem Fachwerk stammt aus dem 16. Jh. Hier befindet sich der Hoselips, eine 250 Jahre alte Symbolfigur für den Weinbau der Bahlinger. @ nbj857

🔷 **Löhlinsee**, Reetzestr. Kleiner Bade- u. Angelsee.

7 Riegel am Kaiserstuhl
Vorwahl: 07642

ℹ️ **Gemeinde Riegel**, Hauptstr. 31, ✆ 90440, @ crx648

Kunsthalle Messmer, Grossherzog-Leopold-Pl. 1, ☎ 9201620 ⓔ In dem historischen Brauereigebäude werden seit 2009 hochkarätige Wechselausstellungen präsentiert. @ elx186

Museum Riegel, Hauptstr. 12, ☎ 904411 ⓒⓒ Das Römermuseum wurde 2006 als archäologisches Museum eröffnet und 2012 um eine zweite Abteilung - Technik der Luft- und Raumfahrt - erweitert. @ chv475

St. Martin, Kirchstr. 7. Die Barockkirche wurde 1743 - 1749 errichtet und bei der reichen künstlerischen Ausstattung wirkten namhafte Künstler mit. Nach zweimaliger Zerstörung, 1936 bei einem Brand und im Zweiten Weltkrieg, folgte beim jeweiligen Wiederaufbau eine völlige Rekonstruktion der kostbaren historischen Ausstattung. @ llv414

Michaelskapelle, Drollberg 5. Wahrzeichen von Riegel in 243 m Höhe auf dem Michaelsberg. Erstmals 996 erwähnt, entstand das heutige Gebäude als Burgkapelle Ende des 13. Jhs. @ kuc851

Mithras Tempel, Üsenbergstr. @ Nachdem im Garten des erzbischöflichen Kinderheims St. Anton im Jahr 1932 ein römischer Opferaltar gefunden wurde, konnten schließlich durch weitere Ausgrabungen (1974 - 1975) die Grundmauern eines Mithras-Tempel freigelegt werden. Das Heiligtum wurde konserviert und ist nun als Freilichtmuseum zu besichtigen.

Archäologischer Rundweg, Forchheimer Str. 11. Von der Jungsteinzeit (6. Jh. v. Chr.) über die Kelten und Römer bis ins frühe Mittelalter (7. -10. Jh.) belegen Funde die Besiedelung unterschiedlichster Kulturgruppen. Auf einer Länge von 1 km informieren 13 Text- u. Bildtafeln über die reiche archäologische Kulturlandschaft des nördlichen Breisgaus. @ wdx781

Kanustation & Rafting & Outdoorschule Black Forest Magic, Pegelhäuschen 1, ☎ 07664/6137700, ☎ 0173/3908054. Geführte Kanutouren, Verleih von Kanus, Kajaks und SUPs, @ wum368

Keramik Atelier, Hauptstr. 43, ☎ 927883 ⓔ Die selbst entworfene Keramik der

Riegel am Kaiserstuhl mit Blick auf St. Martin

Künstlerin Silvia Wenzinger wird auch bei Kunstausstellungen im In- und Ausland präsentiert. @ yto876

🔷 **Kunst aus Ton**, Großherzog-Leopold-Pl. 6, ✆ 9216420. In ihrem Atelier im Süßwasserturm der alten Riegeler Brauerei fertigt Dorothee Lang ausdrucksstarke Skulpturen aus Ton. @ wiu734

🔷 **Wildsport Tours**, Pegelhäuschen 1, ✆ 07631/7932877. Geführte Kanutouren auf der Alten Elz und Kanuvermietung. @ wbx258

🔷 **Naturpfad Riegeler Michaelsberg**, Römerstr. 2. An 16 Infotafeln erfahren Sie Wissenswertes über die reichhaltige (Natur-)Geschichte des Ortes. Start ist beim Theater Kumedi und das Ende auf dem Michaelsberg. @ keo567

Stadtplan s. S. 101

HM/km: ↗ 5,6 (145m) ↘ 0,9 (24m)   **Radweg:** 17 %   **Unbefestigt:** 0 %   **Verkehr:** 9 %

Vom Bahnhof in Gundelfingen verläuft die Route vorerst entlang der Bahngleise an Feldern vorbei nach Denzlingen und weiter nach Buchholz. Die Elz begleitet Sie stetig leicht bergauf in den Kneippkurort Waldkirch, wo der mittelalterliche Marktplatz, das Elztalmuseum und der Naturerlebnispark mit zahlreichen Freizeitaktivitäten und jeder Menge Abwechslung aufwarten. Parallel zum Fluss erreichen Sie über Kollnau den von der Seidenspinnerei geprägten Ort Gutach. Mit einem stetigen Anstieg verläuft die Route flussaufwärts über Bleibach nach Oberwinden. Schon von Weitem begrüßt Sie der Kirchturm der St. Nikolaus-kirche, das Wahrzeichen von Elzach.

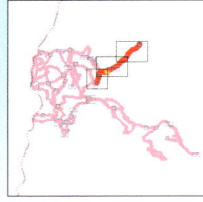

Charakteristik

Start: Gundelfingen

Ziel: Elzach

Anfahrt: PKW: A 5 kommend über die Ausfahrt Freiburg Nord, weiter über den Zubringer B 294. Bahn: Von Freiburg und weiter mit der Breisgau-S-Bahn.

Abfahrt: Breisgau-S-Bahn bis Freiburg

Wegbeschaffenheit: asphaltierte Radwege und Straßen

Verkehr: geringes Verkehrsaufkommen

Beschilderung: regionale Beschilderung

Steigungen: stetig leicht bergauf

500 m
400 m
300 m
200 m
100 m

Gundelfingen · Denzlingen · Buchholz · Waldkirch · Gutach · Winden · Stauden · Elzach

① ② ③ ④ ⑤ ⑥ ⑦ ⑧ ⑨

0 km   10 km   20 km

1 Gundelfingen

Vorwahl: 09073

- 🏛 **Englerbeck-Huus**, Alte Bundesstr. 64, 📞 0761/582491, 📞 0761/60067033 ⓒ Das historische Kleinod stammt vermutlich aus dem 18. Jh. und beherbergt neben einer Dauerausstellung wechselnde thematische Ausstellungen und Veranstaltungen. @ xjy434

- ♿ **Evangelische Kirche**, Kirchstr. 15. Der Kirchturm (1341) ist als einziges Bauzeugnis von der ursprünglichen Kirche erhalten geblieben. @ nrb414

- ✳ **Kulturpfad**, Alte Bundesstr. 64, 📞 59110. An 40 Stationen erfahren Sie Interessantes über alte Bauwerke und Naturdenkmäler, die sich wie ein architektonisch-historisches Band durch die Gemeinde ziehen. @ cgl636

- 🏊 **Obermattenbad**, Im Zollgarten 2, 📞 584221, @ snm652

Heuweiler

2 Denzlingen

Vorwahl: 07666

- ℹ **Tourist-Information**, Hauptstr. 110, 📞 6110, @ cwk316

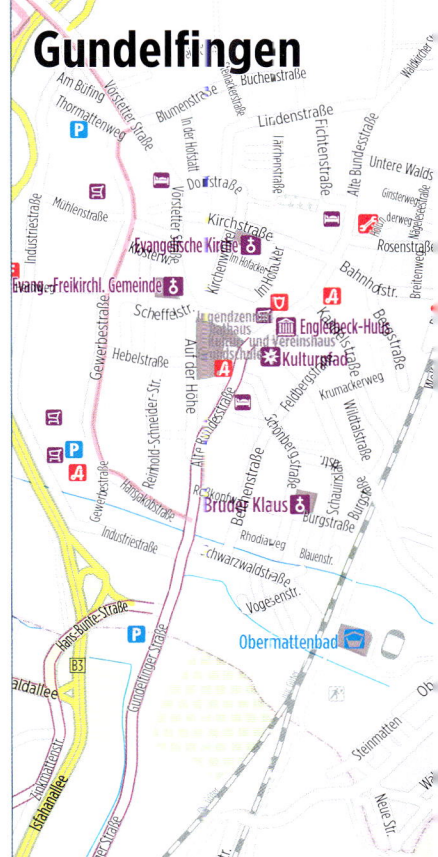

Denzlingen

Basiskarte © OpenStreetMap Contributors

🏛 **Denzlinger Heimethues**, Hauptstr. 78, ✆ 900457 Ⓒ Im ehem. bäuerlichen Anwesen dokumentiert originalgetreues Inventar, landwirtschaftliche Gerätschaften, Werkzeug und die Markgräfler Tracht den damaligen Alltag am Bauernhof. Die Otto-Raupp-Stube erinnert an das Leben und Wirken des Denzlinger Pfarrers, der u.a. als Chronist, Heimatdichter und Maler wirkte. @ ldt384

✽ **Galerie im Alten Rathaus**, Hauptstr. 118, ✆ 6110. Diverse Ausstellungen verschiedener Künstler/innen. @ pdu621

✽ **Kultur & Bürgerhaus**, Stuttgarter Str. 30, ✆ 88100. Die außergewöhnliche Designarchitektur, umgeben von einem Park mit großzügigen Wasserflächen und die vielseitigen kulturellen Veranstaltungen machen das Restaurant Delcanto zu einem gesellschaftlichen Zentrum. @ jac475

✽ **Schwarzlichtpark**, Markgrafenstr. 125/10, ✆ 9379026. Hier werden Minigolf und PitPat in einer fantastischen Welt voller leuchtender Farben, bunter Figuren und spektakulären 3D-Effekten zu einem einzigartigen Erlebnis. @ wap366

✽ **Spurensuche**, Mauracher Berg. Über 25 interaktive Infotafeln mit QR-Code an historischen Gebäuden erzählen spannende Geschichten und Wissenswertes über die Region und Denzlingen. @ bhp433

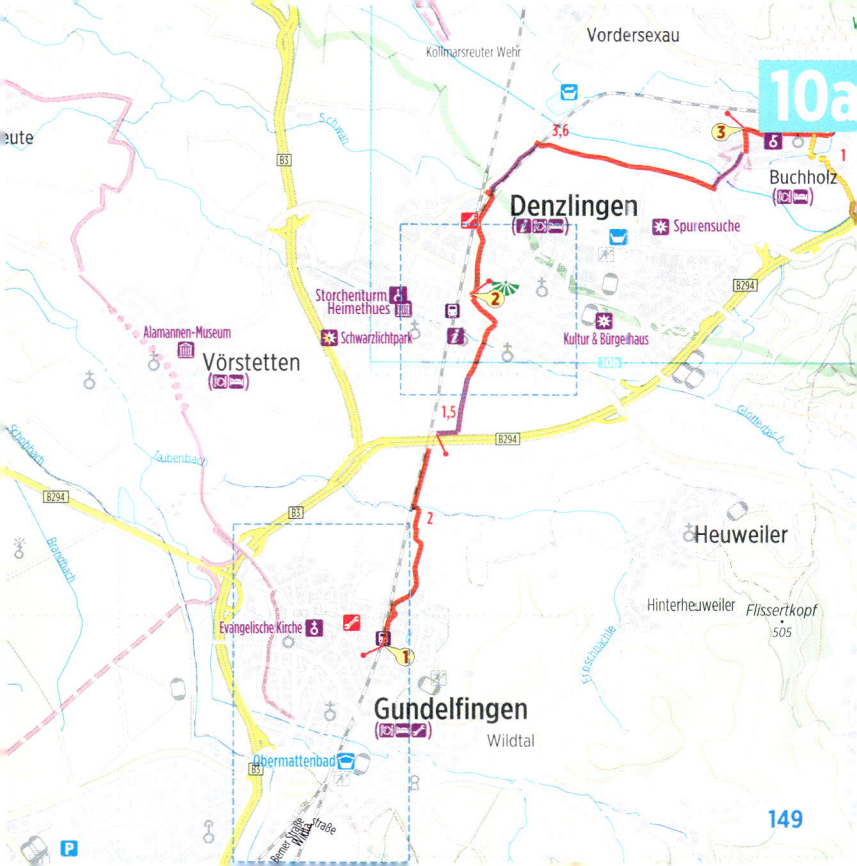

Vordersexau

Kollmarsreuter Wehr

10a

3,6

Buchholz

Denzlingen

Spurensuche

Storchenturm
Heimethues

Schwarzlichtpark

Kultur & Bürgerhaus

Alamannen-Museum

Vörstetten

B294

1,5

Heuweiler

2

Hinterheuweiler   *Flissertkopf*
505

Evangelische Kirche

Gundelfingen

Wildtal

Obermattenbad

✳ **Storchenturm**, Hauptstr. 101. Die ehem. Kirche St. Michael wird erstmals 1908 als „Storchenturm" erwähnt. Der Kirchenbau aus dem 13. Jh. wurde über die Jahrhunderte als Fruchtspeicher, Magazin der französischen Truppen und Feuerwehrgerätehaus genutzt. Fresken und Malereien von Theodor Zeller zieren die ehem. Sakristei. @ nhs278

🍽 **Mach Blau**, Berliner Str. 53, ✆ 0766/937935-10, @ jyg853

4 Buchholz (Waldkirch)

Vorwahl: 07681

🏰 **Schloss Buchholz**, Alte Dorfstr. 29. Das Herrenhaus mit angebauter Kapelle, Gartenhaus, ehem. Kelterhaus und Stallungen sowie ummauerter Parkanlage wurde 1760 im Auftrag des Kaiserlichen Rats Franz Anton Bayer von Buchholz errichtet.

✳ **Weinlehrpfad**, Rappenecktr., Beim Schützenhaus, ✆ 9763. Fünf Weingüter- und Winzergenossenschaften bauen hier in sonnenverwöhnter Region und langer Tradition Weine an. Der beschilderte Pfad

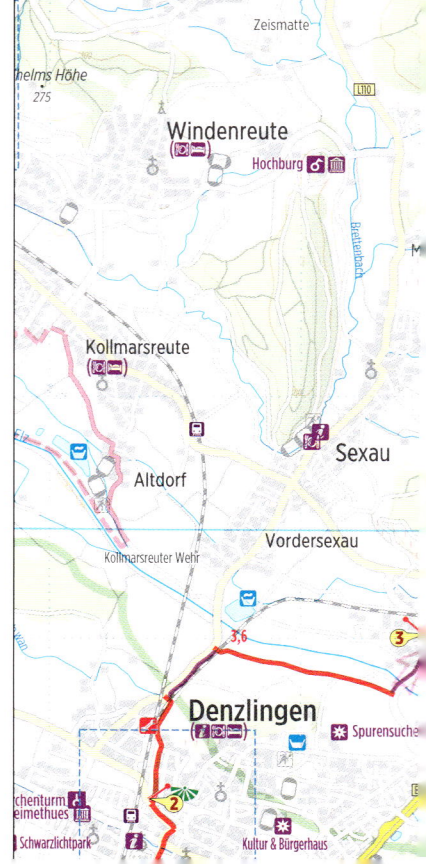

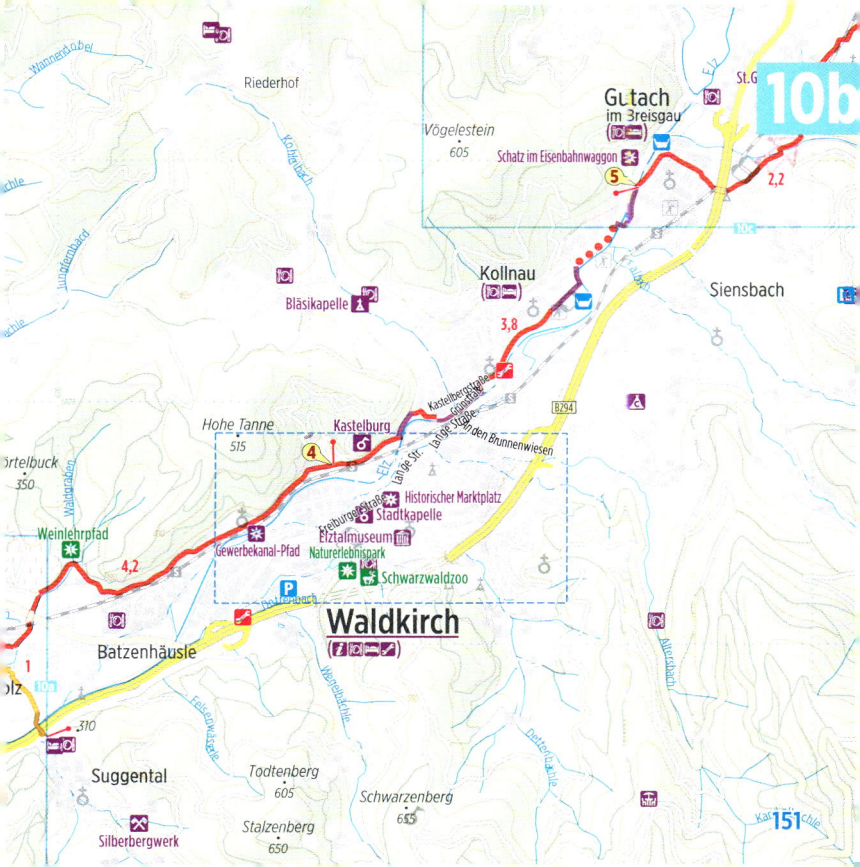

Riederhof

Wannenbobel

Vögelestein
605

Gutach
im Breisgau

St.G

Schatz im Eisenbahnwaggon

5

2,2

Kollnau

Bläsikapelle

3,8

Siensbach

Hohe Tanne
515

Kastelburg

Kastelbergstraße
Gutachstr.

B294

4

Hörtelbuck
350

Weinlehrpfad

Elz-Str.
Lange Str.
Lange Straße
An den Brunnenwiesen

Historischer Marktplatz
Freiburgerstraße
Stadtkapelle
Elztalmuseum
Naturerlebnispark
Schwarzwaldzoo

4,2

Gewerbekanal-Pfad

P

Dettenbach

Waldkirch

Batzenhäusle

1

olz

310

Suggental

Todtenberg
605

Schwarzenberg
655

Stalzenberg
650

Silberbergwerk

erklärt auf anschauliche Weise die Arbeit der Winzer und die unterschiedlichen Rebsorten. @ jyj424

Suggental (Waldkirch)

* **Silberbergwerk Suggental**, Talstr. 36, ☏ 07666/9432341 ⓒ Der Bergbau im Suggental blickt auf eine lange Tradition zurück. Seine Blütezeit erlebte er im 13. Jh., wobei die Anfänge bis in die römische Zeit zurückreichen. Gewonnen wurden die Metalle Silber, Blei, Kupfer und Eisen. Einer Sage nach kam es im 13. Jh. zum Untergang des Suggentals. Tatsächlich wurde im Jahr 1288 das Bergwerk bei einem Unwetter verwüstet. Nach einigen Versuchen den Abbau wieder aufzunehmen, wurde im 20. Jh. eine Tagschachtförderung begonnen. Bei einer Führungen durch das Schaubergwerk wird die Geschichte der Bergleute auf ihrer jahrhundertealten Jagd nach Edelmetallen lebendig. @ ban826

4 Waldkirch

Vorwahl: 07681

8 Tourist-Information, Marktpl. 1-5, ☏ 19433, @ hcj887

血 Elztalmuseum, Kirchpl. 14, ☏ 478530 ⊜ Dauer- und Sonderausstellungen zu den Themenschwerpunkten Regionalgeschichte und Orgelbau. @ atm338

血 GeorgScholzHaus, Schlettstadtallee 9, ☏ 23663, ☏ 9660. Die Kunstgalerie bietet neben Ausstellungen regionaler Künstler/innen Lesungen, Musik und Kunstgespräche. @ pnh131

血 Waldkircher Orgelstiftung, Gewerbekanal 1, ☏ 9396 ☏ Führungen und Konzerte im Orgelbauersaal und im Haus der Klänge begleiten Sie durch die faszinierende Themenbereiche Geschichte, Technik und Klang der mechanischen Musikinstrumente. @ qw3276

8 St.Margarethen, Kirchpl. 9, ☏ 7208. Anfang des 10. Jhs. wurde hier ein Frauenkloster gegründet, das 1431 in ein Chorherrenstift umgewandelt wurde. Das heutige barocke Gotteshaus wurde 1732 von dem Vorarlberger Baumeister Peter

Thumb anstelle der Vorgängerkirche erbaut. Der große Schatz an Kunst- und Kulturgütern erzählt von der bewegten Geschichte der Klostersiedlung. @ gio887

🅱 **Stadtkapelle Unserer lieben Frau**, Lange Str. Das Gebäude, erbaut im Jahr 1336, ist das älteste noch erhaltene Bauwerk der Stadt.

⚔ **Kastelburg**, ☎ 19433 ㉔ Die Kastelburg wurde um 1280 von den Herren von Schwarzenberg erbaut. Zur Zeit der vorderösterreichischen Kameralherrschaft war sie Gerichtssitz und herrschaftliches Gefängnis. Anfang des 17. Jhs. übernahmen die Hochbergern die Herrschaft, bevor 1634 kaiserliche Truppen die Burg zerstörten. Ein auf die Burg führender Ritterpfad macht die Geschichte für Kinder lebendig. @ ayd621

✳ **Edelsteinschleiferei Wintermantel**, Elzstr. 2, ☎ 6014. Die bedeutende Handwerkstradition der Region hatte ihre Blütezeit Mitte des 18. Jhs. Die Schleiferei Wintermantel ist eine der ältesten im Original erhaltenen und noch in Betrieb befindlichen Edelsteinschleifereien in Deutschland. Sie wurde 1825 durch den Krystallfabrikant Johann Georg Wintermantel gegründet und wird heute in der sechsten Generation geführt. In den Sommermonaten finden regelmäßig Führungen statt. @ efg323

✳ **Gewerbekanal-Pfad**, Galgenbrücke ㉔ Der um 1250 angelegte Gewerbekanal versorgte bis zu 35 Mühlen - Edelsteinschleifereien, Säge- u. Walkmühlen - und Textilfabriken mit Wasserkraft und war bis um 1900 die wirtschaftliche Lebensader der Stadt. Info-Tafeln mit QR-Code illustrieren die Gewerke und die Wassernutzung vom Mittelalter bis zur Neuzeit. @ lxr612

🎏 **Schwarzwaldzoo**, Am Buchenbühl 8a, ☎ 8961 ㋼ Die weitläufigen Außengehege in traumhafter Waldrandlage, ein Streichelzoo und die vielfältigen Freizeitanlagen sind ein attraktives Ausflugsziel für Groß und Klein. @ ygr151

✳ **Baumkronenweg**, Parkplatz: Erwin-Sick-Str., ☎ 0151/50404867 ㋼ Neben einem atemberaubenden Ausblick in das Rhein-

Ruine Kastelburg in Waldkirch

tal mit dem Kaiserstuhl und den Vogesen bieten ein Sinnesweg, ein Abenteuer- u. Barfußpfad, ein Baumhaus mit Kinderrutsche und eine Riesenröhrenrutsche jede Menge Spaß und Abwechslung. @ kfp863

❇ **Naturerlebnispark**, Erwin-Sick-Str., ✆ 19433. Die Attraktionen rund um den Stadttrainsee - Baumkronenweg, Bootsverleih, Abenteuer-Minigolfplatz, Orgelbrunnen, Sinnesweg - lassen Sie die Natur mit allen Sinnen entdecken und erleben. @ awf434

Kollnau (Waldkirch)

Vorwahl: 07681

🏛 **Bläsikapelle**, Kohlenbacher Talstr. Erstmals 1573 urkund. erwähnt und um 1887 durch einen Anbau vergrößert. Das Kleinod mit den kunstvoll gestalteten modernen Fenstern birgt einen reichen barocker Figurenschmuck. @ fuc842

✉ **'s Bad Waldkirch**, Schwimmbad-Allee 1, ✆ 4741030, @ yqw215

5 Gutach im Breisgau

Vorwahl: 07685

✳ **Schatz im Eisenbahnwaggon**, Land-str. 16A, ✆ 8737 🚻 Der legendäre Eisenbahnwaggon aus dem Jahr 1900 ist Frisörsalon, Krämerladen, Tüftlerwerkstatt und Ausstellungsraum für Modelleisenbahnen aller Marken und Größen. @ jsr263

📧 **Schwimmbad Gutach**, Zur Heubrücke 9, ✆ 492521, ✆ 910116, @ oxn476

6 Bleibach (Gutach im Breisgau)

Vorwahl: 07685

ℹ **ZweiTälerLand Tourismus**, Im Bahnhof Bleibach, ✆ 19433, @ lfi765

⛪ **St.Georg**, Schulstr. 2, ✆ 19433 🚻 Da der eigenwillige Bau fünf Stil- und Bauepochen vom späten Mittelalter bis in die Moderne vereint, ist die Kirche nicht nur für kunsthistorisch Interessierte sehenswert. Der bis heute vollständig erhaltene Totentanz in der Beinhauskapelle ist einmalig im süddeutschen Raum.

✳ **Walderlebnispfad am Hörnleberg**. Der 3 km lange Pfad ist eine Mischung aus

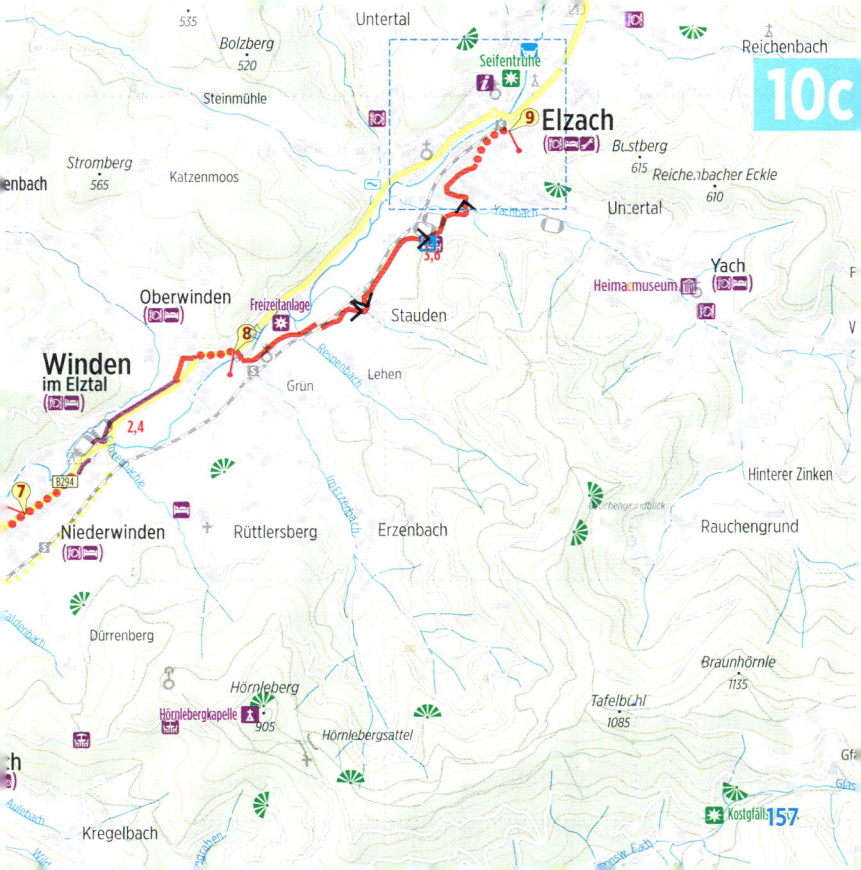

Panorama Elzach und Eltzal

Lehrpfad, Sinnespfad und Ökoralley. Start ist beim Bahnhof. @ gjk116

7 Winden im Elztal

Garten der Heilpflanzen, Dobelberg 1, ✆ 07682/67418 ☺ Im ländlichen Nutz-, Obst- und Kräutergarten lernen Sie das wertvolle Wissen um die Anwendung und Wirkung der Hildegard-von-Bingen-Pflanzenwelt kennen. @ dkv762

8 Oberwinden (Winden im Elztal)

Freizeitanlage, Am Kirchberg, ✆ 07685/7788 ☺ Minigolf, Freischach,

Bewegungsparcours, Spielplatz, Wassertretanlage und Kiosk. @ ifv664

9 Elzach

Vorwahl: 07682

Tourist-Info Elzach, Kreuzstr. 10, Haus des Gastes, ✆ 19433, @ uqf164

Hammerschmiede, Triberger Str. 7, Oberprechtal (Elzach), ✆ 7056, ✆ 8933 ☺ Drei Wasserräder trieben neben dem Hammerwerk eine Schleiferei, viele Maschinen und den Blasebalg der 1829 erbauten Hammerschmiede an. Das historische Gebäude wurde vollständig renoviert und

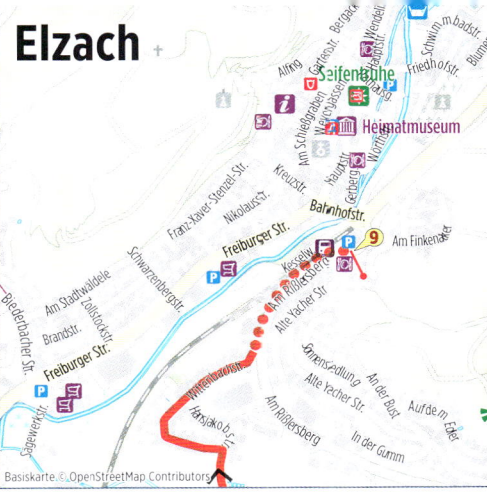

Basiskarte © OpenStreetMap Contributors

Elzach

als Museum hergerichtet.
@ mds137

🏛 **Heimatmuseum**, Hauptstr. 39, ✆ 7181
ⓖⓒ Zahlreiche historische Dokumente,
Handwerksutensilien, Trachten, sakrale
Kunstgegenstände und eine originalgetreue
Bauernstube präsentieren die Stadtge-
schichte. Neben einem Fasnet-Zimmer er-
gänzen Bilder und Skulpturen des Künstlers
Erwin Krumm die Ausstellung. @ whe534

✚ **Die Seifentruhe**, Hauptstr. 65, ✆ 925470.
Ein Besuch in der Naturseifen-Werkstatt
vermittelt interessante Einblicke in das
traditionelle Seifensiederhandwerk.
@ hkd888

🛏 **Schwimmbad**, Schwimmbadstr. 4,
✆ 921781, @ mtx117

Yach (Elzach)
Vorwahl: 07682

🏛 **Heimatmuseum** Yach, Dorfstr. 57,
✆ 924382, ✆ 7772 ⓖⓒ Im Mittelpunkt
stehen die früheren Lebens- und Arbeits-
formen der Bewohner Yachs. @ ent333

Tour 11   Mühlbach-Rundweg   29,7 km

HM/km: ↗ 1,3 ^(39m) ↘ 1,3 ^(39m)   Radweg: 72 %   Unbefestigt: 49 %   Verkehr: 1 %

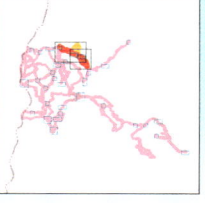

Der gut befestigte Mühlbach-Rundweg verläuft entlang des Mühlbachs zwischen Riegel und Emmendingen, so dass man an beliebiger Stelle einsteigen kann. Wenn Sie ihn jedoch von der Entstehung bis zu seinem Ende „erfahren" möchten, beginnen Sie die Tour am Kollmarsreuther Wehr. Auf Tafeln erhalten Sie interessante Informationen über die auf dem Weg liegenden Mühlen, Kraftwerke und Sehenswürdigkeiten. Wir starten die Rundtour in Riegel – dem kulturellen und historischen Tor zum Kaiserstuhl – vorbei am Zusammenfluss von Elz, Glotter und Dreisam erreichen Sie das sehenswerte Tenningen. Der Radweg entlang der Elz führt an Bädern und Badeseen vorbei, die in den heißen Sommermonaten eine gute Gelegenheit zur Abkühlung bieten. Durch die historische Altstadt von Emmendin-gen erreichen Sie die Mundinger Mühle. Bevor die Route entlang des Elzdamms über Köndringen zurück um Ausgangsort Riegel führt, bietet sich ein Ausflug zur Burgruine Landeck an.

Charakteristik

Rundtour gegen den Uhrzeigersinn

Start/Ziel: Riegel am Kaiserstuhl

An- und Abfahrt: PKW: Autobahn A 5, Ausfahrt 59. Bahn: DB bis Freiburg und weiter mit der Breisgau-S-Bahn.

Wegbeschaffenheit: gut befestigte und asphaltierte Radwege und Straßen

Verkehr: bis auf die größeren Ortsgebiete kein nennenswertes Verkehrsaufkommen

Beschilderung: gelbe Schilder mit blauer Beschriftung

Steigungen: flacher Verlauf

Anschlusstour(en): 7

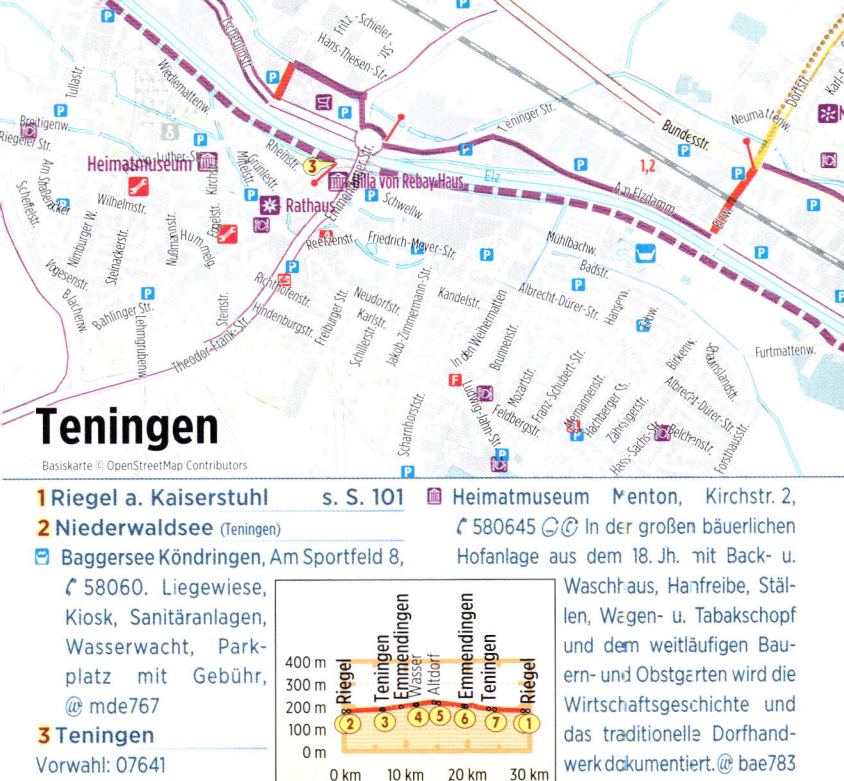

Teningen

Basiskarte © OpenStreetMap Contributors

---

1 Riegel a. Kaiserstuhl   s. S. 101 s. S. 101

2 Niederwaldsee (Teningen)

Baggersee Köndringen, Am Sportfeld 8, ☏ 58060. Liegewiese, Kiosk, Sanitäranlagen, Wasserwacht, Parkplatz mit Gebühr, @ mde767

3 Teningen
Vorwahl: 07641

Heimatmuseum Menton, Kirchstr. 2, ☏ 580645 ⓒⓒ In der großen bäuerlichen Hofanlage aus dem 18. Jh. mit Back- u. Waschhaus, Hanfreibe, Ställen, Wagen- u. Tabakschopf und dem weitläufigen Bauern- und Obstgarten wird die Wirtschaftsgeschichte und das traditionelle Dorfhandwerk dokumentiert. @ bae783

🏛 **Hilla von Rebay Haus**, Emmendinger Str. 11, ✆ 53312 ⚲⚲ Hilla von Rebay (1890 - 1967) war eine deutsch-amerikanische Malerin, Kunstsammlerin und Mäzenin. Sie verhalf der abstrakten Malerei zum internationalen Durchbruch. In dem Haus ihrer Eltern werden das Leben und die Werke der Künstlerin präsentiert. @ xvm688

✱ **Rathaus**, Riegeler Str. 12. Bis 1850 befand sich in dem Gebäude das Gasthaus „Zur Sonne" bevor es von der Gemeinde gekauft und zunächst als Armenhaus eingerichtet wurde. Der Anbau des Feuerwehrgerätehauses mit 15 m hohem Schlauchturm erfolgte 1925. Mit steigender Bevölkerungszahl waren immer mehr Verwaltungsräume notwendig, sodass 1979 ein großer Um- und Erweiterungsbau stattfand.

🔲 **Freizeitbad Teningen**, Badstr. 1, ✆ 2404, ✆ 9345815, @ wxn472

🔲 **Freizeit- u. Badesee**, Tenninger Str., ✆ 58060

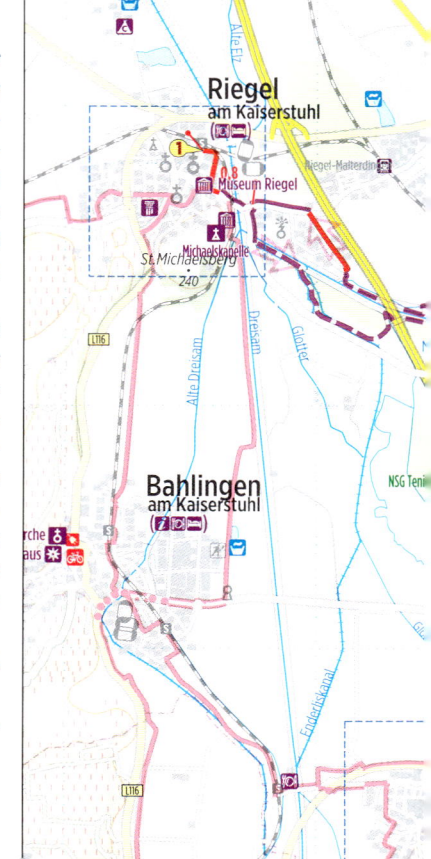

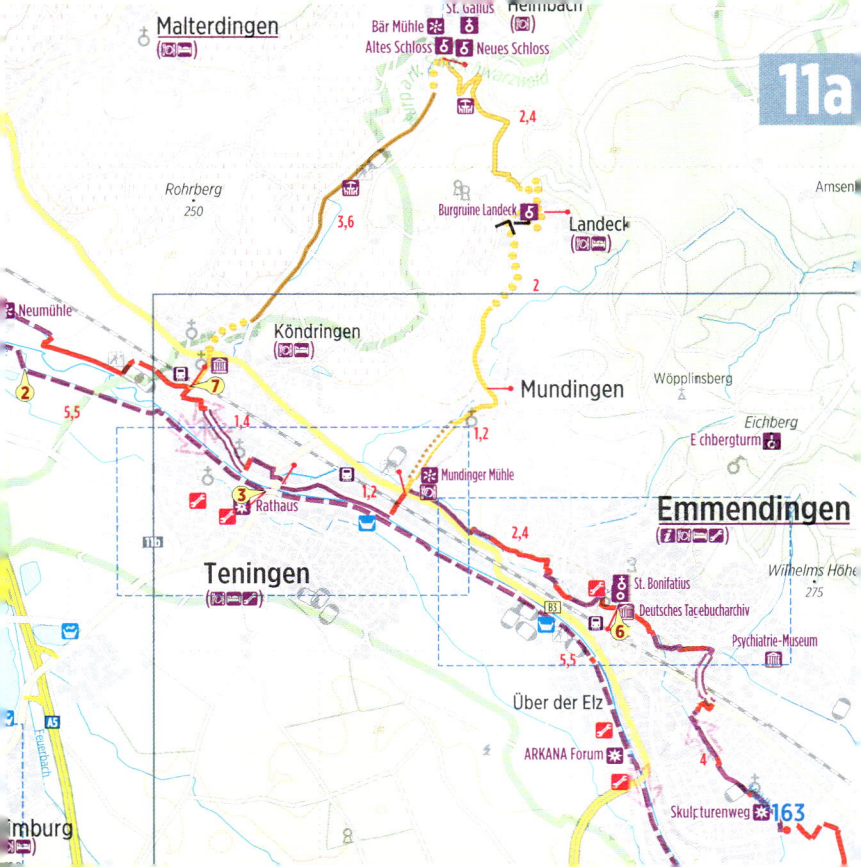

Malterdingen

Heimbach

St. Gallus

Bär Mühle

Altes Schloss · Neues Schloss

2,4

Rohrberg
250

Amsen

3,6

Burgruine Landeck

Landeck

2

Neumühle

Köndringen

Mundingen

Wöpplinsberg

Eichberg

E chbergturm

2

5,5

1,4

7

Mundinger Mühle

1,2

Emmendingen

3

Rathaus

1,2

Teningen

11b

2,4

St. Bonifatius

Deutsches Tacebucharchiv

Wilhelms Höhe
275

B3

6

Psychiatrie-Museum

5,5

Über der Elz

mburg

A5

Feuerbach

ARKANA Forum

4

Skulpturenweg 163

Über der Elz (Emmendingen)

Vorwahl: 07641

- ✳ **ARKANA Forum**, Im Hausgrün 29, ✆ 962 2320 ⊕ Wechselausstellungen regionaler und überregionaler Künstler/innen. @ uqq155

- 🏊 **Freibad über der Elz**, Am Sportfeld 6, ✆ 913375, @ ppr577

4 Wasser (Emmendingen)

Kollmarsreuther Wehr (Emmendingen)

- ✳ **Kollmarsreuther Wehr**. Das 42 m breite Kollmarsreuther Wehr wurde 1883 errichtet und leitet das Wasser der Elz in den rund 15 km langen Mühlbach. Der Bach wurde bereits im 12. Jh. als künstlicher Kanal angelegt und bis in die Mitte des 20. Jhs. wurde das Wasser zur Bewässerung der umliegenden Wiesen eingesetzt. Mittels kleinerer Wasserkraftwerke nutzt man den Mühlbach heute auch zur Stromerzeugung.

Altdorf (Emmendingen)

- 🏊 **Badesee**. Baggersee

5 Kollmarsreute (Emmendingen)

▌**TIPP** Nehmen Sie sich ein wenig Zeit für ein leckeres Eis oder ein erfrischendes Getränk in einem der Straßencafés.

6 Emmendingen

Vorwahl: 07641

- ℹ️ **Tourist Info**, Bahnhofstr. 8, im Bahnhofsgebäude, ✆ 19433 ⊕, @ mni554

- 🏛 **Deutsches Tagebucharchiv**, Marktpl. 1, im Alten Rathaus, ✆ 574659 ⊖ Das Archiv sammelt und erforscht persönliche Tagebücher, Briefe und Erinnerungen. Das Museum präsentiert in Wechselausstellungen ausgewählte Dokumente. @ uxe262

- 🏛 **Jüdisches Museum**, Schlosspl. 7, ✆ 574444 ⊙ Nahe der 1938 zerstörten Synagoge behandelt das Jüdische Museum die Geschichte der Israelitischen Gemeinde in Emmendingen von 1716 bis 1940 und deren Schicksal während der Nazi-Diktatur. @ ljm652

- 🏛 **Psychiatrie-Museum**, Neubronnstr. 25, ✆ 4612030 ⊙⊙ Die Sammlung historischer Bilder, Schriftstücke und medizini-

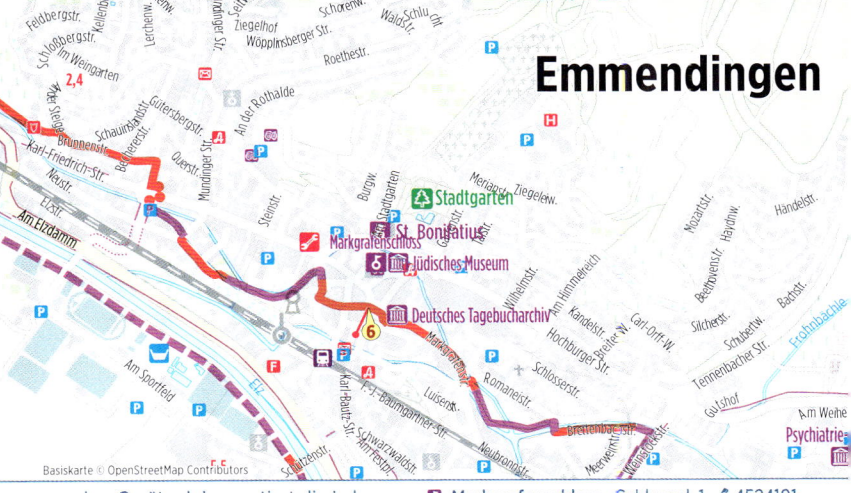

Emmendingen

scher Geräte dokumentiert die Lebens-, Wohn- und Behandlungsbedingungen der Emmendinger Heil- und Pflegeanstalt. @ sqg254

St. Bonifatius, Markgraf-Jacob-Allee 2, ✆ 4688910. Das imposante Gotteshaus wurde 1863 erbaut und zweimal erweitert. Der gemalte spätgotische Flügelaltar wurde 1473 vom altdeutschen Maler Friedrich Herlin geschaffen. @ oaf476

Markgrafenschloss, Schlosspl. 1, ✆ 4524101 ✆✆ Der ursprüngliche Hof des Klosters Tennenbach wurde im Jahr 1588 von Markgraf Jakob III. von Baden-Hachberg zu einem schlichten Renaissancebau umgestaltet und diente fortan als Residenzschloss und Amtssitz für die Landvögte der Hachberger Markgrafschaft. Im 19. Jh. erhielt die Stadt das Gebäude in dem heute die stadtgeschichtliche Sammlung untergebracht ist.

Burgruine Hochburg

Hochburg, Panoramastr, ☎ 4521001, ☎ 959586 ⓝ Die mächtige Burgruine mit drei Verteidigungsringen war eine der bedeutendsten Wehranlagen in Baden-Württemberg. Im ehem. Wein- und Vorratskeller der Oberburg sind zahlreiche archäologische Fundstücke ausgestellt. Neben Info-Tafeln und Bilddokumenten vermitteln sie einen Einblick in die geschichtliche Entwicklung der Burg und ihrer Besitzer. @ sxa522

Eichbergturm, ☎ 19433 ⓝ Der auf dem 369 m hohen Eichberg stehende Eichbergturm ist mit einer Gesamthöhe von 53,2 m der höchste frei begehbare Aussichtsturm Deutschlands. Ein herrlicher Panoramablick über Freiamt, den Kandel, den gesamten Schwarzwaldkamm, den Schweizer Jura und die Vogesenkette sowie den Kaiserstuhl entlohnt für den Aufstieg über die 250 Stufen. @ lsl178

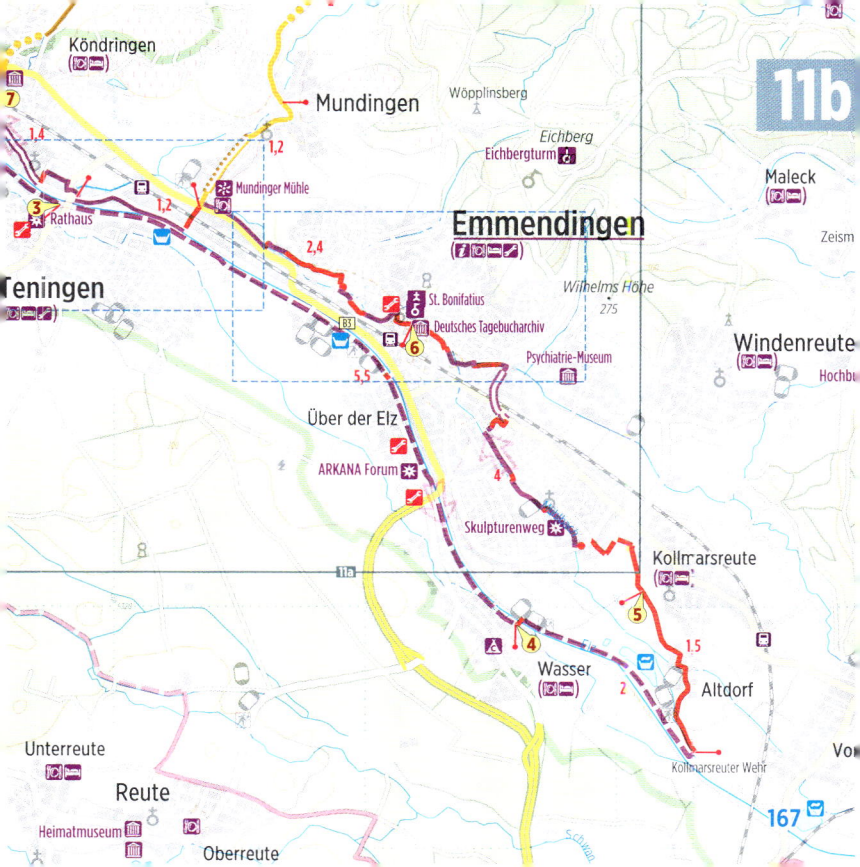

Köndringen

Mundingen

Wöpplinsberg

Eichberg
Eichbergturm

Maleck

Zeism

7

1,4

3 Rathaus

Mundinger Mühle

1,2

1,2

Emmendingen

2,4

St. Bonifatius

Deutsches Tagebucharchiv

6

Wilhelms Höhe
275

Windenreute

Hochbu

Teningen

B3

Psychiatrie-Museum

5,5

Über der Elz

ARKANA Forum

4

Skulpturenweg

4

Kollmarsreute

5

Unterreute

11b

4

Wasser

2

1.5

Altdorf

Vo

Reute

Kollmarsreuter Wehr

Heimatmuseum

Oberreute

Schwar

Eichbergturm Emmendingen

✳ **Galerie im Tor**, Lammstr. 30, ☏ 9336243 ⓖⓒ Wechselausstellungen junger zeitgenössischer Kunst in den Bereichen Malerei, Zeichnungen, Video, Fotografie und Bildhauerei. @ grq453

✳ **Grube Caroline**, Eberbächle, ☏ 93910, ☏ 92680 ⓖⓒ In dem historischen Silber- und Bleibergwerk wurden seit dem 13. Jh. silberhaltige Blei- und Kupfererze abgebaut. @ qfb518

✳ **Skulpturenweg**, Bürkle-Bleiche, ☏ 9336243. In dem Skulpturenpark am Mühlbach sind 18 Werke zeitgenössischer Bildhauer aufgestellt. @ osq587

🅐 **Stadtgarten**, Gartenstr. ㉔ Der ehem. „Tummelgarten" aus dem 16. Jh. wurde um 1908 neu gestaltet. Ein außergewöhnlicher Baumbestand, Spiel-, Sport- u. Relaxbereiche machen die Parkanlage zu einem beliebten Naherholungsgebiet mitten in der Altstadt. Im

Sommer finden sonntags kostenlose Pavillonkonzerte statt.

🚻 **Walderlebnispfad**, Gartenstr., Waldspielplatz Vogelsang, ☎ 19433 ㉔ Abwechslungsreiche Erlebnisstationen führen Sie auf dem 1,5 km langen Wieselweg zum hölzernen Eichbergturm. Die Aussichtskanzel bietet einen imposanten Rundblick. @ cag128

Mundingen (Emmendingen)

🍴 **Mundinger Mühle**, Dorfstr. 2 ㉔ In dem heute teilrestaurierten Gebäude war bis 1940 eine Öl-, Säge- und Getreidemühle mittelalterlichen Ursprungs untergebracht. Das historische Wasserrad wurde neu erstellt und die freigelegte Anlage restauriert.

AUSFLUG Von Mundingen aus bietet sich ein Ausflug zur Burgruine Landeck an. Die Kapelle am Palas der Unterburg zählt zu den künstlerisch hochwertigsten der Region. Ein Kreuzrippengewölbe mit Konsolfiguren, eine verzierte Nische eines Sakramentshäuschens und ein hoher gotischer Chorbogen sind über die Jahrhunderte erhalten geblieben.

Die Route ist in der Karte 11a in Orange eingezeichnet.

Landeck (Teningen)

🏰 **Burgruine Landeck**, Freiämter Str. 23 ㉔ Die Ober- und Unterburg wurden 1269 von Walther I. von Gerolseck erbaut. Nach einigen Besitzerwechseln zerstörten im Jahre 1525 aufständische Bauern die Feste und die Doppelburg wurde seither nicht wieder aufgebaut. Das Hauptgebäude besaß vier Stockwerke mit drei Kaminen und die Unterburg wird von einem Palas mit spätromanischen und frühgotischen Doppelfenstern dominiert. Die Ruine der Spornburg gehört zu den wenigen gut erhaltenen Burganlagen des Breisgaus. @ ika853

Heimbach (Teningen)

Vorwahl: 07641

⛪ **St. Gallus**, Zehnthof 1. Beim Neubau der Barockkirche (1747-77) blieben der Turm der früheren gotischen Marienkirche (1360) sowie der gotische Taufbrunnen mit Maßwerkornament erhalten. @ sto388

🔶 **Altes Schloss**, Köndringer Str. Datiert mit 1578, besaß das Gebäude mit den Staffelgiebeln zahlreiche U-förmig angeordnete Nebengebäude, die 1804 abgetragen wurden. Heute dient das renovierte Alte Schloss als Feuerwehrgerätehaus. @ ogp155

🔶 **Neues Schloss Heimbach**, Ködringer Str. Das Neue Schloss wurde in den Jahren 1803 bis 1806 von dem Freiherren Maximilian von Duminique nach seinen eigenen Plänen erbaut. Im Inneren zeichnen sich verschiedene Stilelemente wie Klassizismus und frühe Romantik ab. Die gesamte Schlossanlage mit englischem Garten befindet sich in Privatbesitz und kann nicht besichtigt werden.

❇ **Bär Mühle**, Alte Mühlstr. 1, ✆ 42873. Die Öl- und Getreidemühle gehörte früher zum Schloss und ist seit 1680 im Besitz der Familie Bär. Nach einigen Umbauten ist die Heimbacher Mühle die einzige, die die Tradition des Müllerhandwerks in der Gemeinde Teningen bis heute bewahrt hat.

7 Köndringen (Teningen)

Vorwahl: 07641

🏛 **Franzfelder Heimatstube**, Hauptstr. 20, ✆ 8725 Ⓒ Ein umfangreicher Fundus erinnert an die Geschichte der Köndringer Auswanderer, die 1791 in dem unter Kaiser Franz II. gegründeten Ort Franzfeld (im Banat, damals Österreich-Ungarn, heute Serbien) eine neue Heimat fanden. @ bfo184

🔷 **Evangelische Kirche Köndringen**, Bahnhofstr. 4, ✆ 8535. Die neugotische Sandsteinkirche mit dem ungewöhnlich hohen Kirchturm von 60 Metern ist das Wahrzeichen von Köndringen. Sie wurde von 1861 - 1865 anstelle einer mittelalterlichen gotischen Vorgängerkirche erbaut. Nur die Eingangshalle und das zweite Turmgeschoss blieben erhalten.

Die erste urkundliche Erwähnung Köndringens findet sich in einer Schenkungsurkunde aus dem Jahre 977 von Kaiser Otto II. Archäologische Funde, darunter die Reste einer römischen Wehranlage auf dem „Bürgle", bezeugen eine frühere

An der Elz

Besiedelung. Als die Römer vor etwa 2000 Jahren von Gallien aus über den Rhein vorstießen und um das Jahr 260 nach Christus die Alemannen den Limes querten und sich in der Rheinebene niederließen, gehörte Köndringen zu den ersten Ansiedlungen.

Vorbei am „Schliffibach", dem Kraftwerk Kreuz und dem Sägewerk Hassler, wo sich weitere Infotafeln befinden, fahren Sie auf einem Feldweg bis zur Neumühle und von dort weiter Richtung Riegel am Kaiserstuhl.

Riegel a. Kaiserstuhl   s. S.101

Tour 12   Auf der Grünen Straße nach Breisach am Rhein

33,3 km

HM/km: ↗ 0,5 (15m) ↘ 2,8 (94m)   **Radweg: 50 %**   **Unbefestigt: 0 %**   **Verkehr: 13 %**

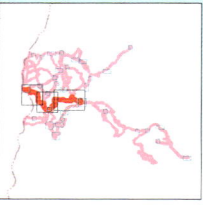

Die Radtour startet am Bahnhof von Freiburg und verläuft entlang der Dreisam über den weitläufigen Dietenbachpark und weiter durch das Naturschutzgebiet Rieselfeld nach Opfingen. Stetig leicht bergab radeln Sie durch die Oberrheinische Tiefebene an idyllischen Weinorten wie Tiengen, Munzingen, Ober- und Niederrimsingen und Gündlingen vorbei. Die Landschaft ist geprägt vom Weinbau und der Landwirtschaft. Das weithin sichtbare romanische Münster St. Stephan weist Ihnen auf den letzten Kilometern den Weg nach Breisach. Hier erfolgte der Brückenschlag von Frankreich nach Deutschland,

wo einst die Trennlinie zwischen zwei verfeindeten Nationen verlief. Der Gedanke eines vereinten Europas ist heute längst Alltag geworden.

Charakteristik

Start: Freiburg im Breisgau
Ziel: Breisach am Rhein
Abreise: Breisgau-S-Bahn bis Freiburg
Wegbeschaffenheit: asphaltierte Radwege und Straßen
Verkehr: Stärkeres Verkehrsaufkommen vor Gündlingen und in Breisach.
Steigungen: Die Strecke verläuft steigungsfrei.
Anschlusstour(en): 7, 13

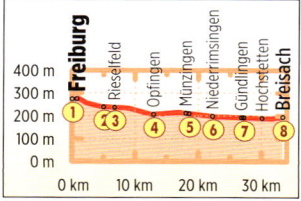

172

1 Freiburg im Breisgau s. S. 19

Stühlinger (Freiburg im Breisgau)

🅰 **Eschholzpark**. Die 3,4 ha große Parkanlage mit großzügiger Wiesenfläche, Rundpergola und Staudenbeeten ist von einer Kastanienallee mit 190 Bäumen eingerahmt. Die ehemalige Kleingartenanlage wird regelmäßig für verschiedenste Veranstaltungen genutzt.

Haslach (Freiburg im Breisgau)

Vorwahl: 0761

🅱 **Hallenbad Haslach**, Carl-Kistner-Str. 67, ☎ 2105-521, @ rvl335

2 Betzenhausen (Freiburg im Breisgau)

Vorwahl: 0761

✳ **Seepark**, Sundgauallee 12A. Naherholungsgebiet mit Badesee, Restaurants, Schwimmbad, Spielplätzen, Joggingpfaden, Tretbootverleih u.v.m. @ qhr851

🅰 **Japangarten**, Im Seepark. Der 3.500 m² große Japangarten wurde 1989 nach Plänen des japanischen Gartenarchitekten Yoshinori Tokumoto aus Matsuyama geschaffen. @ yvc881

Martinstor in Freiburg im Breisgau

🛥 **Westbad**, Ensisheimer Str. 9, 📞 2105510, @ uxb312

Weingarten (Freiburg im Breisgau)

🚻 **Dietenbachsee**. Inmitten einer weitläufigen Parkanlage.

3 Rieselfeld (Freiburg im Breisgau)

Vorwahl: 0761

❋ **Naturerlebnispfad**, Opfinger Str., 📞 2016201 ⓐ Rund 27 Stationen auf dem 5 km langen Pfad bieten umfassende Einblicke in die Geschichte des Rieselfeldes, die Funktionsweise der früheren Abwasserbehandlung und die hier vorkommende Fauna und Flora. @ heo282

🅰 **Freiburger Rieselfeld**. Im heutigen Naturschutzgebiet wurden im 19. Jh. die Abwässer von Freiburg in einer Verrieselungsanlage gereinigt, in Entwässerungsgräben gesammelt und später in die Dreisam geleitet. Die somit gut gedüngten Böden wurden landwirtschaftlich bis in die 1960er Jahre genutzt. Bis heute sind die Relikte der Wasserzu- und abfuhr und die Dämme vom Rieselfeld erhalten geblieben und gestalten einen Lebens-

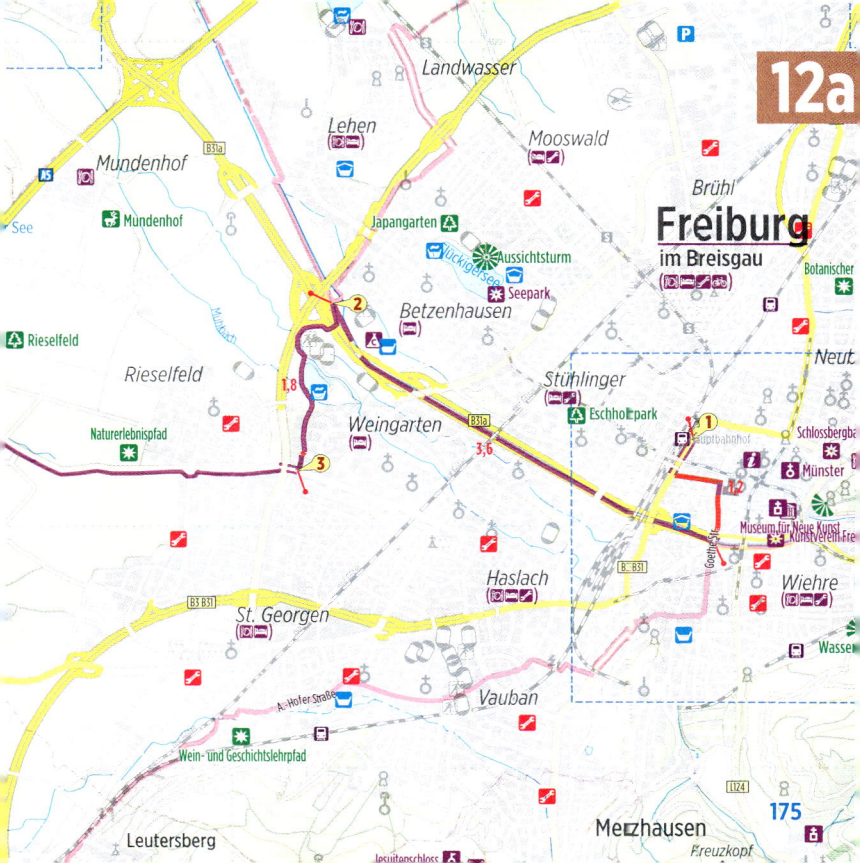

raum für eine Vielzahl seltener und gefährdeter Tier- und Pflanzenarten. @ fns176

St. Georgen (Freiburg im Breisgau)

Vorwahl: 0761

- ✳ **Wein- und Geschichtslehrpfad,** Wendlinger Str. 23. Begleitet von 26 Informationstafeln erfahren Sie auf dem 4 km langen Pfad durch die Weinberge Wissenswertes über die Arbeit der Winzer, die Reben und die Geschichte des örtlichen Weinbaus. @ ybb582

- ▣ **Freibad St. Georgen,** Am Mettweg 42, ✆ 2105580, @ qvt466

- ▣ **Keidel Mineral-Thermalbad,** An den Heilquellen 4, ✆ 2105850, @ hca178

4 Opfingen (Freiburg im Breisgau)

Vorwahl: 07664

- ▣ **Bergkirche,** Oberer Kirchweg. Die denkmalgeschützte Kirche wurde 1778 nach Plänen von Carl Friedrich Meerwein erbaut. Die Kirchenorgel stammt von Georg Marcus Stein (1738–1794). @ olg641

- ▣ **St. Nikolaus,** Freiburger Str. 30. Die Kirche mit wuchtigem Turm und großer Dach-

fläche wurde 1984 - 86 vom Freiburger Architekten Michel Geis erbaut. Für die Konstruktion und den Innenraum wurden natürliche und für den Breisgau typische Baustoffe - Holz, Sandstein und geputzte Mauerflächen - verwendet.

- ▣ **Aussichtsturm,** Wippertskirch. Der Aussichtsturm bietet eine fantastische Sicht über Opfingen, nach Freiburg, zum Schwarzwald und über die Region.

- ✳ **Maisfeld-Labyrinth,** Waldmösle 2, ✆ 4744 Ⓑ Das weitläufige Areal mit Labyrinth, Kneippmöglichkeit im Naturbach, Strohburg, Trettraktor-Parkour und regionstypischen Köstlichkeiten bietet jede Menge Spaß für Groß und Klein. @ apl478

- ✳ **Weinlehrpfad.** Mitten durch die Reben führt der 1,5 km lange Themenpfad mit 20 Infotafeln über den Weinbau und die Rebsorten. @ evf121

- ▣ **Großer und Kleiner Opfinger See,** Freiburger Str. Baggerseen mit großer Liegewiese und Kiosk am Großen See, @ fhp485

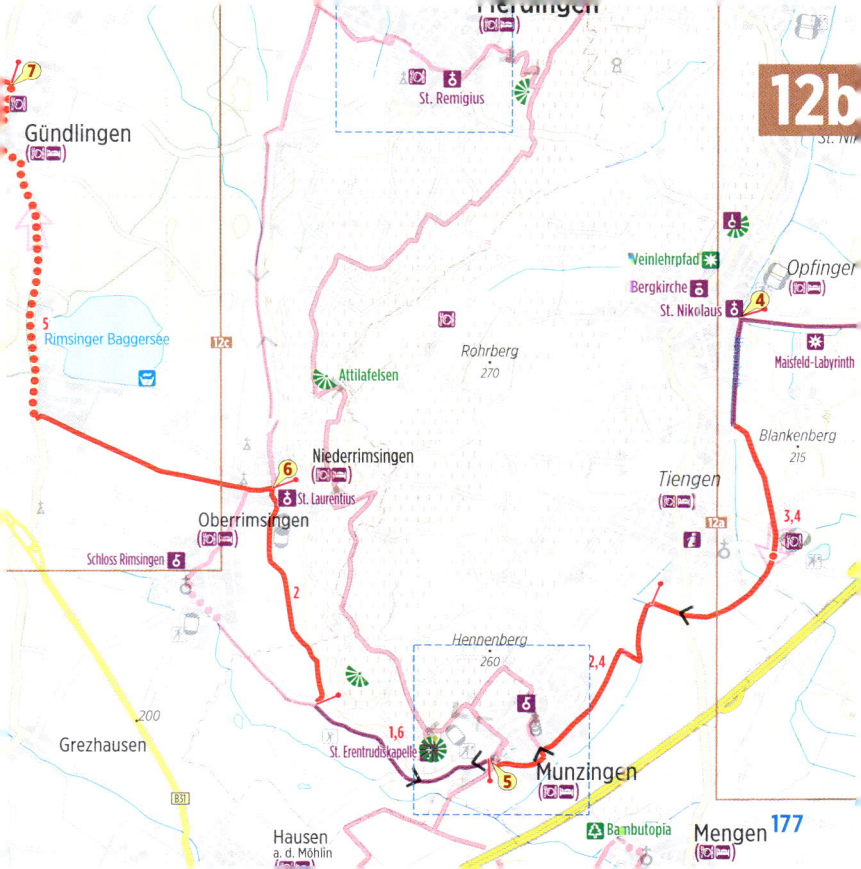

Herdingen

12b

St. Remigius

Gündlingen

7

5
Rimsinger Baggersee

12c

Rohrberg
270

Attilafelsen

Weinlehrpfad
Bergkirche
St. Nikolaus

Opfingen

4

Maisfeld-Labyrinth

Niederrimsingen

6

St. Laurentius

Oberrimsingen

Blankenberg
215

Tiengen

Schloss Rimsingen

2

12a

3,4

Grezhausen

200

Hennenberg
260

2,4

St. Erentrudiskapelle

1,6

5

Munzingen

Hausen
a. d. Möhlin

Bambutopia

Mengen 177

Blick auf Erentrudiskapelle und Munzingen

Tiengen (Freiburg im Breisgau)

Vorwahl: 07664

🛈 **Ortsverwaltung Tiengen**, Freiburger Landstr. 28, ✆ 505660, @ chd384

5 Munzingen (Freiburg im Breisgau)

🏰 **St. Stephan**, St.-Erentrudis-Str. 35. Der Turm und der Chor sind noch Zeugnisse der mittelalterlichen Baukunst. Im Jahre 1747 wurde die Kirche vergrößert und barock umgestaltet. Namhafte Künstler und Handwerker beteiligten sich an der Ausschmückung des Kircheninneren.

178

🏰 **Erentrudiskapelle**. Die Kapelle wurde Anfang des 18. Jhs. auf älteren Grundmauern erbaut und gilt als Wahrzeichen des Tunibergs.

🏰 **Schloss Munzingen**, Schlossbuck. Das Schloss wurde 1672 von dem österreichischen Botschafter Johann Friedrich von Kageneck im Renaissance-Stil erbaut. Während des Österreichischen Erbfolgekrieges belagerten die Franzosen 1744 Freiburg und die Kagenecks flohen in die Schweiz. Die Gräfliche Familie hat das Anwesen nach mehrmaligen Zerstörungen immer wieder aufgebaut, umgestaltet und renoviert.

Stadtplan   s. S. 252

Oberrimsingen (Breisach am Rhein)

Vorwahl: 07664

🛡🏛 **Schloss Rimsingen**, Bundesstr. 44, ✆ 3135. Der Gutshof von 1626 wurde im 18. Jh. unter Freiherr Franz Anton Marquard von Falkenstein zu einer Schlossanlage im Stil des französischen Frühklassizismus ausgebaut. Nach einigen Besitzerwechseln wurde das seit 1985 in Besitz der Familie Hosp befindliche Anwesen saniert und eine Kunstgalerie und Kleinkunstbühne eingerichtet. @ aqt556

6 Niederrimsingen (Breisach am Rhein)

🛡 St. Laurentiuskirche, Kirchstr. Der Turm mit den beiden Arkadengeschossen aus der Mitte des 11. Jhs. zählt zu den Ältesten der Oberrheinlandschaft. Die Kirche selbst wurde nach einem Dorfbrand zwischen 1480 und 1500 erneuert und im 18. Jh. erfolgte ein barocker Umbau.

✳ **Attilafelsen**. Von der Weinlage „Attilafelsen" genießen Sie einen herrlichen Blick über die Rheinebene und auf den Rimsinger Baggersee.

🅿 Rimsinger Baggersee

Niederrimsingen, die kleinste Weinbaugemeinde am Tuniberg, liegt am Südwesthang im sogenannten Dreiländereck - Frankreich, Schweiz, Deutschland. Nicht zuletzt die günstige Weinlage am sagenumwoberen „Attilafelsen", wo immer wieder mal das Grab von Attila dem Hunnenkönig gefunden worden sein soll, haben den 120 Meter hohen und 10 Kilometer langen Bergrücken bekannt gemacht. Auch der Ort ist weit über seine Grenzen hinaus für den hohen Qualitätsstandard seiner Weine bekannt, was zahlreiche Prämierungen belegen.

7 Gündlingen (Breisach am Rhein)

Hochstetten (Breisach am Rhein)

Benannt nach der Lage am einstigen Hochgestade des Rheins, ist Hochstetten seit etwa 1200 v. Chr. besiedelt, und war zur Keltenzeit ein wichtiger Haferort und Handelsplatz an dem bereits Münzen geprägt wurden. Urkundlich genannt wird der Ort erstmals 1139 und ist seit dem Jahr 1370 ein Filialort der Stadt Breisach am Rhein.

Im Radbrunnenturm

8 Breisach am Rhein

Vorwahl: 07667

🛈 **Breisach-Touristik**, Marktpl. 16, ☎ 940155, @ djn321

⛵ **Breisacher Fahrgast-Schifffahrt**, Rheinuferstr., Anlegestelle 2, ☎ 942010 ☺ Von Ostern-Ende Okt. regelmäßige Rundfahrten. Außerdem kulinarische Fahrten und Tagesausflüge nach Strasbourg, Colmar und Basel. @ cyc867

🏛 **Blaues Haus**, Rheintorstr. 3, ☎ 911374 ☺☺ Gedenk- und Bildungsstätte für die Geschichte der Juden am Oberrhein mit

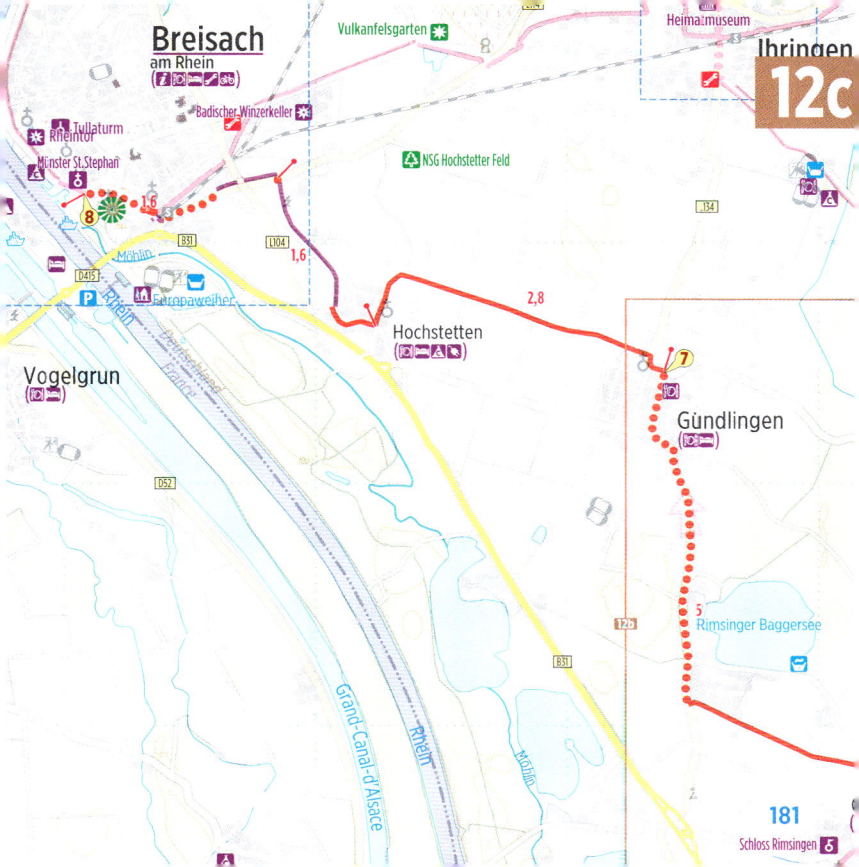

Breisach
am Rhein

Vulkanfelsgarten

Heimatmuseum

Ihringen

Badischer Winzerkeller

Tullaturm

Rheintor

Münster St.Stephan

NSG Hochstetter Feld

8

1,6

L104

1,6

134

B31

Möhlin

D415

Europaweiher

P

Rhein

2,8

Hochstetten

7

Gündlingen

Vogelgrun

D52

12b

5

Rimsinger Baggersee

B31

Möhlin

Grand-Canal-d'Alsace

Rhein

Möhlin

Schloss Rimsingen

Dauerausstellung „Jüdisches Leben in Breisach 1931". @ twy714

🏛 **Museum für Stadtgeschichte**, Rheintorpl. 1, ✆ 832161, ✆ 7089 ⊜ Die Sammlung bietet einen Rundgang durch die fast 4.000-jährige Geschichte Breisachs. Schwerpunkte bilden das umfangreiche Fundmaterial einer Handwerker- und Händlersiedlung der keltischen La-Tène-Kultur von Breisach-Hochstetten, die mittelalterlichen Siedlungsreste vom Münsterberg und die Entwicklung der Breisacher Festung. Wechselnde Sonderausstellungen. @ qaj737

🔒 **Münster St. Stephan**, ✆ 203 ℗ Ein Neubau des Münsters anstelle einer 1139 erwähnten Kirche war im 12. Jh. begonnen worden. Deutlich sind die einzelnen Bauphasen zu erkennen. Selbst das symmetrische Turmpaar besteht aus einem rein romanischen und einem gotisch aufgelockerten Teil. Sehenswert sind der Hochaltar (1526) und Wandmalereien vom Jüngsten Gericht und der Auferstehung. @ uqa118

182

🔒 **Ruine Eckartsberg**, südlich des Stadtzentrums ㉔ Auf der Anhöhe standen einst eine Burg und ein kleines Kloster. Heute bietet die Aussichtsplattform einen herrlichen Blick auf die Stadt und den Rhein.

🔒 **Radbrunnenturm**, Radbrunnenallee. Mit dem Bau des 41 m tiefen Trinkwasserbrunnens im Inneren des Turms wurde 1189 begonnen. Die Räumlichkeiten dienten als mittelalterliches Rathaus, Gerichtsstätte und Folterkammer und werden heute nach mehrfachen Umbauten für Ausstellungen und Konzerte genutzt. @ nxf623

🔒 **Tullaturm**. Der Turm (1874) ist nach dem „Bändiger des wilden Rheins", dem Ingenieur und Oberst Johann Gottfried Tulla benannt. Vor dem Turm finden jeden Sommer die Breisacher Festspiele statt.

✱ **Badischer Winzerkeller**, Zum Kaiserstuhl 16, ✆ 9000 ⌂ Einer der bedeutendsten Winzerbetriebe in Europa, Kellerführungen mit Multi-Dia-Show und Weinprobe. @ drr434

Breisach am Rhein

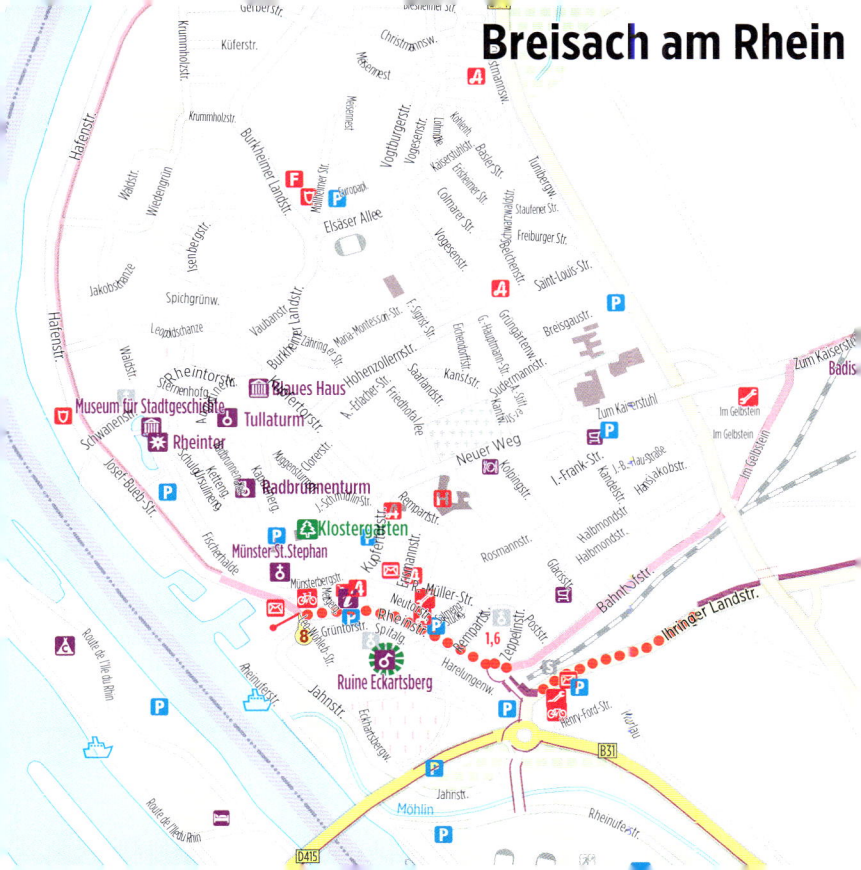

❇ **Rheintor**, Rheintorpl. ⓐ Mit seiner Prunk-fassade ist das 1678 erbaute Tor als Rest der unter Ludwig XIV. ausgebauten französischen Festung erhalten. Seit 1991 Museum für Stadtgeschichte. @ tbq131

❇ **Vinothek Breisach**, Am Marktpl. 16, ✆ 904952. Neben diversen Weinen, Sekt u. Edelbränden bietet die Vinothek Führungen, Weinbergtouren mit dem Traktor, kulinarische Weinproben u. Winzerkeller-Krimi an. @ lad751

🅐 **Franziskaner Klostergarten**, Kapuzinerg. 4, ✆ 911499 ⓑ Das Kleinod auf dem Münsterberg erstrahlt in neuem Glanz und bietet eine herrliche Aussicht auf Breisach. @ dlu136

🅐 **Naturschutzgebiet Hochstetter Feld**, östlich von Breisach ⓐ Die ehemalige Kiesgrube mit mehreren Teichen bietet 135 Vogelarten einen Lebensraum. @ kev273

✉ **Waldschwimmbad**, Rheinuferstr. 19-20, ✆ 338 ⓑ, @ rgo388

Auf einem zum Rhein vorgeschobenen vulkanischen Bergrücken gelegen, hatte die Vorläufersiedlung von Breisach bereits zu römischen Zeiten eine große strategische Bedeutung gehabt. Nach 1198 errichteten die Zähringer eine mächtige Burganlage auf dem nördlichen Felsplateau. Breisach wurde in den darauffolgenden Jahrhunderten eine der am heißest umkämpften Festungen in Europa. Abwechselnd wurde sie von Franzosen und Habsburgern in Besitz genommen. Die von Vauban unter Ludwig XIV. verstärkte Festung wurde schließlich auf Befehl von Maria Theresia 1741-45 geschleift. Im Zweiten Weltkrieg wurde ein Großteil der Stadt zerstört, das historische Stadtbild jedoch beim Wiederaufbau bewahrt. Heute ist Breisach Zentrum des badischen Weinlandes mit großen Wein- und Sektkellereien. Das Verhältnis der Stadt zum Fluss muss vor der Rheinregulierung allerdings ein recht flexibles gewesen sein: Infolge des häufig wechselnden Rheinlaufes befand sich Breisach nämlich während der römischen Zeit westlich des Stroms, im 10. Jahrhundert auf einer Insel, zwei Jahrhunderte später wieder auf der elsässischen Seite und erst seit dem 14. Jahrhundert ist die Stadt auf der östlichen Seite zu finden.

Rheintor in Breisach

Tour 13   Rheintour

49,1 km

HM/km: ↗ 6,0 (297m) ↘ 6,0 (297m)   **Radweg:** 34 %   **Unbefestigt:** 24 %   **Verkehr:** 11 %

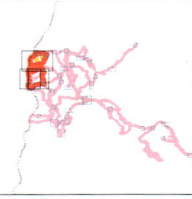

Den historischen Münsterberg im Rücken verlassen wir die charmante Europastadt Breisach und radeln entlang des Rheins durch den schattigen Auenwald in das malerische Winzerdorf Sasbach und weiter nach Königschaffhausen. Es folgt ein anspruchsvoller Anstieg durch die Weinberge, bevor es bergab rollend in einen der ältesten Orte im Kaiserstuhl, Bischoffingen, geht. Traditionsreiche Winzerorte laden entlang der Route mit kulturellen Sehenswürdigkeiten und kulinarischen Genüssen zum Verweilen ein. Nach einer erneuten sportlichen Etappe über Vogtsburg und Bickensohl rollen Sie gemütlich bergab nach Ihringen. Planen Sie etwas Zeit für eine Besichtigung der botanischen Raritäten im Liliental ein. Entspannt treten Sie vom wärmsten Ort Deutschlands Ihre Rückreise nach Breisach an.

Charakteristik

Start/Ziel: Breisach am Rhein

An- und Abfahrt: Von Freiburg mit der Breisgau-S-Bahn. PKW: Autobahn A 5 Basel-Frankfurt, Ausfahrten Riegel, Freiburg-Süd oder Bad Krozingen.

Wegbeschaffenheit: größtenteils asphaltierte und befestigte Straßen. Ein Viertel der Tour sind unbefestigte doch gut befahrbare Straßen, Rad- und Güterwege

Verkehr: bis auf die Ortsgebiete geringes Verkehrsaufkommen

Beschilderung: EV15 bis Sasbach, dann regionale Beschilderung Kaiserstuhl-Radwanderweg

Steigungen: anspruchsvolle Route mit einigen sportlichen Etappen

Anschlusstour(en): 7, 12

Burg Sponeck

1 Breisach am Rhein

Stadtplan   s. S. 183

2 Der Radweg verläuft nun für über 10 Kilometer bis Sasbach am bewaldeten Ufer des Rheins entlang.

Stadtplan   s. S. 183

3 Der Burkheimer Baggersee bietet sich für eine Abkühlung und Erfrischung im klaren Wasser an. **TIPP**

Burkheimer Baggersee (Vogtsburg im Kaiserstuhl)

Baggersee. Naturbelassener 5 ha großer Baggersee, Liegewiese, durch teils nicht ungefährliche Ufer für Kinder nur bedingt geeignet. gks453

Burg Sponeck (Sasbach am Kaiserstuhl)

Burg Sponeck Schon zu spätrömischer Zeit soll auf dem Standort der heutigen Burg ein römisches Kastell

Profil:

Breisach — 1 2 3 — Sasbach — 4 5 — Königschaffhausen — Bischoffingen — 6 — Burkheim — Jägerhof — 7 — Vogtsburg — 8 9 — Bickensohl — Ihringen — 10 — Breisach — 1

500 m / 400 m / 300 m / 200 m / 100 m / 0 m

0 km   10 km   20 km   30 km   40 km   50 km

Weinberge am Kaiserstuhl

gestanden haben. Die Burg wurde im Zweiten Weltkrieg schwer beschädigt, ist aber nach wie vor in Privatbesitz. Der Garten kann besichtigt werden, Führungen auf den Turm nach Absprache. @ gnw332

4 Sasbach am Kaiserstuhl

Vorwahl: 07642

🛈 Gemeinde, Hauptstr. 15, ✆ 91010, @ gdm251

🏛 Museumsstüble, Marckolsheimerstr. 3, ✆ 8551. Wechselausstellungen des Heimat- und Geschichtsvereins.

♂ Ruine Limburg 🏰 Auf der einstigen Burg wurde 1214 Kaiser Rudolf von Habsburg geboren, der mit seinem Sieg über den böhmischen König Ottokar II. Přemysl im Jahr 1278 die Herrschaft über Österreich und die Steiermark erlangte.

✳ Wasserskiclub Breisgau, Am Rhein 10, ✆ 7478. Wasserski für Anfänger sowie Fortgeschrittene. @ tcy521

✤ Wissenschaftlicher Lehrpfad über Limberg und Lützelberg. Beginnt am großen Parkplatz am Rhein (ehemalige Zollstel-

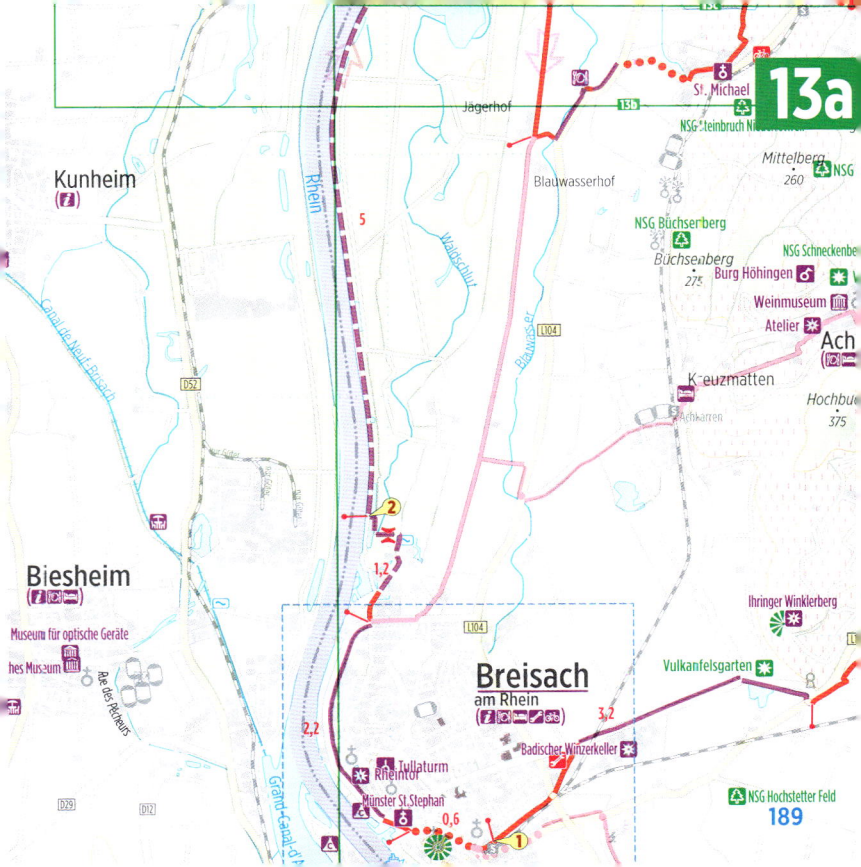

13a

Kunheim
(i)

Jägerhof

Blauwasserhof

Mittelberg
260

NSG

St. Michael
NSG Steinbruch Niederrotwe

NSG Büchserberg

NSG Schneckenbe

Büchsenberg
275

Burg Höhingen

Weinmuseum

Atelier

Ach
(i)

Kreuzmatten

Achkarren

Hochbu
375

Rhein

Waldschutz

Blauwasser

L104

5

Canal de Neuf-Brisach

D52

Biesheim
(i)

Museum für optische Geräte
hes Museum

Rue des Pêcheurs

2

1,2

L104

Ihringer Winklerberg

Vulkanfelsgarten

Breisach
am Rhein
(i)

3,2

2,2

Badischer Winzerkeller

NSG Hochstetter Feld

189

Tullaturm
Rheintor

Münster St.Stephan

0,6

1

D29

D12

Grand-Canal d'

le). Auf einer Länge von 6,2 km erschließt der Lehrpfad die Besonderheiten von Geologie, Geschichte, Naturschutz, Forstwirtschaft, Weinbau und Wasserwirtschaft. @ anl624

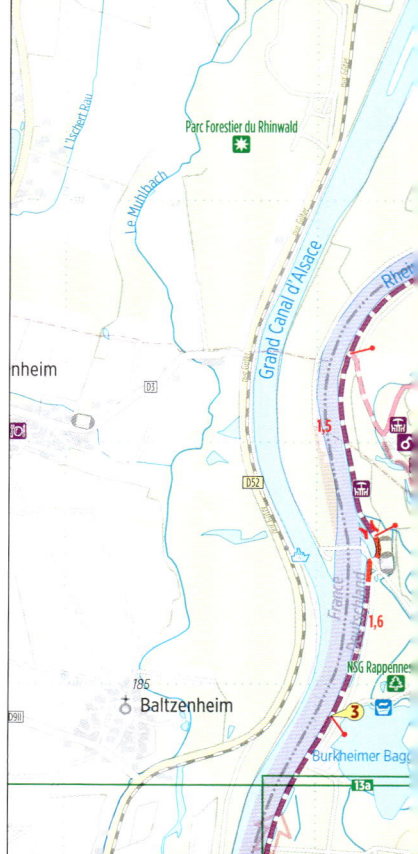

⊟ **Badesee Leopoldsinsel**, Dorfinsel. Umgeben von Wald, bietet der See genügend Liegefläche und sauberes Wasser. @ jtb185

Stadtplan   s. S. 121

TIPP ▌ Jedes Jahr im April hüllen zigtausende Bäume die Landschaft in ihr weißes Blütenkleid. Die Kirschblüte bietet ein einzigartiges Naturschauspiel in dieser Region.

Leiselheim (Sasbach am Kaiserstuhl)

Vorwahl: 07642

✳ **Galerie Brunnenstüble**, Meerweinstr. 19, ✆ 0151/26852778 ☺ In der kleinen Galerie mit Wechselausstellungen können Sie Schnäpse heimischer Brenner, regionales Bier und hervorragende Weine der Leiselheimer Winzergenossenschaft probieren und genießen. @ scl584

✳ **Leiselheimer Gestühl**, Scherchstr. 3, ✆ 925137. Weine der Winzergenossen-

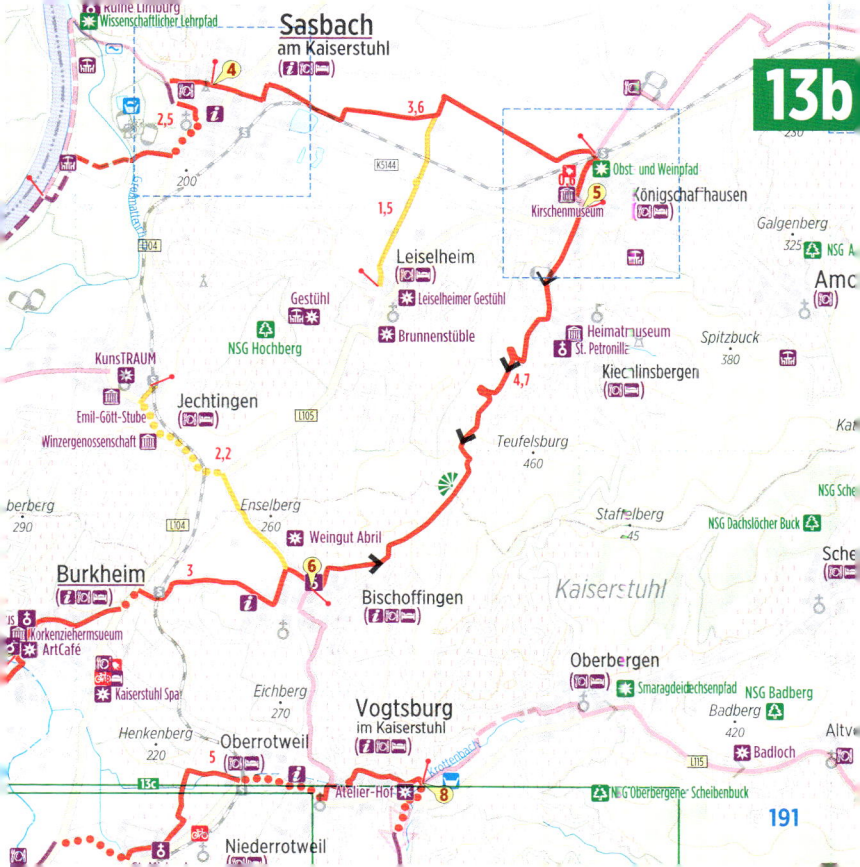

Sasbach
am Kaiserstuhl

Königschaffhausen

Galgenberg

Amc

Leiselheim

Gestühl

NSG Hochberg

Heimatmuseum
St. Petronilla

Spitzbuck

Kiechlinsbergen

KunsTRAUM

Emil-Gött-Stube

Jechtingen

Winzergenossenschaft

Teufelsburg

NSG Sche

NSG Dachslöcher Buck

erberg

Enselberg

Staffelberg

Sche

Weingut Abril

Kaiserstuhl

Burkheim

Korkenziehermuseum
ArtCafé

Bischoffingen

Oberbergen

Smaragdeidechsenpfad

NSG Badberg

Badberg

Kaiserstuhl Spar

Eichberg

Badloch

Altv

Henkenberg

Oberrotweil

Vogtsburg
im Kaiserstuhl

Atelier-Hof

NSG Oberbergener Scheibenbuck

Niederrotweil

schaft Leiselheim und Schnäpse ansässiger Brenner können hier gekauft werden.

🌟 „Gestühl", Meerweinstr. Nach Überlieferungen sollen im Gewann Gestühl früher Fürstengerichte abgehalten worden sein. Auch König und späterer Kaiser Otto III. soll hier Gerichtstage abgehalten haben. Zunächst nannte man das Gebiet Königstuhl später Kaiserstuhl. Der aus großen Balken gezimmerte Stuhl inmitten der Weinberge weist auf die besondere Stelle hin.

5 Königschaffhausen (Endingen am Kaiserstuhl)
Vorwahl: 07642

🏛 **Kirschenmuseum**, Untere Guldenstr. 1A, ✆ 8585 ◔◔ Alles rund ums Thema Kirsche, von der Kunst des Leitermachens über das Korbflechten sowie Anbau, Ernte und Verarbeitung der „Schwarzen Königin". @ crb487

🌟 **Brennstüble**, Endinger Str. 49, ✆ 8760, ✆ 0172/5914096. Verkostungen & Führungen durch den Winzer- u. Rebenveredelungshof mit eigener Brennerei. @ uha467

🌟 **Obst- und Weinpfad**, Endinger Str. . Die beiden 3,9 km langen Wege informieren über Anpflanzmethoden, Sorten, Früchte und die am Kaiserstuhl vorhandene Vogel- und Insektenwelt. @ abt218

Kiechlinsbergen (Endingen am Kaiserstuhl)

🏛 **Heimatmuseum**, Grienerstr. 13, ✆ 07667/8220 ◔◔ Im ehem. Rathaus dokumentieren eine Sammlung von altem Werkzeug und Geräte aus der Haus- u. Landwirtschaft das traditionelle Handwerk, den Alltag und den Weinbau der früheren Dorfbewohner. @ wif488

⛪ **St. Petronilla**, Hinterer Kirchweg. Die 1813 im schlichten klassizistischen Stil erbaute Kirche wartet mit einer farben- u. formenreichen neobarocken Verzierung im Inneren auf.

Mitten im Kaiserstuhl, in einem kleinen nur nach Norden geöffneten Talkessel, liegt das Winzerdorf Kiechlingsbergen. Es zählt zu einem der schönst gelegenen Dörfer am Kaiserstuhl. Zahlreiche historische Baudenkmäler bezeugen die bewegte Geschichte des erstmals im Jahre 862 erwähnten Ortes.

Kirschblüte in Königschaffhausen am Kaiserstuhl

Das 1776 von Abt Berier von Tennenbach errichtete Probsteigebäude oder Schloss diente bis zur Säkularisation im Jahre 1806 als Residenz der Äbte und als Amtshaus. Wohl eines der ältesten Häuser am Kaiserstuhl ist die Fränkische Hofanlage aus dem Jahr 1544, die sich gegenüber der Kirche befindet. Der schmucke Fachwerkbau vom Gasthaus „Zur Sonne", welcher 1589 erbaut wurde, bildet die historische Kulisse für die alle zwei Jahre bei den Weintagen stattfin-

dende Aufführung vom „Bauernaufstand". Dieser hat sich unter dem Anführer Hans Ziller im Vorgängerbau, der sogenannten „Herberger Freiheit", zugetragen.

Stadtplan s. S. 132

6 Bischoffingen (Vogtsburg im Kaiserstuhl)

Vorwahl: 07662

🛈 **Bischoffingen Tourstik**, Steinbuckstr. 2, ✆ 947991, @ iwa65￼

🏛 **St. Laurentius**, Am Pfarrgarten, ✆ 6779. Die ansonsten schlichte evangelische

Kirche ist für ihre spätgotischen Fresken im Chor bekannt. @ ilh372

■ **Schmidlins Weinkultour**, Dorfstr. 21 - 23, ✆ 912306, ✆ 1759. Individuelle Planwagenfahrten, Weinproben mit Vesper u.v.m. @ lvl614

■ **Weinbergführungen**, Rosenkranzweg, ✆ 6436. Bei einer fachkundigen Weinbergführung mit anschließender Verkostung erleben Sie die Entwicklung von der Traube zum Wein. Anmeldung bis Mittwoch 12 Uhr. @ out282

■ **Weingut Abril**, Am Enselberg 1, ✆ 9493230 Ⓒ Kellerführungen und Weinproben. @ aql316

■ **Winzergenossenschaft Bischoffingen-Endingen**, Bacchusstr. 20, ✆ 93010. Regelmäßige Kellerführungen mit Weinprobe jeweils Dienstags 14 Uhr. @ rsi125

Jechtingen (Sasbach am Kaiserstuhl)
Vorwahl: 07662

▣ **Emil-Gött-Stube**, Dorfstr. 37, ✆ 282. Im Jahre 1864 wurde der Schriftsteller Emil Gött in Jechtingen geboren. Ein Gedenkbrunnen vor seinem Geburtshaus und die Emil-Gött-Stube in der Ortschaftsverwaltung erinnern an die bedeutendste Persönlichkeit Jechtingens.

■ **KunsTRAUM**, Rosenstr. 16, ✆ 8544, ✆ 07642/926688 ᏻᏻ Die vielseitigen Bilder der Malerinnen Kerstin Weinzierl & Annette Gräf in verschiedenen Maltechniken reichen von pittoresken Landschaften und Blumenaquarellen über kunstvolle Stillleben bis hin zu Portraitzeichnungen. @ mxc144

■ **Winzergenossenschaft Jechtingen-Amolter**, Winzerstr. 1, ✆ 93230. Jeden Donnerstag Kellerführung mit Weinprobe, Weinbergsführung mit Weinprobe je nach Teilnehmer oder Vereinbarung. Dabei lernen Sie den Werdegang des Jechtinger Weines von der Traube durch den Weinkeller über die Abfüllung bis in den Verkauf kennen. @ jjh734

7 Burkheim (Vogtsburg im Kaiserstuhl)
Vorwahl: 07662

🄸 **Burkheim Touristik e.V.**, Fischerg. 6, ✆ 949780, @ lum866

Schlossruine Burkheim

🏛 **Korkenziehermuseum**, Mittelstadt 18, ✆ 947525 ⊜ Über 1000 Korkenzieher aus rund 350 Jahren sind hier ausgestellt. @ vcm783

🚻 **St. Pankratius**, Am Kirchberg. Der älteste, gotische Teil der Kirche wurde im 14. Jh. erbaut. Das Netzgewölbe schmücken Malereien aus der Zeit der Renaissance.

🚹 **Burkheimer Schlossruine** @ An Stelle eines römischen Wartturms oder Kastells erbaut, ist die Schlossanlage alten alemannisch-fränkischen Ursprungs. Nach Zerstörungen und Wiederaufbauten wurde die Burg zwischen 1672 und 1676 im französisch-holländischen Krieg endgültig zerstört. Die Ruine ist im Besitz einer Weinkellerei. @ mqg127

✳ **Altstadt**. Fachwerkhäuser, spätgotische und barocke Gebäude prägen das Bild der mittelalterlichen Innenstadt. @ noy378

195

* **Burkheimer Kräuterhof**, Plonweg 2, ☎ 1583 ✆ Regelmäßige Führungen durch die duftende Kräuter- und Gewürzwelt, der Kräutergarten ist jederzeit frei zugänglich. @ bes212

* **Burkheimer Winzer**, Winzerstr. 8, ☎ 939315 ® Weinproben, Kellerführungen, Nachtwächterrundgänge, Traktorfahrten mit dem Planwagen durch die Reblandschaft, @ jmi151

* **Galerie mit ArtCafé**, Mittelstadt 19, ☎ 936893 ✆ Lassen Sie sich in der kleinen Galerie in der historischen Altstadt von Kunst, Vintage und vielen netten Details inspirieren. @ hat874

* **Kaiserstuhl-Spa**, Landstr. 1, ☎ 90910. Rotwein-Peeling, Schwarzbrenner-Sauna, Pool, Ruheräume und eine großzügige Liegewiese, @ bfo376

* **Marionettenbaukunst**, Mittelstadt 11, ☎ 94201 ✆ Die Künstlerin Mutgard Dross fertigt in dem kleinen Laden mit angeschlossener Werkstatt neben freien Figuren, Marionetten nach Vorlage. @ lsq853

* **Nachtwächter**. Von Ostern bis Ende Oktober geht der Nachtwächter immer sonntags und mittwochs um 22 Uhr durch die Gassen, erzählt Geschichten und Anekdoten aus früheren Zeiten und singt in alemannischer Sprache. @ wmx585

* **Rappennestgießen**. Benannt nach einem Rheinaltarm beherbergt das Naturschutzgebiet teils auch vom Aussterben bedrohte Tier- und Pflanzenarten.

Verträumte, Jahrhunderte alte Fachwerkhäuser säumen den Platz, viele beherbergen einen Gasthof oder eine Weinschenke. Das Portal des Rathauses, ein Renaissancebau aus dem Jahre 1604, ziert ein österreichisches Wappen. Die Stadt stand etwa 500 Jahre lang unter der Herrschaft der Habsburger.

Niederrotweil (Vogtsburg im Kaiserstuhl)

Vorwahl: 07662

* **St. Michael**, Niederrotweil 36, ☎ 8768 ® Im Inneren der Wehrkirche wurden Fresken aus der Mitte des 14. Jhs. freigelegt, der spätgotische geschnitzte Holzaltar ist ein Spätwerk des Meisters Hans Loy

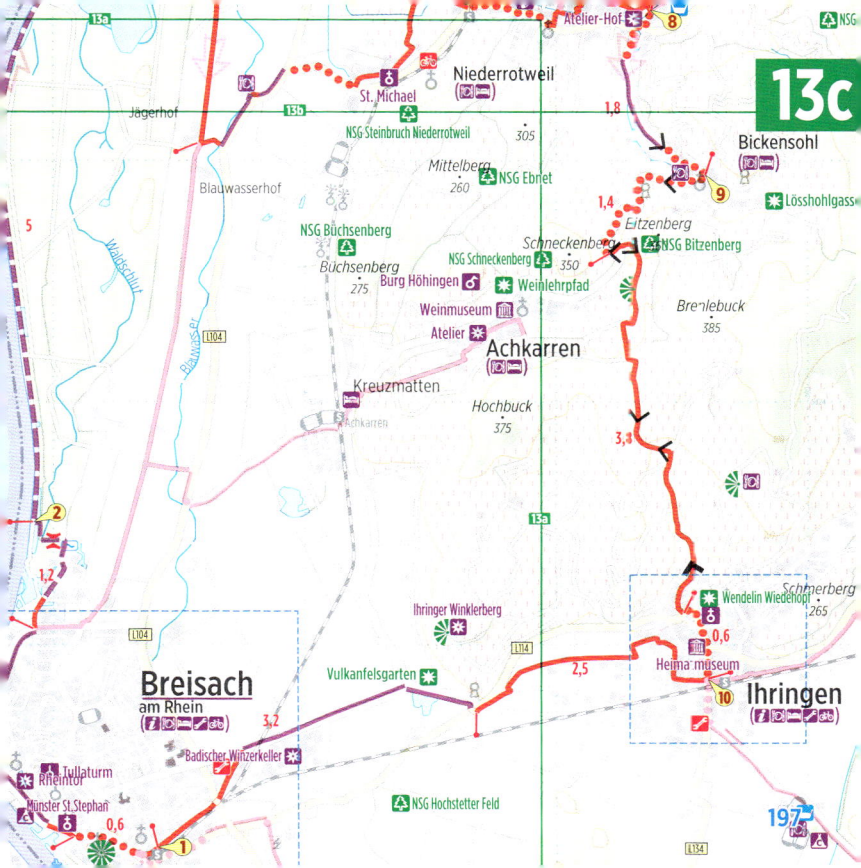

13c

Atelier-Hof

8

Niederrotweil
St. Michael

Jägerhof

13b

1,8

Bickensohl

305

NSG Steinbruch Niederrotweil

Mittelberg
260

NSG Ebnet

9

Lösshohlgass

Blauwasserhof

1,4

Eitzenberg

5

Schneckenberg

NSG Büchsenberg

NSG Schneckenberg
350

NSG Bitzenberg

Büchsenberg
275

Burg Höhingen

Weinlehrpfad

Weinmuseum

Brenlebuck
385

Atelier

L104

Achkarren

Kreuzmatten

Achkarren

Hochbuck
375

3,3

2

L104

13a

1,2

Schnerberg
265

Ihringer Winklerberg

Wendelin Wiedehopf

0,6

L114

Heima museum

Vulkanfelsgarten

2,5

10

Ihringen

Breisach
am Rhein

3,2

Badischer Winzerkeller

Tulaturm

Rheintor

NSG Hochstetter Feld

Münster St. Stephan

0,6

1

L134

und die Orgel von 1758 ist die älteste noch erhaltene Orgel des Breisgaus. @ rib472

Vogtsburg im Kaiserstuhl

8 Oberrotweil (Vogtsburg im Kaiserstuhl)

Vorwahl: 07662

🅹 Tourist-Info Vogtsburg, Bahnhofstr. 20, @ nca866

✳ Atelier-Hof, Hauptstr. 69, ☏ 80144 Ⓒ Das Spektrum der Werke von Maria-Luise Bodirsky reicht von Skulpturen über Bilder bis zu Objekten aus Keramik, Bronze und Holz. @ qda365

🔲 Schwimmbad Oberrotweil, Hauptstr. 81, ☏ 6147

9 Bickensohl (Vogtsburg im Kaiserstuhl)

✳ Lösshohlwege Pfad Bickensohl, Mannwerkstr. Auf 17 Tafeln entlang des 7 km langen Rundkurses erhalten Sie weit gefächerte Informationen zum Thema Löss und Hohlwege.

Achkarren (Vogtsburg im Kaiserstuhl)

Vorwahl: 07662

🏛 Weinbaumuseum, Schloßbergstr. 30, ☏ 68940 ⊜ In der ehem. Zehntscheune befindet sich eine umfangreiche Sammlung zum Thema Entwicklung des Weinbaus, Traubensorten und Geologie. Die mühevolle Arbeit in den Weinbergen lässt sich anhand von originalen Gerätschaften nachvollziehen. @ fcs485

🔴 Burg Höhingen, Schlossberg. Die frühmittelalterliche Burganlage wurde im Jahre 1064 erstmals urkundlich erwähnt und im Laufe der Zeit mehrmals ausgebaut. Nach einer wechselvollen Kriegsgeschichte war die Burg 1638 militärisch nicht mehr zu halten, darum setzte sie die kaiserliche Besatzung in Brand. Heute sind nur mehr spärliche Reste der Ruine zu sehen.

✳ Atelier Birgit Greshake, Schlossbergstr. 18, ☏ 9365480, ☏ 0157/30466960 ⒼⒸ Malerei und Objektkunst. @ cgg584

✳ Weinlehrpfad, Schlossberg. Der geologische Pfad informiert auf einer Länge von 2,5 km über die Bodenbeschaffenheit, das Klima, die Rebsorten und die Geschichte des Weinbaus. @ fud584

Achkarren verfügt neben den Lössböden über verwitterten Vulkanboden und gehört

Lösshohlweg am Kaiserstuhl

dadurch zu den deutschen Spitzenweinlagen. Die Winzergenossenschaft Achkarren und die örtlichen Weingüter sind vor allem für ihre Ruländer und besonderen Grauburgunder Weine bekannt.

10 Ihringen

Vorwahl: 07668

Kaiserstuhl Touristik e.V., Bachenstr. 38, ☎ 9343, @ dln252

Heimatmuseum, Bachenstr. 42, ☎ 5763, ☎ 9343 ☺☺ Neben allerlei Raritäten geben Gerätschaften aus Haushalt und Landwirtschaft einen Einblick in das typische, früher oft ärmliche Leben eines Weinbauers. @ nmr211

Eisbirken im Arboretum Liliental

Evangelische Kirche, Am Kirchpl. ⓝ Die Kirche wurde in den Jahren 1874 bis 1877 erbaut und erhielt während einer Renovierung im 20. Jh. eine moderne künstlerische Ausgestaltung von dem Glasmaler Valentin Peter Feuerstein aus Neckarsteinach und Prof. Walter Schelens aus Freiburg. Von der Vorgängerkirche ist noch der Taufstein aus dem 17. Jh. erhalten. @ ilj414

Naturzentrum Kaiserstuhl, Bachenstr. 42, ✆ 710880. Als zentrale Informationsstelle für die Natur, Geologie und Kulturgeschichte des Kaiserstuhls erwarten Sie kompakte Ausstellungen mit geologischen und mineralogischen Exponaten, ein Geländemodell, ein reichhaltiges Exkursionsprogramm u.v.m. @ gwo784

- ⬛ **Duft- und Kräutergarten**, Riedengartenstr. 4 ⏰ Über 60 Pflanzenarten, ein Beerenpfad und Obstbäume erwarten Sie.

- ⬛ **Forstliches Arboretum Lilienthal**, Lilienhof 7 ⏰ Botanische Raritäten wie der Mammutbaumwald, japanische Kirschen und Eisbirken sowie eine besondere Stauden- u. Orchideenflora verleihen dem forstlichen Kleinod einen exotischen Charakter. @ ccq634

- ⬛ **Vulkanfelsgarten Rundweg**, Ihringer Winklerberg, Start ist nach dem Ihringer Baggersee. Bunte Lavaströme aus Tephrit mit Olivin-Einschlüssen, Mauereidechsen und Feigenkakteen begleiten Sie entlang des 2,4 km langen Rundweges. Während Sie 15 Mio. Jahre Erdgeschichte entdecken, sollten Sie gut zu Fuß sein. Tipp: Der Weg ist am Nachmittag voll besonnt, am Vormittag kühler. @ gdb632

- ⬛ **Wendelin Wiedehopf durch den Weinberg**, Schlichteng. ⏰ Auf der 2 km langen Schatzsuche zu den tiefsten Hohlwegen und Lösskellern in den Weinbergen gibt es spannende Rätsel zu lösen, einiges zu fühlen, zu hören und zu entdecken. @ ikp453

- ✉ **Kaiserstuhlbad**, Sportzentrum Nachtwaid 1, ✆ 9529612, @ jiq352

Breisach am Rhein

s. S. 111

Tour 14   Tuniberg-Tour   35,7 km

HM/km: ↗ **3,3** (117m) ↘ **3,3** (117m)   **Radweg: 47 %**   **Unbefestigt: 0 %**   **Verkehr: 4 %**

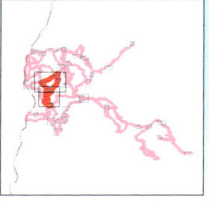

Entlang der Radtour umrunden Sie den kleinen Bruder des Kaiserstuhls, den Tuniberg. Die Tour startet in Gottenheim und führt nördlich nach Bötzingen, dem Tor zum Naturgarten Kaiserstuhl. Durch Felder und Wiesen radeln Sie über Wasenweiler nach Ihringen. Ein kurzer Abstecher ins Liliental mit seinen botanischen Raritäten und eindrucksvollen Mammutbäumen ist ein Muss. Die Route führt gemütlich am Kaiserstuhlbad vorbei, das neben dem Rimsinger Baggersee in den Sommermonaten zum Abkühlen einlädt. Entlang der Weinbaugemeinden im Dreiländereck, Merdingen, Niederrimsingen und Oberrimsingen, die für ihre Qualitätsweine bekannt sind, sollten Sie etwas Zeit für eine Keller- und Weinbergbesichtigung mit anschließender Verkostung einplanen.

Gestärkt überqueren Sie mit einigen Anstiegen von Munzigen den Tuniberg, der tolle Ausblicke auf die Rheinebene, die Vogesen und den Schwarzwald bietet.

Charakteristik

Start/Ziel: Gottenheim
An- und Abfahrt: PKW: Autobahn A 5, Ausfahrt 62, weiter B 31 Richtung Umkirch/Breisach. Bahn: Von Freiburg mit der Breisgau-S-Bahn bis Gottenheim.
Wegbeschaffenheit: asphaltierte Radwege, Straßen und Güterwege
Verkehr: geringes Verkehrsaufkommen
Beschilderung: regionale Beschilderung
Steigungen: Von Munzingen gilt es eine stärkere Steigung auf den Tuniberg zu bewältigen.
Anschlusstour(en): 7

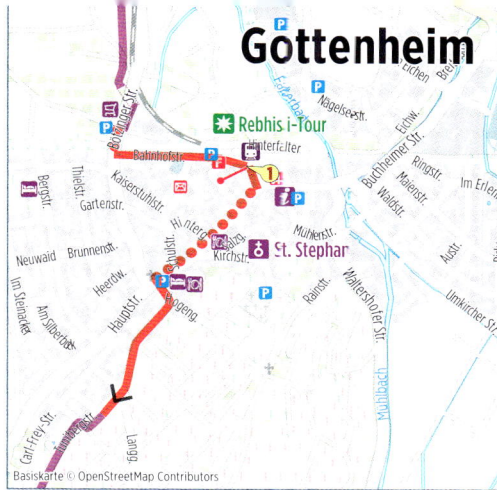

Gottenheim

1 Gottenheim

Vorwahl: 07665

- 🛈 **Gemeinde Gottenheim**, Haupt-str. 25, ✆ 98110, @ bkm758
- 👁 **St. Stephan**, Kirchstr. Die Kirche St. Stephan ist das weithin sichtbare Wahrzeichen von Gottenheim und ist mit Statuen und Gemälden von bester künstlerischer Qualität ausgestattet.
- ✚ **Rebhisli-Tour.** Der 5,8 km lange Rundkurs durch die Rebfluren des alten Rebberges führt direkt an den traditionellen „Rebhisli" vorbei. Start ist am Bahnhof. @ ncd444

2 Bötzingen

Vorwahl: 07663

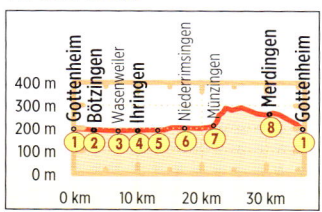

- 🛈 **Gemeinde Bötzingen**, Hauptstr. 1, ✆ 931013, @ tsp242
- 🏛 **Oldtimer-Museum**, Gottenheimer Str. 16, ✆ 0171/5318264 🄯 🄯 Das kleine private Oldtimer-Museum mit Raritäten aus den 1920er bis 1980er Jahren, alten Radios, Musiktruhen und Werbeschildern, vermittelt einen Einblick in die Automobilgeschichte. @ wuk31?
- 👁 **St. Laurentius**, Sieglestr. 4, ✆ 1594. Die Pfarrkirche mit mächtigem, asymetrischem Wehrturm wurde

erstmals 1275 urkundlich erwähnt und ist das älteste Bauwerk von Bötzingen. @ nax328

🅱 **Pestkapelle St. Alban**, Kapellenweg. In der spätgotischen Kapelle befinden sich wertvolle Fresken und Wandmalereien aus der Erbauungszeit (1473 - 1481)

✳ **Erlebnispfade**, Hauptstr. 11, ☎ 93100. Der Weinlehrpfad, Brunnenpfad, Schambach-Erlebnispfad und ein Walderlebnispfad lassen Sie die Natur, das Element Wasser und die Geschichte des Ortes auf abwechslungsreiche Art und Weise entdecken. @ aky677

✉ **Freibad Bötzingen**, Im Ried, ☎ 949972, @ cyg722

3 Wasenweiler (Ihringen)

Vorwahl: 07668

✳ **Weinhaus Wasenweiler Winzer**, Raiffeisenstr. 6, ☎ 908890. Weinproben, Traktorfahrt, Keller- u. Weinbergsführungen. @ uuc237

Neunkirch (Ihringen)

🅱 **St. Vitus**, Hauptstr. 71. Erstmals im 13. Jh. urkundlich erwähnt, ist die heutige Fried-

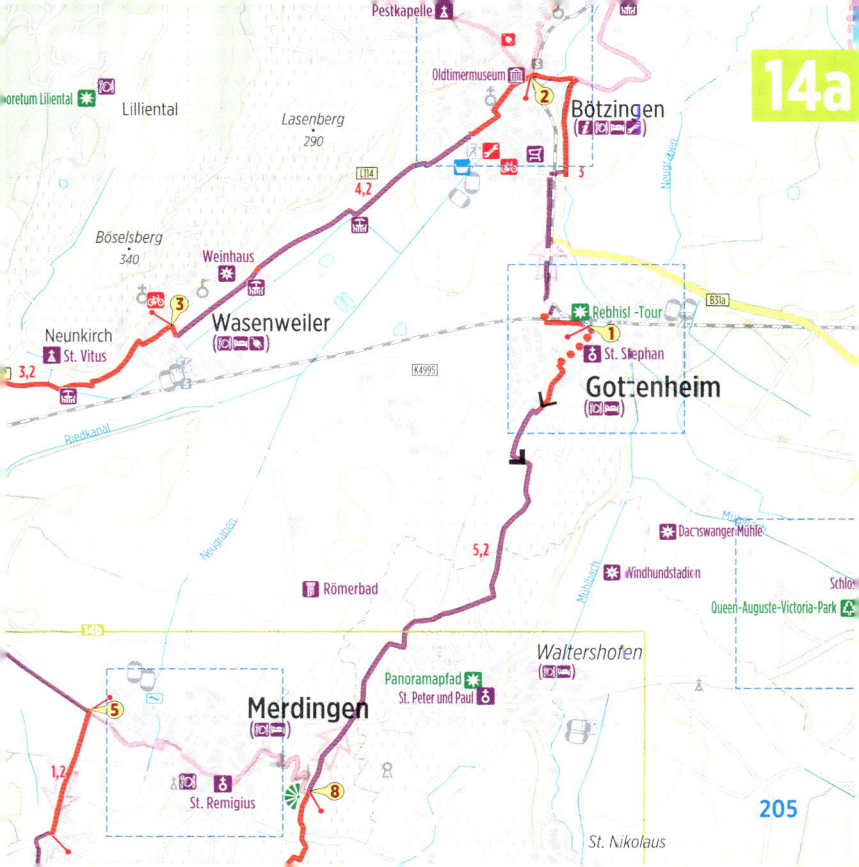

14a

Pestkapelle

Oldtimermuseum ② Bötzingen

oretum Liliental
Liliental

Lasenberg
290

L114
4,2

3

Böselsberg
340

Weinhaus

3

Wasenweiler

Neunkirch
St. Vitus

3,2

Riedkanal

B31a

Rebhisl -Tour
①
St. Stephan

Gottenheim

K4995

5,2

Dachswanger Mühle

Römerbad

Windhundstadion

Queen-Auguste-Victoria-Park

146

Waltershofen

Panoramapfad
St. Peter und Paul

5

Merdingen

1,2

St. Remigius

8

Schlo

St. Nikolaus

hofskapelle kunstgeschichtlich bekannt für ihre mittelalterlichen Wandgemälde und das Sixt von Staufen zugeschriebene Altarretabel.

4 Ihringen s. S. 199

5 Merdingen

Vorwahl: 07668

8 St. Remigius, Kirchg. 2, ☎ 241. Die spätbarocke Pfarrkirche (1738 - 1741) des Deutschordensbaumeisters Johann Kaspar Bagnato gehört mit der Innenausstattung zu den schönsten Barockkirchen in Südbaden. @ eeb154

Römerbad, Wasenweiler Str. Archäologische Funde von Mauerresten vermitteln einen Einblick in eines jener Bäder, wie sie hier überall betrieben wurden. @ rpu342

Traditionelles „Rebhisli" in den Weinbergen am Kaiserstuhl

* **Historischer Ortskern**. Im Jahre 1754 wurde Merdingen als eines der größten Dörfer im Breisgau beschrieben. Die historischen Gebäude, Fachwerkbauten und der Marktbrunnen im Ortskern zeugen von der gewerblichen und bäuerlichen Vergangenheit, die im 18. Jh. eine Blütezeit erlebte.
* **Winzer & Weinbaubetriebe**, Stockbrunneng. 4, ☎ 9954980. Viele Weingüter bieten Kellerbesichtigungen, Weinbergführungen, Weinproben u.v.m an. @ tnf741

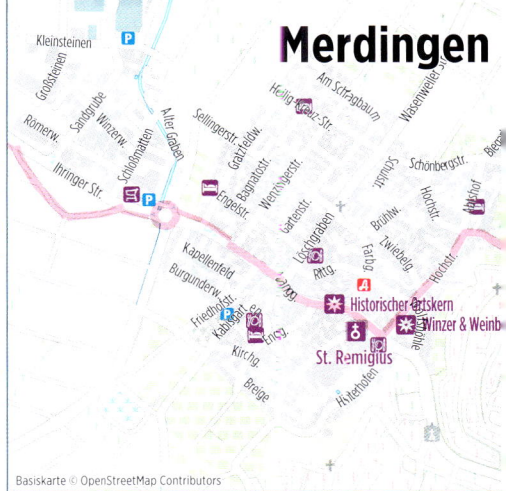

Merdingen

Basiskarte © OpenStreetMap Contributors

Niederrimsingen (Breisach am Rhein)

* **St. Laurentiuskirche**, Kirchstr. Der Turm mit den beiden Arkadengeschossen aus der Mitte des 11. Jhs. zählt zu den Ältesten der Oberrheinlandschaft. Die Kirche selbst wurde nach einem Dorfbrand zwischen 1480 und 1500 erneuert und im 18. Jh. erfolgte ein barocker Umbau.
* **Attilafelsen**. Von der Weinlage „Attilafelsen" genießen Sie einen herrlichen Blick über die Rheinebene und auf den Rimsinger Baggersee.

* **Rimsinger Baggersee**

Niederrimsingen, die kleinste Weinbaugemeinde am Tuniberg, liegt am Südwesthang im sogenannten Dreiländereck - Frankreich, Schweiz, Deutschland. Nicht zuletzt die günstige Weinlage am sagenumwobenen „Attilafelsen", wo immer wieder mal das Grab vor. Attila dem

Hunnenkönig gefunden worden sein soll, haben den 120 Meter hohen und 10 Kilometer langen Bergrücken bekannt gemacht. Auch der Ort ist weit über seine Grenzen hinaus für den hohen Qualitätsstandard seiner Weine bekannt, was zahlreiche Prämierungen belegen.

6 Oberrimsingen (Breisach am Rhein)

Vorwahl: 07664

6 🏛 Schloss Rimsingen, Bundesstr. 44, ✆ 3135. Der Gutshof von 1626 wurde im 18. Jh. unter Freiherr Franz Anton Marquard von Falkenstein zu einer Schlossanlage im Stil des französischen Frühklassizismus ausgebaut. Nach einigen Besitzerwechseln wurde das seit 1985 in Besitz der Familie Hosp befindliche Anwesen saniert und eine Kunstgalerie und Kleinkunstbühne eingerichtet. @ aqt556

7 Munzingen (Freiburg im Breisgau)

8 St. Stephan, St.-Erentrudis-Str. 35. Der Turm und der Chor sind noch Zeugnisse der mittelalterlichen Baukunst. Im Jahre 1747 wurde die Kirche vergrößert und barock umgestaltet. Namhafte Künstler und Handwerker beteiligten sich an der Ausschmückung des Kircheninneren.

7 Erentrudiskapelle. Die Kapelle wurde Anfang des 18. Jhs. auf älteren Grundmauern erbaut und gilt als Wahrzeichen des Tunibergs.

6 Schloss Munzingen, Schlossbuck. Das Schloss wurde 1672 von dem österreichischen Botschafter Johann Friedrich von Kageneck im Renaissance-Stil erbaut. Während des Österreichischen Erbfolgekrieges belagerten die Franzosen 1744 Freiburg und die Kagenecks flohen in die Schweiz. Die Gräfliche Familie hat das Anwesen nach mehrmaligen Zerstörungen immer wieder aufgebaut, umgestaltet und renoviert.

Stadtplan s. S. 252

8 Von dem Rastplatz offenbart sich ein herrlicher Blick auf Merdingen und die Rheinebene.

Waltershofen (Freiburg im Breisgau)

8 St. Peter und Paul, Spielhöfe 4, ✆ 0761/6431. Die klassizistische Kirche

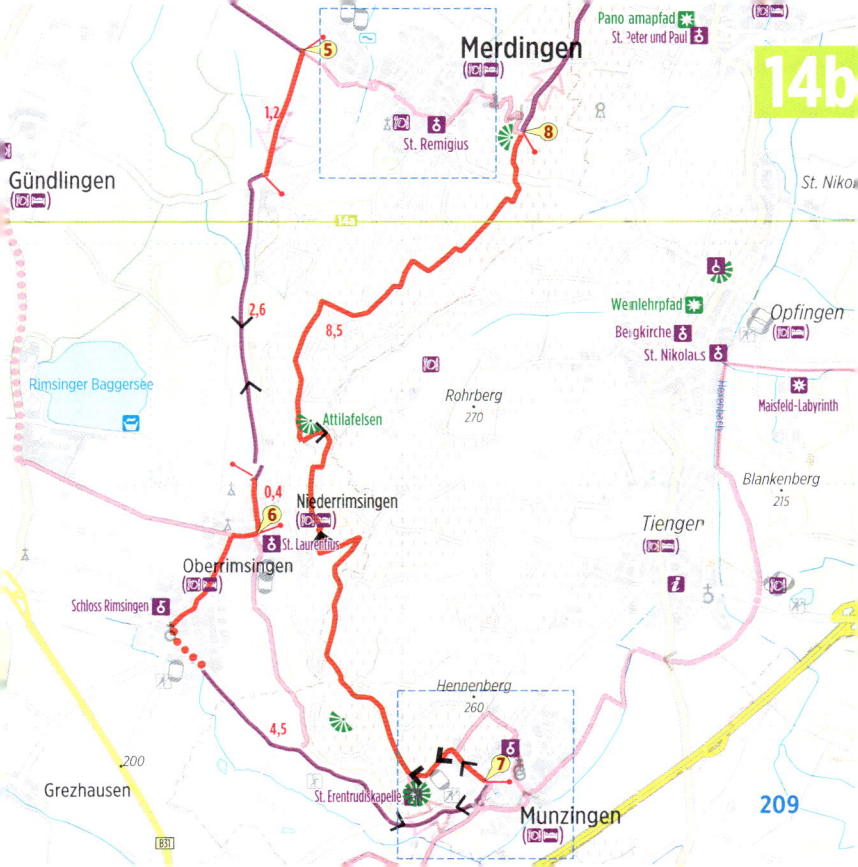

14b

Merdingen

Panoramapfad
St. Peter und Paul

St. Niko

Gündlingen

14b

Opfingen

Weinlehrpfad
Bergkirche
St. Nikolaus

Maisfeld-Labyrinth

Rimsinger Baggersee

Rohrberg
270

Attilafelsen

Blankenberg
215

Niederrimsingen

Tienger

St. Laurentius

Oberrimsingen

Schloss Rimsingen

Hengenberg
260

Grezhausen

St. Erentrudiskapelle

Munzingen

1,2

2,6

8,5

0,4

4,5

5

8

6

7

wurde in den Jahren 1816 bis 1819 im Weinbrenner-Stil erbaut. Die Orgel (1892) stammt von dem Freiburger Orgelbaumeister August Merklin. @ moc633

✳ **Windhundstadion,** ✆ 07668/99512930. Auf dem Gelände der Rennbahn lernen Sie bei verschiedensten Veranstaltungen die Faszination Windhund kennen. Ein öffentliches Training findet in der Saison am Sonntag statt, Termine der öffentlichen Rennen lt. Terminkalender. @ bae273

✳ **Panoramapfad „Wein - Natur - Landschaft",** Benleweg. Auf dem 9 km langen Panoramapfad begleiten Sie neben 15 informativen Thementafeln ein Weinsortengarten, ein Wildbienenhotel und themenbezogene Holzskulpturen des Freiburger Holzkünstlers Thomas Rees. Die Kulturlandschaft rund um den Tuniberg ist geprägt von Wein, Natur und herrlichen Aussichten auf Schwarzwald, Kaiserstuhl, Vogesen, Oberrheintal und die Freiburger Bucht.

Der Ort Waltershofen mit rund 2.200 Einwohnern ist geprägt vom Wein- und Spar-

gelanbau. Die fruchtbaren Lössböden und das südliche Klima am sonnenverwöhnten Tuniberg schaffen dafür beste Voraussetzungen. Vier Weingüter und zahlreiche Nebenerwerbswinzer produzieren Weine mit besonderer Güteklasse, wie die zahlreichen Prämierungen und Auszeichnungen der Burgundersorten bestätigen.

Archäologische Funde und Hinweise auf eine alemannische Ausbausiedlung deuten auf eine sehr frühe Siedlungsgeschichte im 7./8. Jahrhundert hin. Die erste urkundliche Nennung Waltershofens datiert aus dem Jahr 1139. Das Dorf gehörte während des Mittelalters dem Kloster St. Märgen und musste wegen Verarmung des Klosters Ende des 15. Jahrhunderts verkauft werden. Wechselnde Adelsfamilien herrschten über den Ort bevor er 1806 an das Land Baden fiel. Der Ort Waltershofen wurde 1972 nach Freiburg eingemeindet und behielt dennoch eine eigene Ortsverwaltung, die die Geschicke der Ortschaft mitbestimmt.

Gottenheim s. S. 203

Rast in den Weinbergen

Tour 15   Auf dem Markgräfler Radwanderweg

23,9 km

HM/km: ↗ **3,8** (90m)   ↘ **3,1** (74m)   Radweg: 27 %   Unbefestigt: 4 %   Verkehr: 3 %

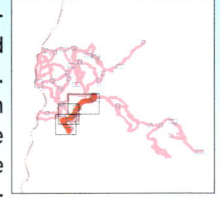

Die Route startet am Hauptbahnhof und führt über Wiehre und St. Georgen nach Schallstadt. Nach einem Anstieg erreichen Sie das idyllisch in einer Talmulde gelegene Ebringen. Weinberge und der sich durchs Tal schlängelnde Duffernbach begleiten Sie auf der hügeligen Etappe in die Winzergemeinden Pfaffenweiler und Ehrenkirchen. Auf den nächsten Kilometern radeln Sie gemütlich zum Kurort Bad Krozingen. Die geographisch reizvolle Lage zwischen den Weinreben des Kaiserstuhls, den Erdbeer- und Spargelfeldern der Rheinebene und den Höhen des Schwaldwaldes verbunden mit der Nähe zu Freiburg, bietet hier höchste Lebensqualität. Neben Kur und Wellness in den warmem Heilquellen ziehen kulturelle Veranstaltungen jedes Jahr tausende Besucher an. Entlang des Flusses Neumagen erreichen Sie Ihr Etappenziel, die Fauststadt Staufen am Ausgang des Münstertals.

Charakteristik

Start: Freiburg im Breisgau

Ziel: Staufen im Breisgau

Abreise: Regionalbahn bis Freiburg

Wegbeschaffenheit: asphaltiert/befestigt

Verkehr: stärkeres Verkehrsaufkommen in Bad Krozingen

Beschilderung: regionale Beschilderung

Steigungen: hügeliger Verlauf

Anschlusstour(en): 16

Ebringen mit Blick auf das Schloss und St. Gallus und Otmar

1 **Freiburg im Breisgau** s. S. 19

2 **Wiehre** (Freiburg im Breisgau)

Vorwahl: 0761

✳ Wasserschlössle, Waldseestr. Vorbild für die Gestaltung des Hochbehälters war ein Freiburger Stadtsiegel aus dem Jahr 1245, das auch die Kanaldeckel in der Altstadt sowie die Amtskette des Oberbürgermeisters ziert. Von hier haben Sie einen herrlichen Blick auf die Altstadt und das Freiburger Münster. @ vjb756

✉ **Lorettobad**, Lorettostr. 51a, ✆ 2105570, @ jnm866

Vauban (Freiburg im Breisgau)

3 **St. Georgen** (Freiburg im Breisgau)

Vorwahl: 0761

✳ Wein- und Geschichtslehrpfad, Wendlinger Str. 23. Begleitet von 26 Informationstafeln erfahren Sie auf dem 4 km langen Pfad durch die Weinberge Wissenswertes über die Arbeit der Winzer, die Reben und die Geschichte des örtlichen Weinbaus. @ ybb582

- ⬛ **Freibad St. Georgen**, Am Mettweg 42, ✆ 2105580, @ qvt466
- ⬛ **Keidel Mineral-Thermalbad,** An den Heilquellen 4, ✆ 2105850, @ hca178

Wolfenweiler (Schallstadt)

Vorwahl: 07664

- ⬛ **Gemeinde Schallstadt**, Kirchstr. 16, ✆ 61090, @ rfd773

Schallstadt

4 Ebringen

Vorwahl: 07664

- ⬛ **Zum Hl. Trudpert**, Berghauser Kapelle 1. Die 1748 errichtete Kapelle war Schauplatz des deutschen Spielfilms „Jesus liebt mich" (2012). Neben der Kapelle befindet sich eine kleine Eremitage und der Innenraum ist im Stil des Rokoko geschmückt. @ ytx717
- ⬛ **Schloss Ebringen**, Schlosspl. Ein Kellergewölbe aus dem 15. Jh. erinnert an den

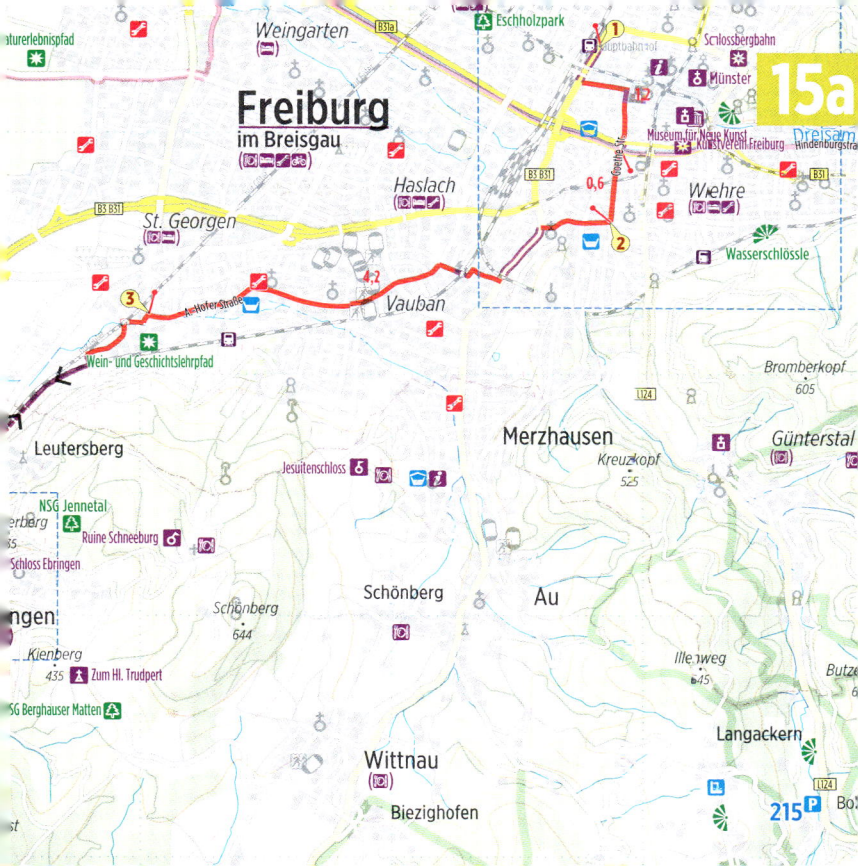

Freiburg
im Breisgau

Weingarten

Eschholzpark

Schlossbergbahn

Hauptbahnhof

Münster

Museum für Neue Kunst
Kunstverein Freiburg

Hinderburgstra

Dreisam

Haslach

15a

Wiehre

0,6

Wasserschlössle

4,2

Vauban

A.-Hofer-Straße

St. Georgen

B3 B31

Wein- und Geschichtslehrpfad

Bromberkopf
605

Merzhausen

Kreuzkopf
525

Günterstal

Leutersberg

NSG Jennetal

Jesuitenschloss

erg

Ruine Schneeburg

Schloss Ebringen

Schönberg
644

Schönberg

Au

ngen

Kienberg

Zum Hl. Trudpert

Illeweg
45

Butze

Bo

SG Berghauser Matten

Langackern

Wittnau

215

Biezighofen

st

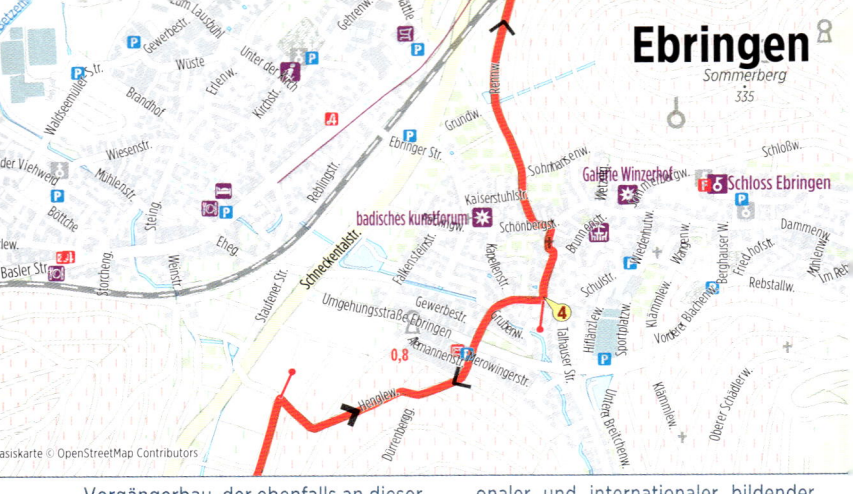

Vorgängerbau, der ebenfalls an dieser exponierten Stelle errichtet worden war. Die heutige Anlage wurde von 1711-13 erbaut und dient als Rathaus. @ fvy246

- **Schneeburg.** In der Ruine aus dem 13. Jh. sind Überreste des Wohngebäudes und des Bergfrieds erhalten. @ jou752
- **badisches kunstforum,** Schönbergstr. 11, ✆ 600460 ☺ ☺ Ausstellungen von natio-

naler und internationaler bildender Kunst. @ ggu512

- **Galerie Winzerhof Ebringen,** Sommerbergweg 1, ✆ 6350 ⌂ Künstler präsentieren ihre Werke in mehrwöchigen Ausstellungen. @ mjv468
- **NSG Berghauser Matten.** Das Naturschutzgebiet rund um den Schönberg bietet nicht nur eine weitläufige Aussicht über die Rheinebene, sondern beein-

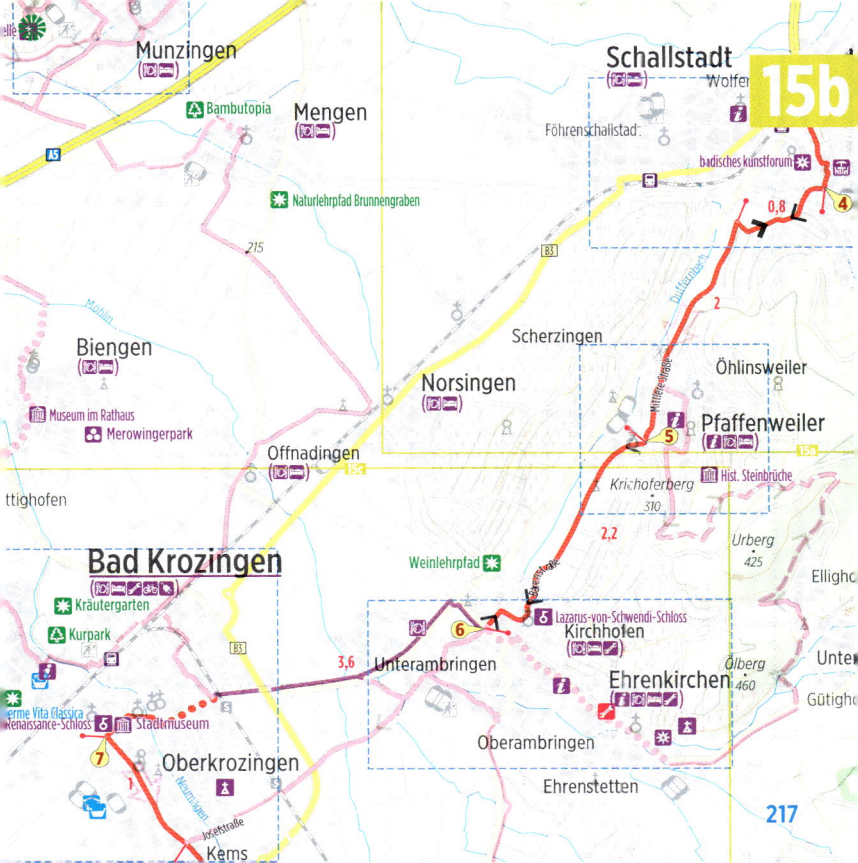

Munzingen

Mengen

Bambutopia

Naturlehrpfad Brunnengraben

215

Biengen

Museum im Rathaus

Merowingerpark

Offnadingen

Norsingen

Scherzingen

Schallstadt

Wolfer

15b

Föhrenschallstad

badisches kunstforum

0,8

4

2

Öhlinsweiler

Pfaffenweiler

5

Krichoferberg
310

Hist. Steinbrüche

Urberg
425

2,2

Ellighc

ttighofen

Bad Krozingen

Kräutergarten

Kurpark

Weinlehrpfad

Lazarus-von-Schwendi-Schloss

Kirchhofen

6

3,6

Unterambringen

Ehrenkirchen

Ölberg
460

Unter

Gütigh

erme Vita Classica

Renaissance-Schloss

Stadtmuseum

7

Oberkrozingen

1

Oberambringen

Ehrenstetten

Kems

217

druckt auch durch die alljährliche Kirschblüte von über 500 Bäumen. @ eif856

🅰 **NSG Jennetal**. Die hier entstandene wärmeliebende Flora ist bekannt für ihren
Pflanzenreichtum, besonders sehenswert
ist im Mai und Juni das Reservat aus
wilden Orchideen.

TIPP
Der Ort Pfaffenweiler ist für sein jährlich im
September stattfindendes Schneckenfest
bekannt, bei dem Höfe und Keller einheimi-
sche Weine und traditionelle Küche anbieten.
Neben der Vorstellung eines Traditionshand-
werks gibt es auch Schnecken zu verkosten.

5 Pfaffenweiler

Vorwahl: 07664

🅑 **Gemeinde Pfaffenweiler**, Rathausg. 4,
✆ 97000, @ vhg456

▥ **Dorfmuseum**, Rathausg. 4, ✆ 97000,
✆ 970016. Neben den Ausstellungen über
den Weinbau und die Steinhauerei greifen Wechselausstellungen Themen der
Ortsgeschichte, des Vereinslebens und
der Sozialgeschichte auf. Zum Dorfmuseum gehören: das Freilichtmuseum,
die historischen Steinbrüche mit Schmiede, das historische Rebgrundstück, der
Kräutergarten und die Schusterwerkstatt.
@ uff342

▥ **Freilichtmuseum Historische Steinbrüche**, Schützenhausweg, am Dürrenberg,
✆ 97000. Zwei Steinbrüche, in denen bis
nach dem Zweiten Weltkrieg der gelbliche Kalksandstein abgebaut wurde, sind
nach historischem Vorbild zu einem Freilichtmuseum umgestaltet worden.
@ hbn788

🅱 **St. Columba**, Kirchstr. Die ältesten noch
erhaltenen Bauteile stammen aus dem
14. Jh. Die heutige Gestalt erhielt die
Pfarrkirche bei ihrer letzten Renovierung
und Erweiterung in den 1980er Jahren.
Dabei gelang dem Bildhauer Helmut Lutz
eine harmonische Verbindung der unterschiedlichen Baustile. @ boe185

✳ **Dorflehrpfad**, Rathausg. 4. Entlang des
beschilderten Dorflehrpfades zu den
schmucken, historischen Kleinoden erfahren Sie Interessantes über die Dorfgeschichte. Start ist beim Rathaus.
@ dbe238

✳ **Ehem. Gemeinde- und Trink-stube**, Weinstr. 39. Der imposante Bau mit seinen Staffelgiebeln zählt zu den prunkvollsten Stubenhäusern der Region. Am Giebel ist das Wappen des Ortsherrn von Staufen und am Erker das Baudatum 1575 zu erkennen. Heute wird in dem Haus ein Sterne-Restaurant betrieben.

6 Kirchhofen (Ehrenkirchen)
Vorwahl: 07633

♿ **St. Mariä Himmelfahrt**, Lazarus-Schwendi-Str. Die barocke Wallfahrtskirche thront weithin sichtbar über dem Dorf und blickt auf eine über 600-jährige Geschichte zurück. Nach der Zerstörung im Dreißigjährigen Krieg erneuerten im 18. Jh. namhafte Künstler die Kirche in zwei Etappen und schufen ein Gesamtkunstwerk, in dem Spätgotik und Barock eine harmonische Verbindung eingehen. @ cmv274

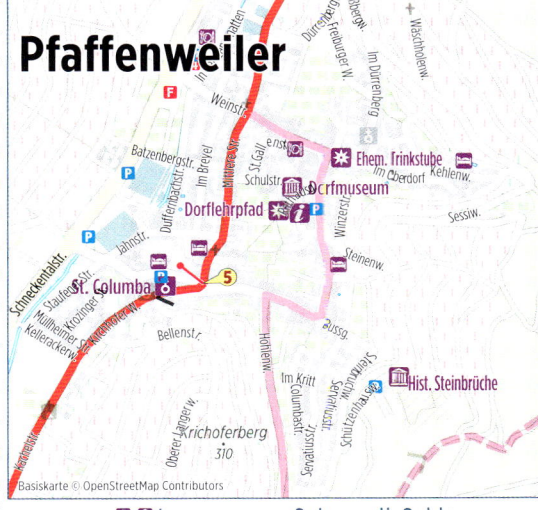

Basiskarte © OpenStreetMap Contributors

♿ 🏛 **Lazarus-von-Schwendi-Schloss**, Schlossstr. 7, ☏ 8040. Das ehem. Wasserschloss aus dem 13. Jh. beherbergt neben Schulräumen und Wohnungen ein kleines Museum zur Erinnerung an Lazarus von Schwendi, Reichsfreiherr von Hohenlandsberg.

219

Therme Vita Classica in Bad Krozingen

✳ **Weinlehrpfad**, Batzenberg, ☎ 8040. Der 5 km lange Pfad erläutert auf 36 Infotafeln die Weinwirtschaft, die Rebflurbereinigung und die typischen Rebsorten des Batzenberges.

Ehrenkirchen
Vorwahl: 07633

🅸 **Rathaus Ehrenkirchen**, Jengerstr. 6, ☎ 8040, @ aqo161

🅸 ✳ **Ölbergkapelle**, Ölbergw. Ⓡ Die Kapelle wurde 1954 zum Gedenken an die gefallenen Soldaten der beiden Weltkriege erbaut. Von hier genießen Sie eine herrliche Aussicht zum Staufener Burgberg, in die Rheinebene bis zu den Vogesen im Elsass und ins Hexental.

✳ **Erlebnispfade**, Parkpl. Süd, ☎ 8040. Die besonderen Zeugnisse der Geschich-

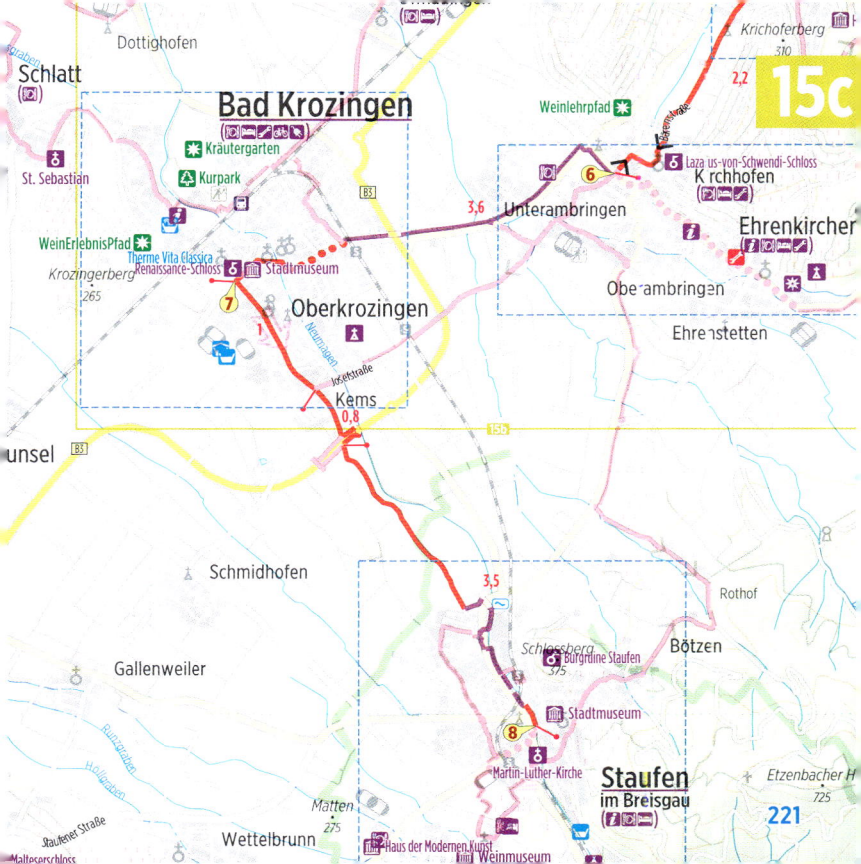

Schlatt
Dottighofen
St. Sebastian
WeinErlebnisPfad
Krozingerberg 265
Kräutergarten
Kurpark
Therme Vita Classica
Renaissance-Schloss
Bad Krozingen
Oberkrozingen
Naumagen
Josfstraße
Kems

Stadtmuseum
Krichoferberg 310
Weinlehrpfad
Unterambringen
Lazarus-von-Schwendi-Schloss
Kirchhofen
Ehrenkircher
Oberambringen
Ehrenstetten

Schmidhofen
Gallenweiler
Wettelbrunn
Matten 275
Rothof
Schlossberg
Burgruine Staufen 375
Bötzen
Stadtmuseum
Martin-Luther-Kirche
Staufen
im Breisgau
Haus der Modernen Kunst
Weinmuseum
Etzenbacher H 725

15c

2,2

3,6

1

0,8

3,5

6

7

8

te - Steinzeitmenschen, mittelalterliche Bergleute, Kelten u. Alemannen - kann man auf dem Steinzeit-, dem Bergbau- und dem Archäologiepfad entdecken. @ url187

Stadtplan   s. S. 235

7 Bad Krozingen

Vorwahl: 07633

🛈 **Tourist-Information Bad Krozingen**, Herbert-Hellmann-Allee 12, ✆ 4008163, ✆ 4008164, @ kxj868

🏛 **Stadtmuseum im Litschgihaus**, Basler Str. 10, ✆ 407167 ⌇ Im Barockgebäude aus dem 17. Jh. werden zahlreiche römische Funde der archäologischen Ausgrabungen gezeigt. Einen Streifzug durch die mehr als 1.200-jährige Stadtgeschichte dokumentieren stein- und bronzezeitliche Funde und wertvolle Grabbeigaben. Eine Etage widmet sich der lettischen Autorin Zenta Maurina, dem literarischen und parapsychologischen Werk Konstantin Raudives und dem Leben und Wirken des Geistlichen Pater Marquard Herrgott, @ jgc484

222

🛆 **Glöcklehofkapelle**, Staufener Str. 74. Die romanische Kapelle (10./11. Jh.) ist Teil einer mittelalterlichen Hofanlage und birgt romanische und barocke Fresken, darunter eine der ältesten Christusdarstellungen nördlich der Alpen. @ lme833

🛆🏛 **Renaissance-Schloss**, Am Schlosspark 7, ✆ 3700, ✆ 407164 ⌇⌇ Das Schloss wurde im Jahre 1579 als Propstei des Klosters St. Blasien erbaut. Durch Umbau- und Erweiterungsarbeiten im Jahr 1748 wurde die Fassade dem zeitgemäßen Barock angepasst, das Innere dagegen wurde im Stil des Rokoko gestaltet. Die schlicht anmutende Kapelle hat eine reiche Rokoko-Ausstattung. Heute befindet sich das Schloss im Privatbesitz der Familie von Gleichenstein. Die Anlage ist berühmt für die Schlosskonzerte, bei der historische Tasteninstrumente aus dem 16.-19. Jh. zum Einsatz kommen. Die Sammlung der ca. 50 Tasteninstrumente kann im Rahmen der Konzerte bei einer Führung besichtigt werden. @ oog823

Burgruine Staufen

Römischer Steinkeller, Im Sinnighofen ㉔ Der Steinkeller war Teil eines repräsentativen Wohnhauses und diente der kühlen Vorratshaltung von Lebensmitteln. Die Reste aus dem 3. Jh. n. Chr. geben einen Einblick in die römische Bauweise.

Übungsgolf-Anlage, Im Sinnighofen 8c, ✆ 4008164 ⑯ Rasengolf und Minigolf werden auf 14 Bahnen mit 8 m bis 16 m Länge verbunden. Ein Café am See und eine Aussichtsplattform laden zum Beobachten und Verweilen ein. @ bkf277

Kurpark, Am Kurpark 1, ✆ 4008163. Der großzügig angelegte Park erstreckt sich auf über 40 ha. Mit See, Übungsgolfanlage, Café und Kinderspielplatz. @ nqe675

223

🔲 **Duft- und Kräutergarten**, Am Kurpark 1, 📞 4008163 @ Neben knapp 500 Pflanzenarten begeistern ein Bienenhaus u. -lehrpfad, ein Biotop und mystische Holzfiguren mit einer Vielfalt an Fauna und Flora inmitten des Kurparks. @ adq385

🔲 **WeinErlebnisPfad**, Thermenallee, 📞 4008164. Die 5 km lange Genusswanderung durch die Reblandschaft vermittelt Interessantes über die Geschichte, Biologie, Gesundheit und Kulinarisches im Zusammenhang mit den Weinen der Region. Start ist am Wohnmobilplatz am Rebberg. @ skg363

🔲 **„aquarado" Freizeitbad**, Schwimmbadstr. 20, 📞 4008510, @ nsx128

🔲 **Therme Vita Classica**, Thürachstr. 4, 📞 4008140. Mit Saunaparadies. @ vvx447

Seit 1911 sprudeln hier im Markgräflerland, am Rand des Schwarzwaldes, die heilkräftigen Mineral-Thermalquellen, die einen sehr hohen Kohlesäuregehalt aufweisen. Sie bilden heute die Grundlage für den lebendigen Kurort mit seinem umfangreichen kulturellen Angebot.

Stadtplan s. S. 239

8 Staufen im Breisgau

Vorwahl: 07633

ℹ️ **Tourist-Information**, Hauptstr. 53, 📞 80536, @ cod615

🏛 **Badisches Landesmuseum**, Hauptstr. 11, Außenstelle Südbaden, 📞 8064520 ♿ Umfangreiches Bildarchiv und Fachbibliothek mit ca. 40.000 Bänden zur Kulturgeschichte Badens. @ hoj215

🏛 **Haus der Modernen Kunst**, Ballrechter Str. 19, OT Grunern, 📞 929441, 📞 0170/9066253 ♿ Die Galerie K zeigt auf einer Ausstellungsfläche von 400 m² sowohl etablierte als auch junge Künstler der modernen und zeitgenössischen Kunst. @ kni431

🏛 **Keramik-Museum**, Wettelbrunner Str. 3, 📞 6721 ♿ Im ehem. Hafnerhaus wird die Töpfertradition der Stadt dokumentiert. @ mtc351

🏛 **Stadtmuseum**, Hauptstr. 53, im Rathaus, 📞 80536 ♿ Neben der Kulturgeschichte des historischen Rathauses (1564) wird die wechselvolle Geschichte Staufens, von der mittelalterlichen Fauststadt bis hin zu der 1848er-Revolution, dokumentiert. @ irf643

📖 **Stubenhaus**, Hauptstr. 54a, ✆ 80536 ☺ Die Dauerausstellung beschäftigt sich mit den wichtigsten Literaten der Stadt. @ bpc613

🏛 **Tango- und Bandoneo-Museum**, Grunerner Str. 1, im Kapuzinerhof, ✆ 82761 ☺ In der Sammlung der Familie Steinhart sind 450 Bandoneos und 3.500 Schellackplatten zu bestaunen. @ hqm336

🏛 **Weinmuseum**, Dorfstr. 22, ✆ 5288. Kleines privates Museum mit einer Baumtrotte von 1815. @ oeg612

⛪ **Martin-Luther-Kirche**, Münstertäler Str. 1. Das Gotteshaus wurde 1899 in neugotischem Stil erbaut. Im schlichten Inneren bilden die großen offenen Holzgurten einen schönen Kontrast zur weißen gewölbeartigen Decke.

🏰 **Burgruine Staufen**. Die Höhenburg wurde im 12. Jh. von den Herren von Staufen erbaut. Schwedische Truppen zerstörten die Anlage im Dreißigjährigen Krieg. Die Aussicht vom 375 m hohen Burgberg ist spektakulär. @ teq561

🎭 **Auerbachs Keller-Theater**, Auf dem Rempart 7, ✆ 500350, @ fiu243

✳ **Fark'sche Werkstatt**, Bahnhofstr. 10b, ✆ 8209472 ☺ Die fast vollständig erhaltene, 1892 gegründete, Maschinenbau- und Schlosserwerkstatt von Emil Fark ermöglicht einen Einblick in die Frühzeit des deutschen Maschinenbaus. @ feg875

✳ **Galerie Fluchtstab**, Kirchstr. 16, ✆ 82107 ☺ Die monatlich wechselnde Kunst im Schaufenster zeigt Werke zeitgenössischer Künstler. @ xdk223

✳ **Schwarzwälder Hausbrennerei Schladerer**, Schladererstr. 1, ✆ 83292 ☺☺ Bei Führungen und Verkostungen erhalten Sie Einblicke hinter die Kulissen der seit 1844 bestehenden Brennerei. @ lir583

📧 **Alemannenbad**, Albert-Hugard-Str. 30, ✆ 929301, ✆ 07655/9345815, @ amx675

Stadtplan s. S. 229

Tour 16
R6 Staufen – Bad Krozingen 18,6 km

HM/km: ↗ 7,2 (133m) ↘ 7,2 (133m)   Radweg: 28 %   Unbefestigt: 6 %   Verkehr: 6 %

Die Rundtour startet am Bahnhof von Staufen und führt zwischen Stadtsee und dem Fluss Neumagen in die historische Altstadt. Der sich steil erhebende Schlossberg dominiert den Blick am Ausgang des Münstertals, das hier direkt in die Rheinebene übergeht.

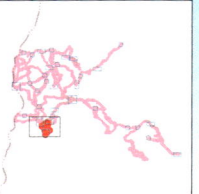

Südwestlich beginnt die Hügellandschaft des Markgräferlandes. Leicht bergab rollen Sie in Flussnähe durch die landwirtschaftlich geprägte Ebene nach Bad Krozingen. Nehmen Sie sich etwas Zeit und wandeln auf historischen und kulturellen Spuren durch die Stadt, oder gönnen Sie sich eine kleine Auszeit in dem weitläufigen Kurpark oder in der Therme. Das Panorama der bewaldeten Schwarzwaldhügel im Blick erreichen Sie Kirchenhofen und Ehrenkirchen. Entdecken Sie die historischen Spuren auf

den unterschiedlichen Erlebnispfaden oder genießen Sie ein Glas der prämierten Weine bevor es mit einem kurzen sportlichen Anstieg zurück nach Staufen geht.

Charakteristik

Start/Ziel: Staufen im Breisgau
An- und Abreise: PKW: A 5, Ausfahrt Bad Krozingen, weiter Richtung Münstertal. Bahn: ab Freiburg mit der Regionalbahn
Wegbeschaffenheit: asphaltiert/befestigt
Verkehr: ein kurzes Stück mit regerem Verkehrsaufkommen in Staufen
Beschilderung: R6, weiße Schrift auf grünem Schild
Steigungen: ein kurzer sportlicher Anstieg vor Bötzen
Anschlusstour(en): 15

Sonnenuntergang über Staufen

1 Staufen im Breisgau

Vorwahl: 07633

🛈 Tourist-Information, Hauptstr. 53, ✆ 80536, @ cod615

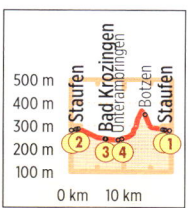

🏛 **Badisches Landesmuseum,** Hauptstr. 11, Außenstelle S ü d b a d e n, ✆ 8064520 ✉ Umfangreiches Bildarchiv und Fachbibliothek mit ca. 40.000 Bänden zur Kulturgeschichte Badens. @ hoj215

🏛 **Haus der Modernen Kunst,** Ballrechter Str. 19, OT Grunern, ✆ 929441, ✆ 0170/9066253 ✉ Die Galerie K zeigt auf einer Ausstellungsfläche von 400 m² sowohl etablierte als auch junge Künstler der modernen und zeitgenössischen Kunst. @ kni431

🏛 **Keramik-Museum,** Wettelbrunner Str. 3, ✆ 6721 ✉ Im ehem. Hafnerhaus wird die

Töpfertradition der Stadt dokumentiert. @ mtc351

🏛 **Stadtmuseum**, Hauptstr. 53, im Rathaus, ✆ 80536 ♿ Neben der Kulturgeschichte des historischen Rathauses (1564) wird die wechselvolle Geschichte Staufens, von der mittelalterlichen Fauststadt bis hin zu der 1848er-Revolution, dokumentiert. @ irf643

🏛 **Stubenhaus**, Hauptstr. 54a, ✆ 80536 ☺ Die Dauerausstellung beschäftigt sich mit den wichtigsten Literaten der Stadt. @ bpc613

🏛 **Tango- und Bandoneo-Museum**, Grunerner Str. 1, im Kapuzinerhof, ✆ 82761 ☺ In der Sammlung der Familie Steinhart sind 450 Bandoneos und 3.500 Schellackplatten zu bestaunen. @ hqm336

🏛 **Weinmuseum**, Dorfstr. 22, ✆ 5288. Kleines privates Museum mit einer Baumtrotte von 1815. @ oeg612

🛕 **Martin-Luther-Kirche**, Münstertäler Str. 1. Das Gotteshaus wurde 1899 in neugotischem Stil erbaut. Im schlichten Inneren bilden die großen offenen Holzgurten

228

einen schönen Kontrast zur weißen gewölbeartigen Decke.

🛕 **Burgruine Staufen**. Die Höhenburg wurde im 12. Jh. von den Herren von Staufen erbaut. Schwedische Truppen zerstörten die Anlage im Dreißigjährigen Krieg. Die Aussicht vom 375 m hohen Burgberg ist spektakulär. @ teq561

🎭 **Auerbachs Keller-Theater**, Auf dem Rempart 7, ✆ 500350, @ fiu243

✳ **Fark'sche Werkstatt**, Bahnhofstr. 10b, ✆ 8209472 ☺ Die fast vollständig erhaltene, 1892 gegründete, Maschinenbau- und Schlosserwerkstatt von Emil Fark ermöglicht einen Einblick in die Frühzeit des deutschen Maschinenbaus. @ feg875

✳ **Galerie Fluchtstab**, Kirchstr. 16, ✆ 82107 ☺ Die monatlich wechselnde Kunst im Schaufenster zeigt Werke zeitgenössischer Künstler. @ xdk223

✳ **Schwarzwälder Hausbrennerei Schladerer**, Schladererstr. 1, ✆ 83292 ☺☺ Bei Führungen und Verkostungen erhalten Sie Einblicke hinter die Kulissen der seit 1844 bestehenden Brennerei. @ lir583

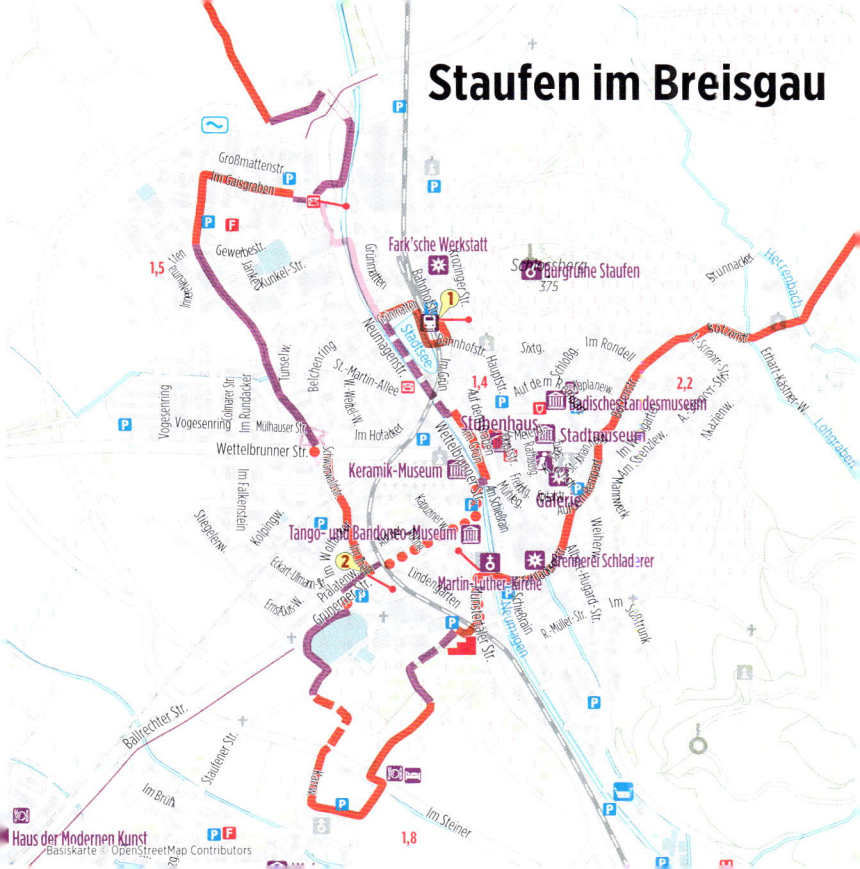

Staufen im Breisgau

Großmattenstr.

Im Gaisgraben

Gewerbestr.

Landenkunkel-Str.

1,5

Fark'sche Werkstatt

Schlossberg
Burg (Ruine Staufen)
375

Hettenbach

Grunmatten

Grunmatten

Neumagenstr.

Hauptstr.

Stadtsee

Bahnhofstr.

Grunacker

Enhart-Mainer-W.

Lohgraben

Sixtg.

Im Rondell

Kartaus-Str.

A.-Schneli-Str.

2,2

St.-Martin-Allee

Tunselw.

Belchenring

St.-M.-Weiler-W.

1,4

Auf dem Ri...

Neuplanew.

Badisches Landesmuseum

Vogesenring

Kolmarer Str.

Vogesenring

Mülhauser Str.

Im Hofacker

Stubenhaus

Stadtmuseum

Am Steinbew.

Wettelbrunner Str.

Schwarzwaldstr.

Keramik-Museum

Galerie

Im Falkenstein

Kolpingw.

Kanznew.

Im Mannwerk

Weiherw.

Brennerei Schladerer

Stiegelew.

Eckart-Ulman

Endtsw.

Tango- und Bandoneo-Museum

Lindenmatten

Martin-Luther-Kirche

R.-Müller-Str.

Im Schrunk

Grunernstr.

Prälaturstr.

Wettelbrunner Str.

Neuweg

Ballrechter Str.

Staufener Str.

Im Bruh

Im Steiner

1,8

Haus der Modernen Kunst

- ✉ **Alemannenbad**, Albert-Hugard-Str. 30, 📞 929301, 📞 07655/9345815, @ amx675

2 Nach dem Überqueren der Bahngleise folgen Sie dem straßenbegleitenden Radweg und biegen nach ca. 40 m rechts in den Radweg ab.

3 Bad Krozingen

Vorwahl: 07633

- 🛈 **Tourist-Information Bad Krozingen**, Herbert-Hellmann-Allee 12, 📞 4008163, 📞 4008164, @ kxj868

- 🏛 **Stadtmuseum im Litschgihaus**, Basler Str. 10, 📞 407167 ⏱ Im Barockgebäude aus dem 17. Jh. werden zahlreiche römische Funde der archäologischen Ausgrabungen gezeigt. Einen Streifzug durch die mehr als 1.200-jährige Stadtgeschichte dokumentieren stein- und bronzezeitliche Funde und wertvolle Grabbeigaben. Eine Etage widmet sich der lettischen Autorin Zenta Maurina, dem literarischen und parapsychologischen Werk Konstantin Raudives und dem Leben und Wirken des Geistlichen Pater Marquard Herrgott, @ jgc484

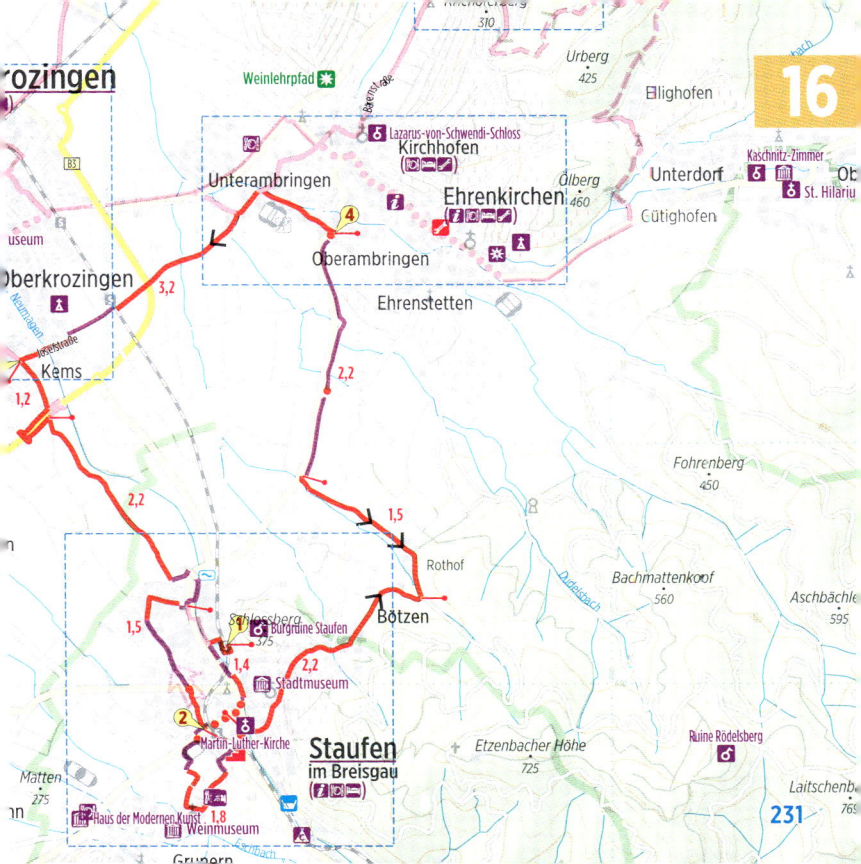

🅱 **Glöcklehofkapelle**, Staufener Str. 74. Die romanische Kapelle (10./11. Jh.) ist Teil einer mittelalterlichen Hofanlage und birgt romanische und barocke Fresken, darunter eine der ältesten Christusdarstellungen nördlich der Alpen. @ lme833

🅶🏛 **Renaissance-Schloss**, Am Schlosspark 7, ✆ 3700, ✆ 407164 Ⓖ Ⓒ Das Schloss wurde im Jahre 1579 als Propstei des Klosters St. Blasien erbaut. Durch Umbau- und Erweiterungsarbeiten im Jahr 1748 wurde die Fassade dem zeitgemäßen Barock angepasst, das Innere dagegen wurde im Stil des Rokoko gestaltet. Die schlicht anmutende Kapelle hat eine reiche Rokoko-Ausstattung. Heute befindet sich das Schloss im Privatbesitz der Familie von Gleichenstein. Die Anlage ist berühmt für die Schlosskonzerte, bei der historische Tasteninstrumente aus dem 16.-19. Jh. zum Einsatz kommen. Die Sammlung der ca. 50 Tasteninstrumente kann im Rahmen der Konzerte bei einer Führung besichtigt werden. @ oog823

🅱 **Römischer Steinkeller**, Im Sinnighofen ⓐ Der Steinkeller war Teil eines repräsentativen Wohnhauses und diente der kühlen Vorratshaltung von Lebensmitteln. Die Reste aus dem 3. Jh. n. Chr. geben einen Einblick in die römische Bauweise.

✳ **Übungsgolf-Anlage**, Im Sinnighofen 8c, ✆ 4008164 ⓐ Rasengolf und Minigolf werden auf 14 Bahnen mit 8 m bis 16 m Länge verbunden. Ein Café am See und eine Aussichtsplattform laden zum Beobachten und Verweilen ein. @ bkf277

🅰 **Kurpark**, Am Kurpark 1, ✆ 4008163. Der großzügig angelegte Park erstreckt sich auf über 40 ha. Mit See, Übungsgolfanlage, Café und Kinderspielplatz. @ nqe675

✳ **Duft- und Kräutergarten**, Am Kurpark 1, ✆ 4008163 ⓐ Neben knapp 500 Pflanzenarten begeistern ein Bienenhaus u. -lehrpfad, ein Biotop und mystische Holzfiguren mit einer Vielfalt an Fauna und Flora inmitten des Kurparks. @ adq385

✳ **WeinErlebnisPfad**, Thermenallee, ✆ 4008164. Die 5 km lange Genusswanderung durch die Reblandschaft vermit-

Ölbergkapelle mit Panoramablick zu den Vogesen

telt Interessantes über die Geschichte, Biologie, Gesundheit und Kulinarisches im Zusammenhang mit den Weinen der Region. Start ist am Wohnmobilplatz am Rebberg. @ skg363

🔵🔵 „aquarado" Freizeitbad, Schwimmbadstr. 20, ✆ 4008510, @ nsx128

🔵 Therme Vita Classica, Thürachstr. 4, ✆ 4008140. Mit Saunaparadies. @ vvx447

Seit 1911 sprudeln hier im Markgräflerland, am Rand des Schwarzwaldes, die heilkräftigen Mineral-Thermalquellen, die einen sehr hohen Kohlesäuregehalt aufweisen. Sie bilden heute die Grundlage für den lebendigen Kurort mit seinem umfangreichen kulturellen Angebot.

Stadtplan   s. S. 239

4 Kirchhofen (Ehrenkirchen)

Vorwahl: 07633

🔵 St. Mariä Himmelfahrt, Lazarus-Schwendi-Str. Die barocke Wallfahrtskirche thront weithin sichtbar über dem Dorf und blickt auf eine über 600-jährige Geschichte zurück. Nach der Zerstörung im Dreißigjährigen Krieg erneuerten im 18. Jh. namhafte Künstler die Kirche in zwei Etappen

und schufen ein Gesamtkunstwerk, in dem Spätgotik und Barock eine harmonische Verbindung eingehen. @ cmv274

🔵📷 Lazarus-von-Schwendi-Schloss, Schlossstr. 7, ✆ 8040. Das ehem. Wasserschloss aus dem 13. Jh. beherbergt neben Schulräumen und Wohnungen ein kleines Museum zur Erinnerung an Lazarus von Schwendi, Reichsfreiherr von Hohenlandsberg.

✳ Weinlehrpfad, Batzenberg, ✆ 8040. Der 5 km lange Pfad erläutert auf 36 Infotafeln die Weinwirtschaft, die Rebflurbereinigung und die typischen Rebsorten des Batzenberges.

Ehrenkirchen

Vorwahl: 07633

🔵 Rathaus Ehrenkirchen, Jengerstr. 6, ✆ 8040, @ aqo161

🔵✳ Ölbergkapelle, Ölbergw. Die Kapelle wurde 1954 zum Gedenken an die gefallenen Soldaten der beiden Weltkriege erbaut. Von hier genießen Sie eine herrliche Aussicht zum Staufener Burgberg, in die Rheinebene bis zu den Vogesen im Elsass und ins Hexental.

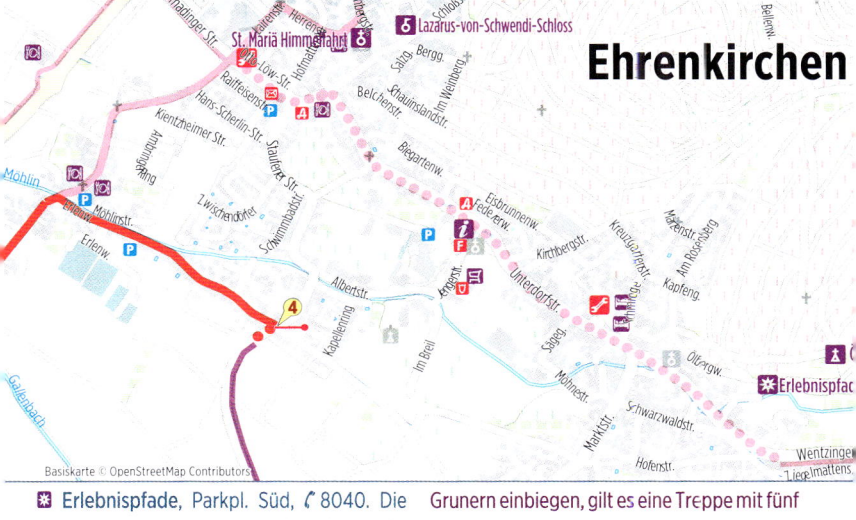

Basiskarte © OpenStreetMap Contributors

Ehrenkirchen

✳ **Erlebnispfade**, Parkpl. Süd, ✆ 8040. Die besonderen Zeugnisse der Geschichte - Steinzeitmenschen, mittelalterliche Bergleute, Kelten u. Alemannen - kann man auf dem Steinzeit-, dem Bergbau- und dem Archäologiepfad entdecken. @ url187

Staufen im Breisgau   s. S. 224

ACHTUNG Hindernis Treppe: Wenn Sie in Staufen nach dem Überqueren der Bahngleise vom Krichelnweg links in den Radweg Richtung Grunern einbiegen, gilt es eine Treppe mit fünf Stufen zu passieren. Sie können die Treppe umfahren, indem Sie geradeaus auf dem Kirchelnweg neben der Bahngleisen weiter fahren.

2 Für einen Ausflug in das Weindorf Grunern biegen Sie an der T-Kreuzung links ab und folgen der Route in die entgegengesetzte Richtung. Wenn Sie rechts abbiegen folgen Sie der bereits bekannten Route zum Bahnhof.

R3 Bad Krozingen -Rhein
24,2 km

HM/km: ↗ 1,2 (30m) ↘ 1,2 (30m) **Radweg:** 27 % **Unbefestigt:** 17 % **Verkehr:** 2 %

Die familienfreundliche Rundtour führt steigungsfrei von Bad Krozingen über Schlatt und Feldkirch in das schmucke Hartheim. Die Route durch die sanfte Oberrheinische Ebene ist geprägt vom Spargel- und Erdbeeranbau sowie dem Weinbau. Die reizvolle Landschaft am Altrhein können Sie bei einer Kutschfahrt von besonderer Seite kennenlernen, bevor es entlang des schattigen Rheinufers nach Bremgarten geht. Eine Rast in der Kunstscheune, ein Schnupperkurs auf dem Golf Campus oder ein Streifzug durch das Naturschutzgebiet rund um den Flugplatz Bremgarten bieten jede Menge Abwechslung. Lassen Sie die Radtour entspannt in der Therme oder beim Flanieren durch

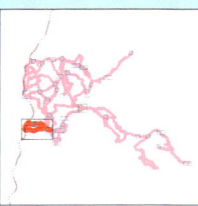

den Kurpark und die Altstadt ausklingen. Vorzügliche Weine und regionale Köstlichkeiten runden das Angebot für einen perfekten Tag ab.

Charakteristik

Start/Ziel: Bad Krozingen

An- und Abreise: PKW: A 5, Ausfahrt Bad Krozingen. Bahn: ab Freiburg mit der Regionalbahn

Wegbeschaffenheit: größtenteils asphaltierte und befestigte Radwege, Straßen und Güterwege

Verkehr: geringes Verkehrsaufkommen

Beschilderung: R3, weiße Schrift auf grünem Schild

Steigungen: flach

Anschlusstour(en): 18, 19

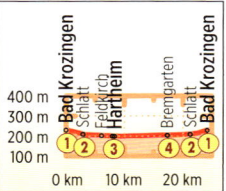

Römischer Steinkeller

1 Bad Krozingen

Vorwahl: 07633

- **Tourist-Information Bad Krozingen**, Herbert-Hellmann-Allee 12, ✆ 4008163, ✆ 4008164, @ kxj868
- **Stadtmuseum im Litschgihaus**, Basler Str. 10, ✆ 407167 ⏱ Im Barockgebäude aus dem 17. Jh. werden zahlreiche römische Funde der archäologischen Ausgrabungen gezeigt. Einen Streifzug durch die mehr als 1.200-jährige Stadtgeschichte dokumentieren stein- und bronzezeitliche Funde und wertvolle Grabbeigaben. Eine Etage widmet sich der lettischen Autorin Zenta Maurina, dem literarischen und parapsychologischen Werk Konstantin Raudives und dem Leben und Wirken des Geistlichen Pater Marquard Herrgott, @ jgc484

🅑 **Glöcklehofkapelle**, Staufener Str. 74. Die romanische Kapelle (10./11. Jh.) ist Teil einer mittelalterlichen Hofanlage und birgt romanische und barocke Fresken, darunter eine der ältesten Christusdarstellungen nördlich der Alpen. @ lme833

🎼🏛 **Renaissance-Schloss**, Am Schlosspark 7, ✆ 3700, ✆ 407164 ⌖⌖ Das Schloss wurde im Jahre 1579 als Propstei des Klosters St. Blasien erbaut. Durch Umbau- und Erweiterungsarbeiten im Jahr 1748 wurde die Fassade dem zeitgemäßen Barock angepasst, das Innere dagegen wurde im Stil des Rokoko gestaltet. Die schlicht anmutende Kapelle hat eine reiche Rokoko-Ausstattung. Heute befindet sich das Schloss im Privatbesitz der Familie von Gleichenstein. Die Anlage ist berühmt für die Schlosskonzerte, bei der historische Tasteninstrumente aus dem 16.-19. Jh. zum Einsatz kommen. Die Sammlung der ca. 50 Tasteninstrumente kann im Rahmen der Konzerte bei einer Führung besichtigt werden. @ oog823

🅘 **Römischer Steinkeller**, Im Sinnighofen ⓐ Der Steinkeller war Teil eines repräsentativen Wohnhauses und diente der kühlen Vorratshaltung von Lebensmitteln. Die Reste aus dem 3. Jh. n. Chr. geben einen Einblick in die römische Bauweise.

❋ **Übungsgolf-Anlage**, Im Sinnighofen 8c, ✆ 4008164 ⓡ Rasengolf und Minigolf werden auf 14 Bahnen mit 8 m bis 16 m Länge verbunden. Ein Café am See und eine Aussichtsplattform laden zum Beobachten und Verweilen ein. @ bkf277

🅐 **Kurpark**, Am Kurpark 1, ✆ 4008163. Der großzügig angelegte Park erstreckt sich auf über 40 ha. Mit See, Übungsgolfanlage, Café und Kinderspielplatz. @ nqe675

❋ **Duft- und Kräutergarten**, Am Kurpark 1, ✆ 4008163 ⓐ Neben knapp 500 Pflanzenarten begeistern ein Bienenhaus u. -lehrpfad, ein Biotop und mystische Holzfiguren mit einer Vielfalt an Fauna und Flora inmitten des Kurparks. @ adq385

❋ **WeinErlebnisPfad**, Thermenallee, ✆ 4008164. Die 5 km lange Genusswanderung durch die Reblandschaft vermit-

telt Interessantes über die Geschichte, Biologie, Gesundheit und Kulinarisches im Zusammenhang mit den Weinen der Region. Start ist am Wohnmobilplatz am Rebberg. @ skg363

📱💧 „aquarado" Freizeitbad, Schwimmbadstr. 20, ✆ 4008510, @ nsx128

🧖 Therme Vita Classica, Thürachstr. 4, ✆ 4008140. Mit Saunaparadies. @ vvx447 *Seit 1911 sprudeln hier im Markgräflerland, am Rand des Schwarzwaldes, die heilkräftigen Mineral-Thermalquellen, die einen sehr hohen Kohlesäuregehalt aufweisen. Sie bilden heute die Grundlage für den lebendigen Kurort mit seinem umfangreichen kulturellen Angebot.*

2 Schlatt (Bad Krozingen)

🛡 St. Sebastian, Lazaritenstr. ☺ Im Jahre 1275 wurde die Kirche neben einer heilbringenden Quelle in eine Bergnische gebaut und 1603 vergrößert. Im Ort befand sich im 13. Jh. auch ein Doppelkloster für Männer und Frauen des Ritterordens der Lazariten mit einem Leprosenhaus, dieses ist jedoch verschwunden. @ jfa774

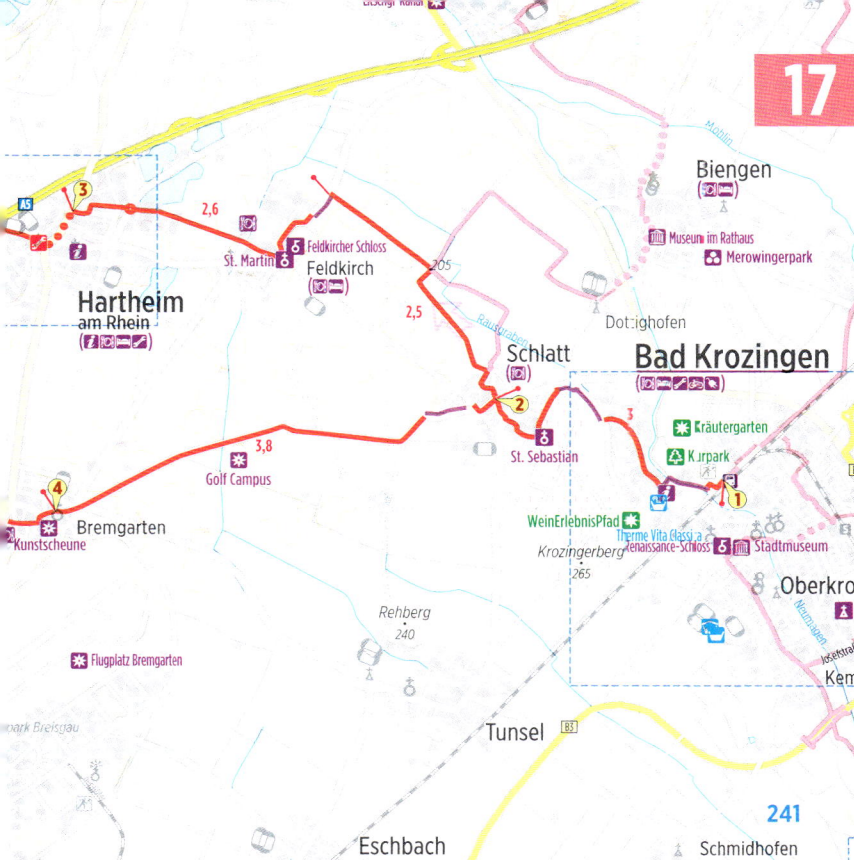

17

Biengen

Museum im Rathaus
Merowingerpark

Hartheim
am Rhein

2,6

Feldkircher Schloss
St. Martin
Feldkirch

205

Dottighofen

Bad Krozingen

2,5

Schlatt

Raudgraben

Kräutergarten

Kurpark

3

St. Sebastian

Golf Campus

3,8

WeinErlebnisPfad
Krozingerberg
265

Renaissance-Schloss
Therme Vita Classica
Stadtmuseum

Bremgarten

Kunstscheune

Oberkro

Neumagen

Rehberg
240

Ken

Flugplatz Bremgarten

park Breisgau

Tunsel

B3

241

Eschbach

Schmidhofen

Feldkirch (Hartheim)

Vorwahl: 07633

🔵 **St. Martin,** Dorfstr. Der gotische Turm mit den frühbarocken Giebelformen stammt noch von der Vorgängerkirche, die im Verlauf des Dreißigjährigen Krieges zerstört und um die Mitte des 17. Jhs. neu errichtet wurde. Der Innenraum ist überwiegend barock ausgestattet und die Wappen der Herren von Wessenberg-Ampringen weisen auf mehrere Stiftungen hin.

🔵 **Feldkircher Schloss,** Schlossstr. 1. Der Bau des ehem. Barockschlosses geht auf den Beginn des 16. Jhs. zurück. Das Wessenbergische Schloss wurde 1690 umgebaut und um 1903 erneut umgestaltet. Nachdem 1866 die Präsenz der Wessenberger in Feldkirch endete, wechselte das Anwesen häufig seine Besitzer. Von der ursprünglich barocken Gartenanlage ist heute nichts mehr erhalten geblieben.

✳ **Kutschfahrten,** Dorfstr. 2, ✆ 4775. Bei einer urigen Kutschfahrt mit Blick auf den Schwarzwald und die Vogesen lernen Sie

242

Hartheim und die reizvolle Landschaft am Altrhein von einer besonderen Seite kennen. @ fdk356

3 Hartheim

Vorwahl: 07633

🟡 **Gemeinde Hartheim am Rhein,** Feldkircher Str. 17, ✆ 91050, @ rjl458

🟢 **Damwildgehege,** Forsthaus 1, ✆ 91050 @ In dem 2 ha großen Tiergehege kann das Damwild in natürlicher Umgebung beobachtet werden. @ kmv464

🔵 **Baggersee Hartheim,** In der Rheinaue

4 Bremgarten (Hartheim)

Vorwahl: 07633

✳ **Flugplatz Bremgarten.** Der ehem. Militärflugplatz war von 1969 bis 1993 Heimat des Aufklärungsgeschwaders 51 der deutschen Luftwaffe. Danach folgte eine zivile Umnutzung der Militärbasis und es entstand ein Gewerbepark mit mehreren Industriebauten und Verwaltungsgebäuden, die durch ihre außergewöhnliche Architektur auf sich aufmerksam machen. Auf dem Flugplatz besteht ein Sonderlandeplatz und rundum beheimatet das

Natur- und Landschaftsschutzge-
biet seltene Tier- und Pflanzenarten.

* **Kunstscheune**, Hauptstr. 19a,
  📞 9255941, 📞 0176/23114717. Das
  einzigartige Ambiente in den
  Räumlichkeiten der historischen
  Scheune verbindet Kunst, Kultur
  und kulinarische Genüsse.
  @ dhn554

* **Weinstetter Hof**, L 134, Eschbach
  (Markgräflerland), 📞 400914. Das
  historisch wertvolle Juwel wurde
  vom 13. -19. Jh. als Maierhof der
  Malteser genutzt. Heute befindet
  sich das Hofgut im Besitz einer
  Malerwerkstätte. Die Villa und das
  Herrenhaus mit ihren wertvollen
  Stuckdecken wurden restauriert und sind
  der Öffentlichkeit im Rahmen von kulturellen Veranstaltungen zugänglich.
  @ pas882

Golf Campus (Bad Krozingen)

* **Golf Campus**, Bremgartener Str. 30,
  📞 07633/9883085 🅗 Auf dem öffentli-

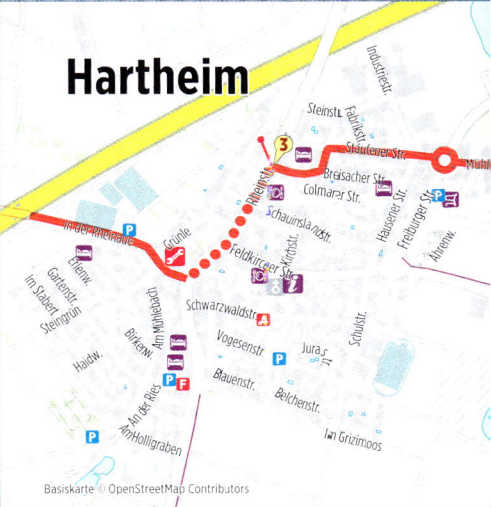

Hartheim

Basiskarte © OpenStreetMap Contributors

chen Golfplatz können Sie ohne Mitgliedschaft, ohne Anmedung und ohne eigenes Equipment den Golfsport ausüben.
@ cet776

Tour 18
R7 Bad Krozingen – Urberg

20,6 km

HM/km: ↗ 10,1 (208m) ↘ 10,1 (208m)   Radweg: 32 %   Unbefestigt: 17 %   Verkehr: 10 %

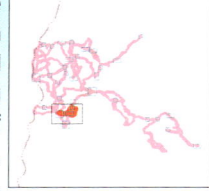

Die Rundtour bietet einige sportliche Herausforderungen durch die Weinterrassen und bewaldeten Hänge von Ölberg und Urberg. Wandern Sie auf den Spuren von Eiszeitjägern, mittelalterlichen Bergleuten, den Kelten und Alemannen. Sie alle haben vor langer Zeit die heute noch sichtbaren Geländedenkmäler wie Steinzeithöhlen, Wallanlagen und Stollen und Schächte des mittelalterlichen Bergbaus geschaffen. Das Schwarzwald- und Vogesenpanorama stets im Blick erreichen Sie den charmanten Ort Bollschweil im Hexental. Die Route führt vorbei am ehemaligen Steinbruch über die bewaldeten Hänge des Urbergs runter ins Schneckental nach Pfaffenweiler. Umgeben von einer herrlichen Reblandschaft erreichen Sie Kirchhofen. Der weitere Verlauf zurück zum Ausgangspunkt verläuft steigungsfrei durch die von Landwirtschaft geprägte Ebene nach Bad Krozingen.

Charakteristik

Start/Ziel: Bad Krozingen

An- und Abreise: PKW: A 5, Ausfahrt Bad Krozingen. Bahn: Von Freiburg mit der Regionalbahn

Wegbeschaffenheit: größtenteils asphaltierte und befestigte Straßen und Wege

Verkehr: stärkeres Verkehrsaufkommen durch Ehrenkirchen

Beschilderung: R7, weiße Schrift auf grünem Schild

Steigungen: leicht hügeliger Verlauf mit einem stärkeren Anstieg über den Urberg

Anschlusstour(en): 15, 16, 17, 19

1 **Bad Krozingen**   s. S. 222

Stadtplan   s.S.239

2 **Kirchhofen** (Ehrenkirchen)

Vorwahl: 07633

🚻 St. Mariä Himmelfahrt, Lazarus-Schwendi-Str. Die barocke Wallfahrtskirche thront weithin sichtbar über dem Dorf und blickt auf eine über 600-jährige Geschichte zurück. Nach der Zerstörung im Dreißigjährigen Krieg erneuerten im 18. Jh. namhafte Künstler die Kirche in zwei Etappen und schufen ein Gesamtkunstwerk, in dem Spätgotik und Barock eine harmonische Verbindung eingehen. @ cmv274

🏛 Lazarus-von-Schwendi-Schloss, Schlossstr. 7, ☎ 8040. Das ehem. Wasserschloss aus dem 13. Jh. beherbergt neben Schulräumen und Wohnungen ein kleines Museum zur Erinnerung an Lazarus von Schwendi, Reichsfreiherr von Hohenlandsberg.

❋ Weinlehrpfad, Batzenberg, ☎ 8040. Der 5 km lange Pfad erläutert auf 36 Infotafeln die Weinwirtschaft, die Rebflurbereinigung und die typischen Rebsorten des Batzenberges.

Ehrenkirchen

Vorwahl: 07633

ℹ Rathaus Ehrenkirchen, Jengerstr. 6, ☎ 8040, @ aqo161

🏛❋ Ölbergkapelle, Ölbergw. ♿ Die Kapelle wurde 1954 zum Gedenken an die gefallenen Soldaten der beiden Weltkriege erbaut. Von hier genießen Sie eine herrliche Aussicht zum Staufener Burgberg, in die Rheinebene bis zu den Vogesen im Elsass und ins Hexental.

❋ Erlebnispfade, Parkpl. Süd, ☎ 8040. Die besonderen Zeugnisse der Geschichte - Steinzeitmenschen, mittelalterliche Bergleute, Kelten u. Alemannen - kann man auf dem Steinzeit-, dem Bergbau- und dem Archäologiepfad entdecken. @ url187

Stadtplan   s. S. 235

3 **Gütighofen** (Ehrenkirchen)

Der Weiler Gütighofen liegt am südlichen Eingang des Hexentals am Zusammen-

fluss von Eckbach und Möhlin. Auf dem angrenzenden Ölberg befindet sich ein Höhlenkomplex von Rentierjägern aus der Altsteinzeit. Die Höhlenburg „Burg Hauenfels" und die „Teufelsküche" sind Zeitzeugen einer frühen Besiedelung. Die Grenze der beiden Gemeinden Ehrenkirchen und Bollschweil verläuft genau auf der einzigen Straße mitten durch die Siedlung.

Bollschweil

Vorwahl: 07633

ℹ Rathaus, Hexentalstr. 56, ☎ 95100, @ gir513

🏛 **Kaschnitz-Zimmer**, Hexentalstr. 56, Im Rathaus, ☎ 7825. Zeitlebens weilte die berühmte deutsche Schriftstellerin und Dichterin Marie Luise Kaschnitz in ihrem Elternhaus Schloss Bollschweil. Die Dauerausstellung über das Leben und Wirken der Ehrenbürgerin kann während der Sprechzeiten des Bürgermeisteramtes besichtigt werden. @ vdh474

🔵 **St. Hilarius**, Anton-Fränznick-Weg 2, ☎ 5317. Die ehem. Benediktinerprioratskirche wurde 1840 von Hans Voß im Stil

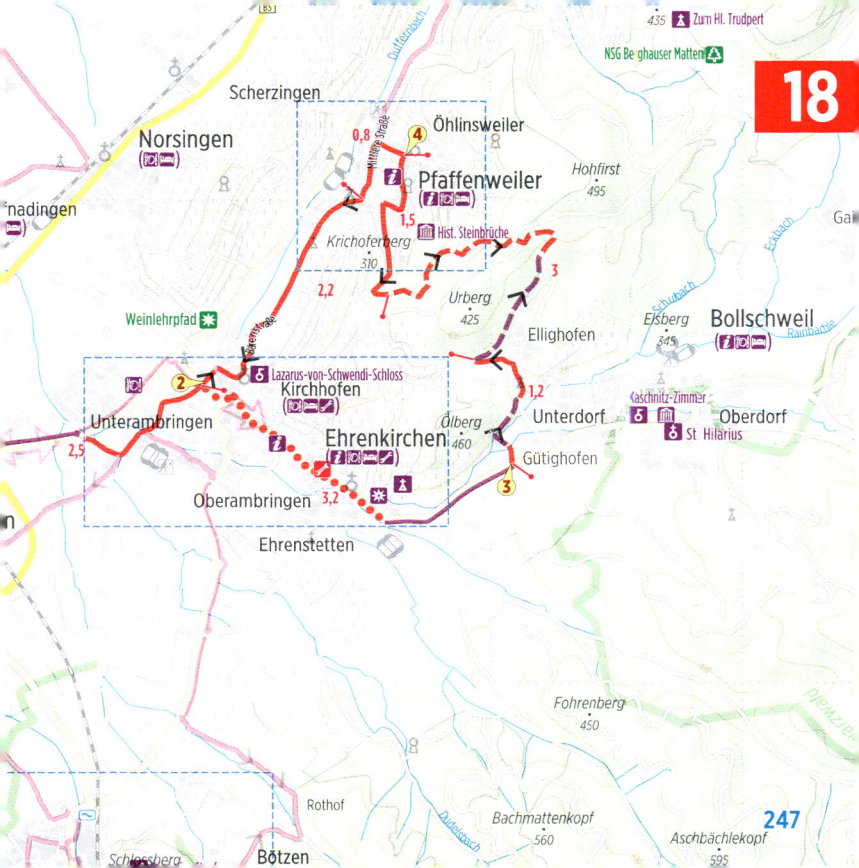

18

Zum Hl. Trudpert 435

NSG Be ghauser Matten

Scherzingen

Norsingen

Öhlinsweiler

0,8

Pfaffenweiler

Hohfirst 495

nadingen

Krichoferberg 310

Hist. Steinbrüche

1,5

2,2

Weinlehrpfad

Urberg 425

3

Ellighofen

Eisberg 345

Bollschweil

Lazarus-von-Schwendi-Schloss

Kirchhofen

2

Unterambringen

1,2

Ölberg 460

Unterdorf

Gaschnitz-Zimmer

Oberdorf

St. Hilarius

2,5

Ehrenkirchen

Gütighofen

3

Oberambringen

3,2

Ehrenstetten

Fohrenberg 450

Rothof

Bachmattenkopf 560

Aschbächlekopf 595

Schlossberg

Bötzen

des Weinbrenner Klassizismus errichtet. Das Innere ziert eine Wand- und Deckenmalerei mit einem Teppichmuster im späten Nazarenerstil. @ tbl133

6 Schloss Bollschweil, Mühlenweg 1, ✆ 6040. Das Schloss mit französischem Flair wurde im 18. Jh. an der Stelle einer mittelalterlichen Wasserburg erbaut. Das Anwesen befindet sich seit 1864 im Besitz der Familie von Holzin-Berstett und kann nicht besichtigt werden. Gartenbesichtigungen sind nach Voranmeldung möglich. @ fmq846

Ellighofen (Bollschweil)

Pfaffenweiler

Vorwahl: 07664

i Gemeinde Pfaffenweiler, Rathausg. 4, ✆ 97000, @ vhg456

⌂ Dorfmuseum, Rathausg. 4, ✆ 97000, ✆ 970016. Neben den Ausstellungen über den Weinbau und die Steinhauerei greifen Wechselausstellungen Themen der Ortsgeschichte, des Vereinslebens und der Sozialgeschichte auf. Zum Dorfmuseum gehören: das Freilichtmuseum,

die historischen Steinbrüche mit Schmiede, das historische Rebgrundstück, der Kräutergarten und die Schusterwerkstatt. @ uff342

⌂ Freilichtmuseum Historische Steinbrüche, Schützenhausweg, am Dürrenberg, ✆ 97000. Zwei Steinbrüche, in denen bis nach dem Zweiten Weltkrieg der gelbliche Kalksandstein abgebaut wurde, sind nach historischem Vorbild zu einem Freilichtmuseum umgestaltet worden. @ hbn788

8 St. Columba, Kirchstr. Die ältesten noch erhaltenen Bauteile stammen aus dem 14. Jh. Die heutige Gestalt erhielt die Pfarrkirche bei ihrer letzten Renovierung und Erweiterung in den 1980er Jahren. Dabei gelang dem Bildhauer Helmut Lutz eine harmonische Verbindung der unterschiedlichen Baustile. @ boe185

✿ Dorflehrpfad, Rathausg. 4. Entlang des beschilderten Dorflehrpfades zu den schmucken, historischen Kleinoden erfahren Sie Interessantes über die Dorfgeschichte. Start ist beim Rathaus. @ dbe238

Steinzeithöhle auf dem Ölberg

✽ **Ehem. Gemeinde- und Trinkstube,** Weinstr. 39. Der imposante Bau mit seinen Staffelgiebeln zählt zu den prunkvollsten Stubenhäusern der Region. Am Giebel ist das Wappen des Ortsherrn von Staufen und am Erker das Baudatum 1575 zu erkennen. Heute wird in dem Haus ein Sterne-Restaurant betrieben.

Tour 19
R8b Bad Krozingen – Munzingen 20,3 km

HM/km: ↗ 1,8 (36m) ↘ 1,8 (36m) Radweg: 9 % Unbefestigt: 0 % Verkehr: 7 %

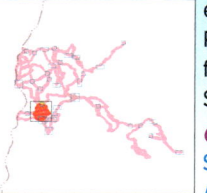

Die gemütliche Rundtour durch die fruchtbare Oberrheinische Tiefebene ist geprägt von der Vielfalt der landwirtschaftlichen Nutzung. Bei einem Zwischenstopp an einem der Hofläden kommen Sie in den Genuss von regionalem Obst und Gemüse. Historische Kulturdenkmäler wie das Munzinger und Feldkircher Schloss sowie altehrwürdige Kirchen und Kapellen in den schmucken Winzerorten zeugen von der bewegten Vergangenheit und bieten einen Kontrast zum modernen und exotischen Skulpturengarten in Mengen. Angeschmiegt an den Tuniberg liegt das für Wein- und Spargelanbau bekannte Dorf Munzingen. Bei einem Ausflug in die Weinberge eröffnet sich

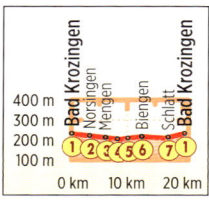

ein fantastischer Blick auf die Rheinebene, die 18-Loch-Golfanlage und die bewaldeten Schwarzwaldhügel.

Charakteristik
Start/Ziel: Bad Krozingen
An- und Abreise: PKW: A 5, Ausfahrt Bad Krozingen. Bahn: ab Freiburg mit der Regionalbahn
Wegbeschaffenheit: asphaltiere Straßen und Güterwege
Verkehr: geringes Verkehrsaufkommen
Beschilderung: R8b, weiße Schrift auf grünem Schild
Steigungen: flacher Verlauf, stärkere Steigung nach Munzingen am Tuniberg
Anschlusstour(en): 15, 16, 17, 18

Blick auf Bad Krozingen

1 Bad Krozingen s. S. 222
Offnadingen (Ehrenkirchen)

Die erste urkundliche Erwähnung von „Ofmaningen" stammt aus dem Jahre 1139. Im Mittelalter war Offnadingen einer der Tagungsorte des gräflichen Landesgerichts im Breisgau. Historische Baudenkmäler wie die barocke Kirche aus dem 18. Jahrhundert, das zweigeschossige Rathaus mit Walmdach und die ehemalige Klostermühle prägen das Ortsbild.

2 Norsingen (Ehrenkircher)

Alemannische Gräberfur.de am Batzenberg weisen auf eine frühe Besiedelung Norsingens hin. Erstmals urkundlich erwähnt wurde der Ort im Jahre 1242.

3 Mengen (Schallstadt)
Vorwahl: 07664

🅐❄️**Bambutopia**, Hauptstr. 2, ☎ 962817 ㉔ Skulpturengarten mit jährlich wechselnden Ausstellungen im exotischen Ambiente eines Bambuswaldes. @ dnh263

Munzingen

Basiskarte © OpenStreetMap Contributors

Straße nach rechts ab und folgen später dem Roßbächle ins Zentrum.

Munzingen (Freiburg im Breisgau)

St. Stephan, St.-Erentrudis-Str. 35. Der Turm und der Chor sind noch Zeugnisse der mittelalterlichen Baukunst. Im Jahre 1747 wurde die Kirche vergrößert und barock umgestaltet. Namhafte Künstler und Handwerker beteiligten sich an der Ausschmückung des Kircheninneren.

Erentrudiskapelle. Die Kapelle wurde Anfang des 18. Jhs. auf älteren Grundmauern erbaut und gilt als Wahrzeichen des Tunibergs.

Schloss Munzingen, Schlossbuck. Das Schloss wurde 1672 von dem österreichischen Botschafter Johann Friedrich von Kageneck im Renaissance-Stil erbaut. Während des Österreichischen Erbfolgekrieges belagerten die Franzosen 1744 Freiburg und die Kagenecks flohen in die Schweiz. Die Gräfliche Familie hat das Anwesen nach mehrmaligen Zerstörun-

Naturlehrpfad Brunnengraben, Offnadinger Str. **㉔** Alte Obstsorten, heimische Weidenarten und Sträucher zeigen neben Infotafeln die biologische Artenvielfalt und die archäologische Bedeutung anhand der frühgeschichtlichen Besiedelung. @ hbn733

AUSFLUG 4 Um einen Ausflug nach Munzingen zu unternehmen, biegen Sie etwa 500 Meter nach der Autobahnunterführung in die

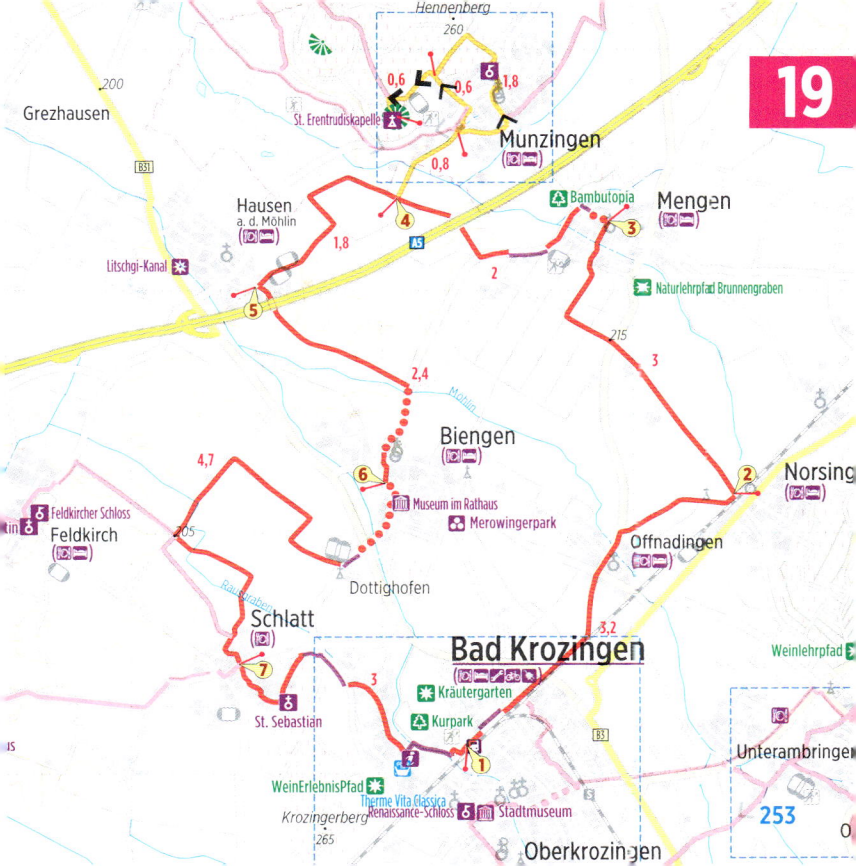

Grezhausen

Hennenberg
260

St. Erentrudiskapelle

0,6 0,6

1,8

Munzingen

0,8

Bambutopia

Mengen

Hausen
a. d. Möhlin

1,8

Litschgi-Kanal

Naturlehrpfad Brunnengraben

2

215

3

2,4

Biengen

Feldkircher Schloss

4,7

Feldkirch

205

6

Museum im Rathaus

Merowingerpark

Norsingen

Offnadingen

Dottighofen

Schlatt

3,2

Bad Krozingen

Weinlehrpfad

Kräutergarten

7

St. Sebastian

3

Kurpark

Unterambringen

253

WeinErlebnisPfad

Therme Vita Classica

Renaissance-Schloss

Stadtmuseum

Krozingerberg
265

Oberkrozingen

19

gen immer wieder aufgebaut, umgestaltet und renoviert.

5 Hausen (Bad Krozingen)

❇ **Litschgi-Kanal.** Der Handelsmann Johann Franz Litschgi übernahm in den 1730er Jahren im Auftrag Österreichs die Holzlieferungen aus dem Schwarzwald zur Festung Breisach. Dazu wurde der Litschgi-Kanal gebaut, auf dem das Holz mit Hilfe des Wassers der Möhlin verflösst wurde. Reste davon sind heute entlang der B 31 in Richtung Breisach zu sehen.

6 Biengen (Bad Krozingen)

Vorwahl: 07633

🏛 **Museum im Rathaus,** Hauptstr. 23, ✆ 407169 ◔◔ Das Dorfmuseum dokumentiert neben Sonderausstellungen das bäuerliche Alltagsleben im Breisgau und die Geschichte der Ortsteile Biengen, Hausen, Schlatt und Tunsel. @ ufv153

🅰 **Freilandmuseum Merowingerpark,** Dischinger Str. 1. Kreise und Vierecke markieren ehem. Grabhügel und Steinkistengräber. Infotafeln dokumentieren die Funde und deren Bedeutung.

Dottighofen

Feldkirch (Hartheim)

Vorwahl: 07633

🅱 **St. Martin,** Dorfstr. Der gotische Turm mit den frühbarocken Giebelformen stammt noch von der Vorgängerkirche, die im Verlauf des Dreißigjährigen Krieges zerstört und um die Mitte des 17. Jhs. neu errichtet wurde. Der Innenraum ist überwiegend barock ausgestattet und die Wappen der Herren von Wessenberg-Ampringen weisen auf mehrere Stiftungen hin.

🄶 **Feldkircher Schloss,** Schlossstr. 1. Der Bau des ehem. Barockschlosses geht auf den Beginn des 16. Jhs. zurück. Das Wessenbergische Schloss wurde 1690 umgebaut und um 1903 erneut umgestaltet. Nachdem 1866 die Präsenz der Wessenberger in Feldkirch endete, wechselte das Anwesen häufig seine Besitzer. Von der ursprünglich barocken Gartenanlage ist heute nichts mehr erhalten geblieben.

❇ **Kutschfahrten,** Dorfstr. 2, ✆ 4775. Bei einer urigen Kutschenfahrt mit Blick auf den

Blick auf Erentrudiskapelle und Munzingen

Schwarzwald und die Vogesen lernen Sie Hartheim und die reizvolle Landschaft am Altrhein von einer besonderen Seite kennen. @ fdk356

7 Schlatt (Bad Krozingen)

St. Sebastian, Lazaritenstr. ↻ Im Jahre 1275 wurde die Kirche neben einer heilbringenden Quelle in eine Bergnische gebaut und 1603 vergrößert. Im Ort befand sich im 13. Jh. auch ein Doppelkloster für Männer und Frauen des Ritterordens der Lazariten mit einem Leprosenhaus, dieses ist jedoch verschwunden. @ jfa774

Golf Campus (Bad Krozingen)

Golf Campus, Bremgartener Str. 30, ☏ 07633/9883085 ⓝ Auf dem öffentlichen Golfplatz können Sie ohne Mitgliedschaft, ohne Anmeldung und ohne eigenes Equipment den Golfsport ausüben. @ cet776

Bad Krozingen s. S. 222

Übernachtungs- und Serviceverzeichnis

Übernachtungsadressen

Dieses Verzeichnis beinhaltet folgende Übernachtungskategorien:

Kategorien

- **i** Tourist-Information
- **H** Hotel
- **Hg** Hotel garni
- **Gh** Gasthof, Gasthaus
- **P** Pension, Gästehaus
- **Pz** Privatzimmer
- **Ho** Hostel
- **Mo** Motel
- **NF** Naturfreundehaus
- **AH** Apartmenthotel
- **B&B** Bed and Breakfast
- **B** Bungalow
- **Fw** Ferienwohnung (Auswahl)
- **Bh** Bauernhof
- **Hh** Heuhotel
- **S** Sonstiges
- **JH** Jugendherberge, -gästehaus
- **Cp** Campingplatz
- **Zp** Zeltplatz (Naturlagerplatz)

Die Auflistung stellt keine Empfehlung einzelner Betriebe dar und erhebt keinen Anspruch auf Vollständigkeit. Um das Verzeichnis stets aktuell zu halten, sind wir für Mitteilungen bezüglich Änderungen jeder Art dankbar. Der einfache Eintrag erfolgt für die Betriebe natürlich kostenfrei, aus Platzgründen können wir diesen allerdings nicht garantieren. Vor allem in Tourismusgebieten

Alle mit dem Bett+Bike-Logo (☺) gekennzeichneten Betriebe erfüllen die vom ADFC vorgeschriebenen Mindestkriterien als „Fahrradfreundliche Gastbetriebe" und bieten darüber hinaus so manche Annehmlichkeit für Radfahrer. Detaillierte Informationen finden Sie unter *www.bettundbike.de*.

mit großem Übernachtungsangebot muss die Liste aus Platzgründen automatisiert leicht gekürzt werden.

Kennzeichnung

I	Preiskategorie unter € 25,–
II	Preiskategorie € 25,– bis € 35,–
III	Preiskategorie € 35,– bis € 50,–
IV	Preiskategorie € 50,– bis € 70,–
V	Preiskategorie € 70,– bis € 100,–
VI	Preiskategorie über € 100,–
o.F.	kein Frühstück angeboten
HP	mit Halbpension
⚲	nur Zimmer mit Etagenbad
☺	Bett+Bike Betrieb
2̅5̅	Entfernung vom Weg in Kilometer Luftlinie

Preise

Die Preise gelten als Richtwert pro Person in einem Doppelzimmer mit Dusche oder Bad inkl. Frühstück.

Die angegebenen Preiskategorien entsprechen dem Stand des Erhebungs- bzw. Überarbeitungszeitraumes und können sich von den tatsächlichen Preisen unterscheiden. Besonders während Messezeiten, aufgrund von unterschiedlichen Zimmertypen und nicht zuletzt saisonal bedingt sind preisliche Schwankungen möglich.

Radwerkstätten u. -vermietung

🔧	Fahrradwerkstatt
🚲	Fahrradvermietung
🔋	E-Bike Ladestation
🔋	E-Bike Verleih
🔒	abschließbare Abstellanlagen

Entfernung

Die blaue Zahl (2̅5̅) beim Betrieb gibt die Entfernung zur Route in Kilometern an. Bitte beachten Sie, dass sich diese Zahl auf die Luftlinie bezieht, ohne Berücksichtigung der Höhenmeter und der tatsächlichen zurückzulegenden Strecke.

Updates

Aktuelle Korrekturen zum Übernachtungsverzeichnis erhalten Sie über das LiveUpdate auf www.esterbauer.com.

Tour 1

Freiburg im Breisgau

Vorwahl: 0761

🅘 Tourist Information, Rathauspl. 2-4,
📞 3881880 0.5

🅗 BW Victoria, Eisenbahnstr. 54,
📞 207340, V-VI 0.5

🅗 Central, Wasserstr. 6, 📞 31970, IV 0.5

🅗 City, Weberstr. 3, 📞 388070, IV 0.5

🅗 Colombi, Rotteckring 16, 📞 21060, VI 0.5

🅗 Kreuzblume, Konviktstr. 31, 📞 31194,
📞 0176/23214632, IV-V 0.5

🅗 Mercure Hotel Am Münster, Auf der Zinnen 1, 📞 38510, IV-V 1

🅗 Minerva, Poststr. 8, 📞 386490, IV-V 0.5

🅗 Novotel Am Konzerthaus, K.-Adenauer-Pl. 2, 📞 38890, IV-VI ☺ 0

🅗 Oberkirch, Münsterpl. 22, 📞 2026868,
V 0.5

🅗 Park Hotel Post, Eisenbahnstr. 35-37,
📞 385480, V-VI 0.5

🅗 Schwarzwälder Hof, Herrenstr. 43,
📞 38030, IV 0.5

🅗 Barbara, Poststr. 4, 📞 296250, IV-V 0.5

🚲🛞 FahrRADikal, Greiffeneggring 1,
📞 7660781 0.5

🚲 Hilmers Zweiräder, Gauchstr. 19,

📞 31314 0.5

🚲 Lieblingsrad, Ferdinand-Weiß-Str. 9,
📞 01577/4352934 0.5

🚲 Radstation Freiburg, Wentzingerstr. 15,
📞 2859830, 📞 0176/53521564 🖐🖐🖐 0

🚲 extratour, Schwabentorring 12,
📞 286790, 📞 286790 (Werkstatt) 0

🛞 fahrradspezialitaeten, Heinrich-von-Stephan-Str. 12, 📞 88850880 0.5

Wiehre (Freiburg im Breisgau)

Vorwahl: 0761

🅗 Der Kaiser, Günterstalstr. 38, 📞 74910,
III-IV 0.5

🅗 Gasthaus Schützen, Schützenallee 12,
📞 705990, III-IV 0.5

🅗 Goldene Krone, Mattenstr. 2a,
📞 1376083, III 0.5

🅗 Schiller, Hildastr. 2, 📞 703370, IV-V 0

🚲 Fahrradladen Freiburg, Konradstr. 9,
📞 702124, 📞 0171/6569048 0.5

🚲 Pinola-Fahrräder, Talstr. 5, 📞 7048410 0

Oberau (Freiburg im Breisgau)

Vorwahl: 0761

🅗 Black Forest Hostel, Kartäuserstr. 33,
📞 8817870, o.F., I-II 0.5

🅐 Camping am Hirzberg Freiburg Stadt,
Kartäuserstr. 99, 📞 35054 ☺ 0.5

BIKESportWorld, Schwarzwaldstr. 63, ☎ 1201955 <u>0.5</u>

Waldsee (Freiburg im Breisgau)
Vorwahl: 0761

H FT, Schwarzwaldstr. 181, ☎ 15146660, IV <u>0</u>

Ho Hostel & Spa Waldkurbad, Waldseestr. 77, ☎ 77570, II ⚟ <u>1</u>

Jugendherberge, Kartäuserstr. 151, ☎ 67656, o.F., II <u>0</u>

Campingplatz am Möslepark, Waldseestr. 77, ☎ 7679333 ☺ <u>1</u>

Ebnet (Freiburg im Breisgau)
P Gästehaus Ruh, Schwarzwaldstr. 225, ☎ 0761/62065, III <u>0</u>

Stegen
Vorwahl: 07661

Tourist-Information Dreisamtal, Hauptstr. 24, Kirchzarten, ☎ 907980 ▣ <u>0.5</u>

MILES Radsport, Fohrenbühl 11A, ☎ 904585 <u>0</u>

Oberbirken (Stegen)
Gh Sonne, Oberbirken 7, ☎ 07661/6545, III-IV <u>0</u>

Zarten (Kirchzarten)
Vorwahl: 07661

Gh Landgasthof Bären, Bundesstr. 21, ☎ 6820, IV <u>15</u>

Buchenbach

Vorwahl: 07661

🅲 Tourist-Information Dreisamtal, Haupt-str. 24, Kirchzarten, 𝄞 907980▣ 0.5

🅲 Tourist-Info, Hauptstr. 20, 𝄞 396540 1

Himmelreich (Kirchzarten)

Vorwahl: 07661

🅲 Kiosk am Bhf, Himmelreich 38,
𝄞 9862200 0

Ⓗ Hofgut Himmelreich, Himmelreich 37,
𝄞 98620, III-IV 0

Burg (Kirchzarten)

Vorwahl: 07661

Ⓗ Rainhof Scheune, Höllentalstr. 96,
𝄞 9886110, IV-V 0

Ⓖⓗ Birke, Höllentalstr. 48, 𝄞 909713, o.F., III-IV 0.5

Höfen (Kirchzarten)

Ⓗ Schlegelhof, Höfener Str. 92,
𝄞 07661/5051, IV-V 0

Kirchzarten

Vorwahl: 07661

🅲 Tourist-Information Dreisamtal, Haupt-str. 24, 𝄞 907980▣ 0.5

Ⓗ Fortuna, Hauptstr. 7, 𝄞 3980, III-IV 0.5

Ⓗ Sonne, Hauptstr. 28, 𝄞 901990, III 0.5

Ⓗⓖ Föhrenbacher, Hauptstr. 18, 𝄞 5416, III 0.5

Ⓗⓖ Krone, Hauptstr. 44, 𝄞 97980, IV-V 0.5

Ⓖⓗ Alte Post, Bahnhofstr. 38, 𝄞 93350, III 1

Ⓗⓞ Ⓕⓦ Blackforest Sport & Bike Hostel,
Bahnhofstr. 17, 𝄞 9111515, III ☺ 1

🅰 Kirchzarten, Dietenbacher Str. 17,
𝄞 9040910 0.5

🗲 🚲 Intersport Eckmann, Stegener Str. 14,
𝄞 902700🖷 1

🗲 🚲 Wunderle, Freiburger Str. 17,
𝄞 934455🖷 0.5

Weilersbach (Oberried)

Vorwahl: 07661

Ⓖⓗ Landgasthof Zum Schützen, Weilers-bachstr.7, 𝄞 07602/98430, IV 0

Oberried

Vorwahl: 07661

🅲 Tourist-Information Dreisamtal, Haupt-str. 24, Kirchzarten, 𝄞 907980▣ 0.5

🅲 Gemeinde Oberried, Klosterpl. 4,
𝄞 93050 0

Ⓗ Gasthaus Sternen Post, Hauptstr. 30,
𝄞 989849, III-IV 0

Ⓖⓗ Zum Hirschen, Hauptstr. 5, 𝄞 902930, III-IV 0

Ⓖⓗ Zum goldenen Adler, Hauptstr. 58,
𝄞 62017, III 0.5

🅰 Campingplatz Kirnermartes, Vörlinsbach 22, ☎ 4727 <u>0.5</u>

Dietenbach (Kirchzarten)
Vorwahl: 07661

Fw Pfisterhof, Dietenbach 6, ☎ 2495, II <u>0</u>

Kappel (Freiburg im Breisgau)
Vorwahl: 0761

Gh Zum Kreuz, Großtalstr. 28, ☎ 620550, III-IV <u>1.5</u>

P Bläsihof, Kleintalstr. 36, ☎ 6965871, III <u>2</u>

Bh Altenvogtshof, Kleintalstr. 40, ☎ 67714, ☎ 0171/4939046, II <u>2.5</u>

Littenweiler (Freiburg im Breisgau)
Vorwahl: 0761

H Löwen, Kappler Str. 120, ☎ 45891860, IV ☺ <u>0.5</u>

🚲 Fahrrad Rosenfelder, Kirchzartener Str. 20, ☎ 63319 <u>0.5</u>

🚲 Littenweiler Fahrradeck, Sudetenstr. 22, ☎ 6963813 <u>0.5</u>

Tour 2

Freiburg im Breisgau	siehe Tour 1
Oberau (Freiburg im Breisgau)	siehe Tour 1
Waldsee (Freiburg im Breisgau)	siehe Tour 1
Ebnet (Freiburg im Breisgau)	siehe Tour 1
Littenweiler (Freiburg im Breisgau)	siehe Tour 1
Kappel (Freiburg im Breisgau)	siehe Tour 1

Kirchzarten	siehe Tour 1
Höfen (Kirchzarten)	siehe Tour 1
Burg (Kirchzarten)	siehe Tour 1
Himmelreich (Kirchzarten)	siehe Tour 1

Alpersbach (Hinterzarten)
Vorwahl: 07652

H Waldhotel Fehrenbach, Alpersbach 9, ☎ 91940, IV-V <u>0</u>

Gh Zum Engel, Alpersbach 14, ☎ 1539, III-IV <u>0</u>

Hinterzarten
Vorwahl: 07652

🛈 Hochschwarzwald Tourismus, Freiburger Str. 1, ☎ 12060 <u>0</u>

🛈 Touristik-Verein, Martin-Gremminger-Weg 6, ☎ 981794 @ cej718 <u>i</u>

H Am Bach, Windeckweg 9, ☎ 286, III ☺ <u>0</u>

H Imbery, Rathausstr. 14, ☎ 91030, III-IV ☺ <u>0</u>

H Kesslermühle, Erlenbrucker Str. 45, ☎ 1290, HP, IV-V <u>i</u>

H Naturion Vegatarisches Biohotel Sonnenbühlweg 6, ☎ 5282, V <u>0.5</u>

H Parkhotel Adler, Adlerpl. 3, ☎ 1270, VI <u>0.5</u>

H Reppert, Adlerweg 23, ☎ 12080, VP, VI <u>0</u>

H Schwarzwaldhof, Freiburger Str. 2, ☎ 12030, III-IV ☺ <u>0</u>

H Sonnenberg, Am Kesslerberg 9, ☎ 12070, IV-V $\underline{1}$

H Thomahof, Erlenbrucker Str. 16, ☎ 1230, VI $\underline{0.5}$

H Thomé, Am Kesslerberg 6, ☎ 251, II-III $\underline{0.5}$

Hg Hotel am Adlerweg, Adlerweg 9, ☎ 917640, III $\underline{0}$

Hg Silberdistel, Freiburger Str. 27, ☎ 362, IV $\underline{0.5}$

Hg Zartenbach, Freiburger Str. 17, ☎ 12680, III-IV $\underline{0.5}$

Gh Löffelschmiede, Bruderhalde 36, ☎ 919169, III $\underline{2.5}$

P Baur, Rappeneckweg 16, ☎ 1333, II $\underline{0.5}$

P Gästehaus Schwarzwaldhüsle, Sickingerstr. 34, ☎ 919677, II-III $\underline{0.5}$

P Ketterer, Windeckweg 26, ☎ 260, II-III $\underline{0}$

P Landhaus Rombach, Heiligbrunnenstr. 6, ☎ 5920, III $\underline{1}$

Pz Kramer, Erlenbrucker Str. 6, ☎ 1866, I-II $\underline{0.5}$

Zum Sternen (Breitnau)

Vorwahl: 07652

H Hofgut Sternen, Höllsteig 76, ☎ 9010, III-IV $\underline{0.5}$

Breitnau

Vorwahl: 07652

i Tourist-Information, Dorfstr. 11, ☎ 12060 $\underline{3.5}$

H Faller, Ödenbach 5a, ☎ 9826666, III $\underline{2.5}$

H Kaisers Tanne, Am Wirbstein 27, ☎ 12010, VI $\underline{3}$

Gh Zum Löwen, Dorfstr. 44, ☎ 359, III-IV $\underline{3.5}$

P Mühlencafé, Ödenbach 3, ☎ 91100, ☎ 0173/6609030, IV $\underline{2.5}$

Titisee (Titisee-Neustadt)

Vorwahl: 07651

i Tourist-Information, Strandbadstr. 4, ☎ 07652/12060 $\underline{0}$

H Action Forest Active Hotel, Neustädter Str. 41, ☎ 82560, III-IV ☺ $\underline{0}$

H Brugger am See, Strandbadstr. 14, ☎ 8010, V-VI $\underline{0}$

H Hotel Bären, Neustädter Str. 35, ☎ 8060, VI $\underline{0}$

H Parkhotel Waldeck, Parkstr. 4-6, ☎ 8090, III-V $\underline{0}$

H Seehotel Wiesler, Strandbadstr. 5, ☎ 98090, VI ☺ $\underline{0}$

H Treschers Schwarzwaldhotel am See, Seestr. 10, ☎ 8050, V-VI $\underline{0}$

Hg Rheingold, Jägerstr. 25, ☎ 8474, III-IV $\underline{0}$

P Fw Haus Hirschbühl, Neustädter Str. 43, ☎ 2014824, III $\underline{0}$

P Haus Ketterer, Jägerstr. 3, ☎ 8297, II 🐾 $\underline{0}$

P Haus am Tannenhain, Alte Poststr. 5, ✆ 8295, II ⓪

P Seefrieden, Mooswaldweg 16, ✆ 933177, III ⓪

P Wald & See, Alte Poststr. 14, ✆ 8389, II-III ⓪

△ Terrassencamping und Restaurant Sandbank, Seerundweg 9, ✆ 9724848 1.5

🔧 🚲 Auto Warth, Neustädter Str. 15, ✆ 8267 0.5

🔧 🚲 Thoma Sports, Seestr. 2, ✆ 9724967 0

Bruderhalde (Hinterzarten)
Vorwahl: 07652

H Alemannenhof, Bruderhalde 21, ✆ 91180, IV-VI 1

P Wiesler, Bruderhalde 8, ✆ 1618, III 0.5

FW Ferien auf dem Bauernhof Weberhof Hinterzarten, Bruderhalde 22, ✆ 1703, III ☺ 1

🏠 DJH Jugendherberge Veltishof, Bruderhalde 27, ✆ 238, I-II 1.5

△ Bankenhof, Bruderhalde 31a, ✆ 1351 2

△ Bühlhof, Bühlhofweg 13, ✆ 1606 ☺ 0.5

△ Campingplatz Weiherhof - am Titisee-ufer, Bruderhalde 26, ✆ 228 1.5

Titisee-Neustadt
Vorwahl: 07651

H Sonnenmatte, Spriegelsbachstr. 5-8, ✆ 8277, II ⓪

FW Drei Tannen, Spriegelsbachstr. 3, ✆ 8747, II-III ⓪

Neustadt (Titisee-Neustadt)
Vorwahl: 07651

ℹ Infopoint Neustadt, Hauptstr. 16, ✆ 07652/12068188 0.5

H Jägerhaus, Postpl. 1-2, ✆ 93340, III ⓪

H Schwarzwaldgasthof zum „Bären", Hauptstr. 20, ✆ 1515, III 0.5

Gh Berggasthaus Hochfirst, Auf dem Hochfirst 10, ✆ 7575, II 2

🏠 Rudenberg, Rudenberg 6, ✆ 7360, II 🚲 ☺ 1

🔧 Harry's Bikeshop, Scheuerlenstr. 15, ✆ 4093 0.5

🔧 🚲 Intersport Hirt, Titiseestr. 28, ✆ 92280 ⓪

🔧 Renz Radsport, Titiseestr. 57/1, ✆ 9726282 ⓪

Tour 3

Kirchzarten   siehe Tour 1
Oberried   siehe Tour 1

Rinken (Hinterzarten)
Vorwahl: 07676

Gh Jägerheim, Rinken 9, ✆ 337,
✆ 0170/3014428, III <u>0</u>

Alpersbach (Hinterzarten) — siehe Tour 2
Hinterzarten — siehe Tour 2
Zum Sternen (Breitnau) — siehe Tour 2
Breitnau — siehe Tour 2
Titisee (Titisee-Neustadt) — siehe Tour 2
Bruderhalde (Hinterzarten) — siehe Tour 2

Bärental (Feldberg)
Vorwahl: 07655

H Adler Bärental, Feldbergstr. 4, ✆ 933933, III-V <u>0</u>

H Tannhof, Im Dobel 1, ✆ 93320, IV-V <u>0</u>

Fw Am Seeblick, Panoramaweg 10, ✆ 07661/907639, ✆ 0173/9141840 <u>0</u>

Neuglashütten (Feldberg)
Vorwahl: 07655

H Höhengasthof Grüner Baum, Bärhaldenweg 2, ✆ 932227, III-IV <u>1</u>

H Kräutle, Brünneleweg 1, ✆ 400, III <u>1</u>

P Singler, Brünneleweg 4, ✆ 773, II <u>1</u>

Altglashütten (Feldberg)
Vorwahl: 07655

i Tourist-Information Feldberg-Altglashütten, Kirchg. 1, ✆ 07652/12060 <u>0</u>

H Hotel Schlehdorn, Am Sommerberg 1, ✆ 91050, IV-V <u>0</u>

H Landhotel Sonneck, Schwarzenbachw. 5, ✆ 211, IV-V <u>0</u>

H Schlehdorns Seehof, Raitenbucherstr. 36, ✆ 91050, IV-V <u>0</u>

H Schwarzwälder-Hof, Windgfällstr. 4, ✆ 91060, IV-V <u>0</u>

H Waldeck, Windgfällstr. 19, ✆ 91030, IV-V <u>0</u>

P Gästehaus König, Hasleweg 3, ✆ 241, III <u>0</u>

P Windgfäll, Windgfällstr. 21, ✆ 9339880, IV <u>0</u>

Aha (Schluchsee)
Vorwahl: 07656

H Wellnesshotel Auerhahn, Vorderaha 4, ✆ 97450, VP, V <u>0</u>

P Schlegel, Am Sommerberg 6, ✆ 1591, ✆ 0152/06245056 <u>0</u>

A **S** Naturcamp, Vorderaha 8, ✆ 0171/2746361 <u>0</u>

Blasiwald (Schluchsee)
Vorwahl: 07656

H Blasiwälder Hof, Finkenwiese 7, ✆ 276, III <u>0</u>

P Gästehaus Seewald, Finkenwiese 3, ✆ 404, ✆ 0172/7771564, III-IV <u>0</u>

P Sonneck, Sommerseite 10, ✆ 347, III <u>1</u>

Seebrugg (Schluchsee)

Vorwahl: 07656

- 🅷 Seehotel Hubertus, Seebrugg 16, ✆ 524, V-VI 0̲
- 🅼 DJH Jugendherberge Seebrugg, Seebrugg 9, ✆ 494 0̲

Schluchsee
Vorwahl: 07656

- 🄸 Tourist-Information, Fischbacher Str. 7, ✆ 12060 0̲
- 🅷 Mutzel, Im Wiesengrund 3, ✆ 9879990, IV 0.5̲
- 🅷 Schiff am Schluchsee, Kirchpl. 7, ✆ 97570, IV-V ☺ 0̲
- 🅷 Wochner's Hotel Sternen, Dresselbacher Str. 1, ✆ 98870, IV-V 0.5̲
- 🅿 Faller, Lindenstr. 11, ✆ 1353 0̲
- 🅿 Tannenheim, Faulenfürster Str. 7, ✆ 427, III 0.5̲
- 🅿 Wiesengrund, Im Wiesengrund 6, ✆ 988501, III-IV 0.5̲
- 🄵🅆 Bollenhut, Am Riesenbühl 3, ✆ 0771/2046386 ☺ 0.5̲
- 🄰 Campingplatz Keller, Am Platzmättle 25, ✆ 1728 i̲
- 🄼 🚌 Autohaus Rebmann, Im Rappennest 1, an der B 500, ✆ 1027 0̲
- 🚲 E-Bike Verleih, Fischbacher Str. 16, ✆ 9882916 0.5̲

Wolfsgrund (Schluchsee)
Vorwahl: 07656

- 🅼 Jugendherberge Wolfsgrund, Im Wolfsgrund 28, ✆ 329 ☺ 0.5̲
- 🄰 Camping Schluchsee, Gewann Zeltpl. 1, ✆ 573 ☺ 0.5̲
- 🄰 Schwarzwaldcamp, Gewann Zeltpl. 2, ✆ 9884348. Tipis, Baumzelte, Zeltplätze, Gondel, Bulliplätze 0.5̲

Tour 4

Neustadt (Titisee-Neustadt)   siehe Tour 2

Kappel (Lenzkirch)
Vorwahl: 07653

- 🄸 Hochschwarzwald Tourismus, Erlenbachw. 4, ✆ 962061 i̲
- 🄶🄷 Straub, Neustädter Str. 3, ✆ 2226408, III i̲

Lenzkirch
Vorwahl: 07653

- 🄸 Tourist Info, Am Kurpark 2, Kurhaus, ✆ 07652/12060, ✆ 07652/12068400 0̲
- 🅷 Adler-Post, Grabenstr. 1, ✆ 960690, III-IV 0̲
- 🅷 Schwörer, Ludwig-Kegel-Str. 25, ✆ 219, IV 0̲
- 🄶🄷 Gasthaus Pension Löffelschmiede, Löffelschmiede 1, ✆ 279, II ☺ 0.5̲

Gh Lenzkircher Hof, Freiburger Str. 13, ✆ 231, III🖳 0.5

P Reger, Schwarzwaldstr. 9a, ✆ 540, III 0

P Silberdistel, Schloss-Urach-Str. 34, ✆ 879, II 0.5

P Waldwinkel, Haldenweg 19, ✆ 1816, III 0.5

Fw Schwarzwaldhaus Angelhof, An der Haslach 1, ✆ 884, ✆ 0157/75070400, III ☺ 0

Fw Schwarzwaldhaus Simmelehof, Bonndorfer Str. 10, ✆ 9609803, II 0

🔧🚲 Sporthaus Brugger, Freiburger Str. 4, ✆ 6059 0

Ruhbühl (Lenzkirch)

Vorwahl: 07653

H Schwarzwaldhotel Ruhbühl, Am Schönenberg 6, ✆ 6860, III-IV 0.5

Gh Brauerei Rogg, Bonndorferstr. 61, ✆ 9600055, ✆ 700, I 0

A Kreuzhof, Bonndorferstr. 65, ✆ 1450 0.5

Holzschlag (Bonndorf im Schwarzwald)

Vorwahl: 07653

H Landhaus Waldheim, Tirolerstr. 14, ✆ 502, IV-V 0.5

H Schwarzwaldhof Nicklas, Bonndorfer Str. 66, ✆ 803, III 0

Gh Krone, Schulstr. 2, ✆ 316, III 0

Gündelwangen (Bonndorf im Schwarzwald)

Vorwahl: 07703

Gh Lamm, Bonndorfer Str. 27, ✆ 933941, II 0

Schattenmühle (Löffingen)

Vorwahl: 07654

Gh Schattenmühle, Schattenmühle 1, ✆ 1705, III 2.5

Bonndorf im Schwarzwald

Vorwahl: 07703

🅸 Tourist-Information Bonndorf, Martinstr. 5, ✆ 7607 0

H Germania, Martinstr. 66, ✆ 281, II-III 0.5

H Möhringers Schwarzwaldhotel, Rothausstr. 7, ✆ 93210, IV 0.5

Gh Gasthaus zum Kranz, Martinstr. 6, ✆ 93830, III ☺🖳 0

Gh Lindenbuck, Am Lindenbuck 1, ✆ 434, III ☺ 0.5

Gh Wutachschlucht, Wutachstr. 21, Boll (Bonndorf im Schwarzwald), ✆ 9337474, III 2

P Haus Schüler, Lindenstr. 9, ✆ 7164, III 0.5

Fw Gästehaus & Ferienwohnungen Steinabad, Steinabad 1, ✆ 934680, I 2

🔧🚲 Tritt [r]ein – Zweirad und mehr, Gartenstr. 10, ✆ 9336024 0

🔧🚲 ViaVelo, Lenzkircher Str. 10,

☎ 2430202 0.5

Tour 5

Freiburg im Breisgau
siehe Tour 1

Stühlinger (Freiburg im Breisgau)

Vorwahl: 0761

H Schemmer, Eschholzstr. 63, ☎ 207490, III 0.5

P Paradies, Mathildenstr. 26, ☎ 273700, IV 0.5

CRITERIUM Das Radgeschäft, Klarastr. 63, ☎ 8962266 0.5

Das Lebensrad, Escholzstr. 46, ☎ 2855993 0.5

Haslach (Freiburg im Breisgau)

Vorwahl: 0761

H Helene, Staufener Str. 46, ☎ 452100, ☎ 42929, III 0.5

Pz Lichter, Haierweg 115, ☎ 88581210, I 1.5

Fw Höll, Haierweg 30, ☎ 445343, II 1.5

Der Velofreund, Uffhauserstr.10, ☎ 15614535, ☎ 0160/93031723 1

Fahrradladen Haslach, Carl-Kistner-Str. 30, ☎ 41643 1

Weingarten (Freiburg im Breisgau)

Vorwahl: 0761

Pz Hirsch/Neurath, Binzengrün 5, ☎ 01522/1992956, ☎ 0179/4057209, o.F., I 0.5

Betzenhausen (Freiburg im Breisgau)

Vorwahl: 0761

H Bischofslinde, Am Bischofskreuz 15, ☎ 82688, IV-V 0.5

Pz Am Seepark, Edith-Stein-Str. 20a, ☎ 0172/7251590, o.F., I-II 1

Lehen (Freiburg im Breisgau)

Vorwahl: 0761

H Bierhäusle, Breisgauer Str. 41, ☎ 38300, IV-V 0.5

H Zum Hirschen, Breisgauer Str. 47, ☎ 8977690, V-VI 0.5

H Zum Löwen, Breisgauer Str. 62, ☎ 84661, ☎ 8097220, IV-VI 0.5

Pz Burger, Waldallee 14, ☎ 84357, I 0.5

Hochdorf (Freiburg im Breisgau)

Vorwahl: 07665

H Hochdorfer Hirschen, Zur March 2, ☎ 939922, III 2

Gh Zur Sonne, Hochdorfer Str. 1, ☎ 2650, III 2

Breisgau Am Silbersee Seestr. 20, ☎ 2346 3.5

Tunisee, Seestr. 30, ☎ 2249 3.5

Hugstetten (March)

Vorwahl: 07665

i Rathaus March, Am Felsenkeller 2-4,
📞 422-9000 ⅰ

H Sportpark, Benzstr. 22, 📞 92020, III 0.5

H Zum Roten Kreuz, Landstr. 1a, 📞 1242,
III 0.5

Neuershausen (March)

Vorwahl: 07665

H Jauch´s Löwen Hotel, Eichstetter Str. 4,
📞 /92090, IV ⅰ

Holzhausen (March)

Vorwahl: 07665

Gh Zum Adler, Vörstetter Str. 1, 📞 1744, III 2.5

Gh Zum Löwen, Vörstetter Str. 11, 📞 1328,
III 2.5

Bottingen (Teningen)

H Rebstock, Wirtsstr. 2, 📞 07663/93500,
III-IV ☺ 2.5

Eichstetten am Kaiserstuhl

Vorwahl: 07663

i Gemeinde Eichstetten, Hauptstr. 43,
📞 932313 0.5

Gh Rebland, Nimburger Str. 15, 📞 2511, III 0.5

P **Fw** Brunnenhof Hiss, Bahlinger Str. 10,
📞 99455, II-III ⅰ

P Bär, Marienstr. 20, 📞 3985, II ⅰ

stb Radlager, Marienstr. 10, 📞 948805 ⅰ

Tour 6

Eichstetten am Kaiserstuhl siehe
Tour 5

Bahlingen am Kaiserstuhl

Vorwahl: 07663

i Touristinformation-Bürgerbüro, Webergässle 2, 📞 933122 0.5

H Zum Lamm, Hauptstr. 49, 📞 93870, V 0.5

P Haus Christel, Gartenstr. 14, 📞 3050, III ⅰ

🔧 Die Fahrradwerkstatt, Kapellenstr. 42,
📞 942662 0.5

🔧 **stb** Tabis RadEck, Bachstr. 5,
📞 0151/58107353 0.5

Riegel am Kaiserstuhl

Vorwahl: 07642

i Gemeinde Riegel, Hauptstr. 31,
📞 90440 0

Gh Kopf, Hauptstr. 30, 📞 908890, III 0

Pz Brunke, Häflerstr. 2, 📞 5239, o.F., I 0.5

BB Art-be-and-b, Leopoldstr. 30, 📞 40309,
IV ⅰ

Fw Jewski, Kaiserstuhlstr. 1, 📞 6238, I 0.5

A Müller-See Camping, Müller-See 1,
📞 3694 1.5

Nimburg (Teningen)

Vorwahl: 07641

Gh Krone, Bottinger Str. 29, 📞 07663/1614,

II 0.5

Gh Landgasthof Löwen, Breisacher Str. 15,
📞 2379, II 0.5

Umkirch

Vorwahl: 07665

H Hotel Pfauen, Hugstetter Str. 2, 📞 93760,
III-IV 0.5

H Landhaus Blum, Am Gansacker 6,
📞 9343990, IV 0

📛 🚲 Umkircher Fahrradlädele, Waldmatten 1, 📞 8998 0

Tour 7

Bötzingen

Vorwahl: 07663

📛 Gemeinde Bötzingen, Hauptstr. 11,
📞 931013 0.5

H Krone, Gottenheimer Str. 1, 📞 94460, III-

IV 0.5

Gh Landgasthof Sonne, Hauptstr. 69, 📞 1231,
III 😊 0.5

P Gästehaus im Rank, Rankstr. 9, 📞 2875,
II-III 1.5

📛 Jochen's Bike Shop, Im Ried 2,
📞 9129071 0.5

Gottenheim

Vorwahl: 07665

📛 Gemeinde Gottenheim, Hauptstr. 25,
📞 98110 0

H Zur Krone, Hauptstr. 57, 📞 6712, IV-V 0

BB Obsthof, Bergstr. 24, 📞 6501, III 3.5

Waltershofen (Freiburg im Breisgau)

Vorwahl: 07665

Fw Weingut Hercher, St. Elisabethenstr. 1,
📞 5404, III 0.5

Merdingen

Vorwahl: 07668

Gh Gasthof Keller, Kabisgarten 1, 📞 7233,
III 0

Fw Weinbergliebe, Heilig-Kreuz-Str. 2,
📞 0176/84442604, I 0.5

Ihringen

Vorwahl: 07668

📛 Kaiserstuhl Touristik e.V., Bachenstr. 38,
📞 9343 0.5

H Bräutigams Weinstuben, Bahnhofstr. 1, ✆ 90350, IV ⓪

H Winzerstube, Wasenweilerstr. 36, ✆ 970910, IV-VI ⓪.5

Hg Kaiserstuhl, Bahnhofstr. 2-4, ✆ 995480, III ⓪

Gh Karle's Weinkrügle, Eisenbahnstr. 24, ✆ 7499, III-IV ⓪

AH Aparthotel Orchidea, Wasenweiler Str. 2, ✆ 970910, III ☺ ⓪.5

Fw Haus Kaiserstuhl, Kammertenweg 6, ✆ 9197 ①

Fw Maienbrunnenhof, Maienbrunnenstr. 76-78, ✆ 908211, III-IV ②

Fw Rosengarten, Riedhöfe 6, ✆ 300, ✆ 0176/43277076, II ⓪.5

Fw Winzerhof Schillinger, Riedhöfe 2, ✆ 5511, III-IV ⓪.5

A Kaiserstuhl Camping, Nachtwaid 5, ✆ 950065 ⓪

🚲 Fahrradverleih Ihringen, Am Krebsbach 1, ✆ 655✉ ⓪

Breisach am Rhein

Vorwahl: 07667

ℹ Breisach-Touristik, Marktpl. 16, ✆ 940155 ⓪

H **Kapuzinergarten, Kapuzinerg. 26, ✆ 93000, III-V** ☺ ⓪.5

H Bären, Kupfertorpl. 7, ✆ 281, III ⓪.5

H Kaiserstühler Hof, R.-Müller-Str. 2, ✆ 83060, IV-V ⓪

H Rheinblick, Rheinuferstr. 2, ✆ 7172, III ⓪

H Stadt Breisach, Münsterbergstr. 23, ✆ 8380, IV-VI ⓪

Hg Breisacher Hof, Neutorpl. 16, ✆ 392, III ☺ ⓪

Gh Bayrischer Hof, Neutorstr. 25, ✆ 2079654, ✆ 0176/22778840, II ⓪

P Schillinger, Harelungenweg 3, ✆ 6991, II ⓪

Pz Fw Hotel Mama, Münsterbergstr. 22, ✆ 933812, ✆ 0174/9010106, o.F., II ⓪

Pz Hunn, Rheintorstr. 45, ✆ 8668,
✆ 0172/7855653, II [0.5]

Pz Radhaus, Waldstr. 10, ✆ 6225,
✆ 0176/86330778, II ☺ [0.5]

Fw Locher, Friedhofallee 8, ✆ 912981,
✆ 0171/2856391, III [0.5]

Fw Obsthof, Neumühle 1, ✆ 07662/8540,
IV [0.5]

Jh Jugendherberge Breisach, Rheinuferstr. 12, ✆ 7665, II ☺ [1]

⚡ Dörle's Autoshop, Ihringer Landstr. 2-4, ✆ 906074 [0]

⚡ Schweizer, Neutorstr. 31, ✆ 7601 [0]

⚡ Sütterlin, Im Gelbstein 19, ✆ 6399 [0]

Kreuzmatten (Vogtsburg im Kaiserstuhl)
Vorwahl: 07662

Pz Fw Volk, In den Kreuzmatten 20, ✆ 8291,
III [1.5]

Achkarren (Vogtsburg im Kaiserstuhl)
Vorwahl: 07662

H Achkarrer Krone, Schloßbergstr. 15-17,
✆ 93130, III-V [2.5]

Hg Haus am Weinberg, In den Kapellen-
matten 8-10, ✆ 778, III-V ☺ [2.5]

Fw Dorfleben, Im Kleegärtle 1, ✆ 94010 [3]

Burkheim (Vogtsburg im Kaiserstuhl)
Vorwahl: 07662

ℹ Burkheim Touristik e.V., Fischerg. 6,
✆ 949780 [0.5]

H **Kreuz-Post, Landstr. 1,** ✆ **90910, III-IV**
☺ ⛱ [0.5]

Hg Krone, Mittelstadt 17, ✆ 211, II-III [2.5]

Gh Zum Adler, Am Kirchberg 2, ✆ 268, II-
III [0.5]

Pz Fw Kaltschmidt, Birkenweg 2, o.F., II [0.5]

Pz Fw Metzger, Birkenweg 6, ✆ 6184, I [0.5]

Pz Sturm, Rheinstr. 3, ✆ 6502, II [0.5]

Jechtingen (Sasbach am Kaiserstuhl)
Vorwahl: 07662

Gh Sonne Winzerstube, Dorfstr. 26, ✆ 314,
✆ 907880, II-III ☺ [1.5]

Pz Blakowski, Sponeckstr. 30, ☎ 6284,
☎ 0172/1710369, II i̱

Sasbach am Kaiserstuhl
Vorwahl: 07642
🄱 Gemeinde, Hauptstr. 15, ☎ 91010 0̱.5̱
🄷 Bürger-Stube, Hauptstr. 48, ☎ 3367, III 0̱.5̱
🄶🄷 Löwen, Marckolsheimer Str. 2, ☎ 1424, II-III 0̱.5̱

Königschaffhausen (Endingen am Kaiserstuhl)
Vorwahl: 07642
🄷 Adler, Endingerstr. 35, ☎ 3212, IV-V 0̱.5̱
🄷 Zur Stube, Untere Guldenstr. 10, ☎ 3377, III ☺ 0̱.5̱
🄶🄷 Zum Ochsen, Endinger Str. 12, ☎ 3418, III ☺ 0̱.5̱
Pz Fw Gästehaus Bauer, Am Kirchengraben 6, ☎ 5838, o.F., I 0̱.5̱
Pz Gästehaus Meier, St. Katharinenstr. 16, ☎ 1863, I-II 0̱.5̱
Pz Gästehaus Sexauer, Am Kirchengraben 23, ☎ 5964, I-II 0̱.5̱
Fw Naturgarten, Endinger Str. 41, ☎ 40127, III-IV 0̱.5̱
Fw Winzerhof Hofert, Kreuzäckerhof 2, ☎ 2295, I-II 0̱.5̱
Fw Zum Brennstüble, Endinger Str. 49, ☎ 8760, ☎ 0172/5914096, II 0̱

Endingen am Kaiserstuhl
Vorwahl: 07642
🄱 Kaiserstühler Verkehrsbüro, Adelshof 20, ☎ 689990 0̱
🄱 Tourist-Info, Marktpl. 8, ☎ 68990 0̱
🄷 Zollhaus, Hauptstr. 3, ☎ 9202343, IV-V 0̱
🄷🄶 Pfauen, Hauptstr. 78, ☎ 90230, III-IV 0̱
🄶🄷 Gasthof Engel, Hauptstr. 10, ☎ 3238, III 0̱
Pz Gästehaus Rebland, Seilnachtstr. 12, ☎ 1888, III 0̱.5̱
🚲 Bike and Fun, Schönenbergstr. 2, ☎ 921705 0̱.5̱

Tour 8
Eichstetten am Kaiserstuhl siehe Tour 5
Bötzingen siehe Tour 7
Altvogtsburg (Vogtsburg im Kaiserstuhl)
Vorwahl: 07662
🄶🄷 Rössle, Altvogtsburg 9, ☎ 909090, III-IV 0̱

Oberbergen (Vogtsburg im Kaiserstuhl)
Vorwahl: 07662
🄷 Schwarzer Adler, Badbergstr. 23, ☎ 933010, V-VI 0̱
Fw Gästehaus Angelika, Am Langeneck 15, ☎ 1281 0̱.5̱
Fw Weingut Vogel, Ruländerweg 7A,

🕻 80271, III-IV <u>0.5</u>

Fw Winzerhof Baumgartner, Badbergstr. 9,
🕻 6646, III-IV <u>0</u>

Oberrotweil (Vogtsburg im Kaiserstuhl)

Vorwahl: 07662

i Tourist-Info Vogtsburg, Bahnhofstr. 20 <u>0.5</u>

Hg LandhausTrautwein, Bahnhofstr. 37,
🕻 949484, III-IV <u>0.5</u>

Gh Neun Linden, Hauptstr. 65, 🕻 80202, III <u>0</u>

Gh Zum Bären, Hauptstr. 4, 🕻 289, III <u>0.5</u>

Pz Haus Hildegard, Hauptstr. 26, 🕻 1848, I <u>0</u>

Fw Galle, Burkheimer Str. 5, 🕻 1341, I <u>0.5</u>

Fw Haus Knöbel, Leopoldstr. 4, 🕻 1806, I <u>0.5</u>

Bischoffingen (Vogtsburg im Kaiserstuhl)

Vorwahl: 07662

i Bischoffingen Touristik, Steinbuckstr. 2,
🕻 947991 <u>0.5</u>

H Köpfers Steinbuck, Steinbuckstr. 20,
🕻 9494650, IV-V <u>0.5</u>

Gh Steinbuck Stube, Talstr. 2, 🕻 911210, IV <u>0</u>

Pz Rieflin, Römerweg 1, 🕻 453, o.F., III <u>0.5</u>

Pz Winzerhof Hiss, Rosenkranzweg 1,
🕻 462, o.F., II <u>0</u>

Kiechlinsbergen (Endingen am Kaiserstuhl)

Vorwahl: 07642

P Dutters Stube, Winterstr. 28, 🕻 1786,

III <u>0.5</u>

Pz Fw Gästehaus Zwigard, Grienerstr. 1,
🕻 5619, II <u>0.5</u>

Königschaffhausen (Endingen am Kaiser-
stuhl) siehe Tour 7

Endingen am Kaiserstuhl siehe Tour 7

Tour 9

Freiburg im Breisgau siehe Tour 1

Stühlinger (Freiburg im Breisgau) siehe Tour 5

Haslach (Freiburg im Breisgau) siehe Tour 5

Weingarten (Freiburg im Breisgau) siehe Tour 5

Betzenhausen (Freiburg im Breisgau) siehe Tour 5

Lehen (Freiburg im Breisgau) siehe Tour 5

Mooswald (Freiburg im Breisgau)

Vorwahl: 0761

H Stadt Freiburg, Breisacher Str. 34b,
🕻 89680, V-VI <u>1.5</u>

🚲 Fahrrad Metzger, Elsässer Str. 69,
🕻 83714 <u>i</u>

🚲 Fahrradboutique Bike West, Ensisheimer Str. 36, 🕻 808531 <u>i</u>

Gundelfingen

Vorwahl: 09073

Hg H41-Inn Hostel, Vörstetter Str. 41,
🕻 0761/503646, III-IV <u>0.5</u>

Pz Bach, Alte Bundesstr. 55A,
📞 0761/580795, 📞 0151/70863087, II ⓘ

B&B Friz BNB, Alte Bundesstr. 54b,
📞 /0152/53002802, 📞 0179/8535445,
IV ⓘ

🚲 Tolos Bike-Shop, Alte Bundesstr. 96,
📞 0761/589748 ⓘ

Vörstetten
Vorwahl: 07666
H Zur Sonne, Freiburger Str. 4, 📞 2326, III ⓪

Reute
Vorwahl: 07641
Gh Gästehaus Mösle, Kreuzmattenstr. 16,
📞 9337973, o.F., II ⓘ

Bottingen (Teningen)   siehe Tour 5
Nimburg (Teningen)   siehe Tour 6
Bahlingen am Kaiserstuhl siehe Tour 6
Riegel am Kaiserstuhl   siehe Tour 6

Tour 10

Gundelfingen   siehe Tour 9
Heuweiler
Vorwahl: 07666
H Landhotel Laube, Glottertalstr. 1,
📞 94080, IV ②
Gh Grüner Baum, Glottertalstr. 3, 📞 94060,
III-IV ②

Pz Haus Fahrländer, Hinterheuweiler 9,
📞 4785, o.F., I-II ②

Denzlingen
Vorwahl: 07666
ℹ Tourist-Information, Hauptstr. 110,
📞 6110 ⓪⋅⁵
H Die Krone, Hauptstr. 44, 📞 2241, IV ⓘ
Hg Villa Caroline, Mauracherstr. 2, 📞 2346,
📞 0152/25891345, III ⓪⋅⁵
Gh Rebstock-Stube, Hauptstr. 74,
📞 900990, o.F., II-III ⓪⋅⁵
P Haus Furrer, Hindenburgstr. 76,
📞 2540 ⓪⋅⁵
Pz Sameisky, Waldkircher Str. 12, 📞 3872 ⓪⋅⁵
🚲 Zweirad Nübling, Rudolf-Diesel-Str. 9,
📞 5078 ⓪

Buchholz (Waldkirch)
Vorwahl: 07681
H Löwen, Schwarzwaldstr. 34, 📞 9868, III-IV ⓪
P Hirschenstube - Gästehaus Gehri,
Schwarzwaldstr. 43, 📞 477770, IV ⓪⋅⁵

Suggental (Waldkirch)
H Suggenbad, Talstr. 1, 📞 07681/8091, III ☺ ⓘ

Waldkirch
Vorwahl: 07681

🛈 Tourist-Information, Marktpl. 1-5,
  📞 19433 <u>0.5</u>

Ⓗ Designhotel Kronjuwel, Ringstr. 5,
  📞 492600, III-V <u>0.5</u>

Ⓗ Waldgasthof Altersbach, Altersbach 1,
  📞 7200, 📞 3100, III-IV <u>2.5</u>

Ⓗ Zum Storchen, Lange Str. 24,
  📞 4749590, IV <u>0.5</u>

Ⓟ Imhof, Hödlerstr. 45, 📞 6663, II <u>0.5</u>

Ⓕ🅦 Butz, Wisserswandstr. 5, 📞 9416, I <u>1</u>

Ⓕ🅦 Gästehaus Klausmann, Gustav-Beck-
  Str. 1, 📞 4979714, 📞 6896 <u>1</u>

Ⓕ🅦 Seeblick, Am Rosengarten 23 A,
  📞 4937234, II <u>0.5</u>

🚲 Hot.Bike Waldkirch, Stahlhofstr. 3,
  📞 8589 <u>1</u>

Kollnau (Waldkirch)

Vorwahl: 07681

Ⓗ Kohlenbacher Hof, Kohlenbach 8,
  📞 8828, IV <u>1.5</u>

Ⓖ🅷 Bläsi-Stüble, Kohlenbacher Talstr. 28,
  📞 7554, III-IV <u>1</u>

Ⓕ🅦 Hinterer Schmiederhof, Talbachstr. 13,
  📞 4749321, I <u>0.5</u>

🚲 Radsport Hoeser u. Co., Fabrikstr. 19,
  📞 9001 <u>0</u>

Gutach im Breisgau

Vorwahl: 07685

Ⓗ Schwarzwaldhotel Stollen, Elzacher
  Str. 2, 📞 91050, III-IV <u>0.5</u>

Ⓟ Zum Bären, Talstr. 17, 📞 274, II <u>2</u>

Bleibach (Gutach im Breisgau)

Vorwahl: 07685

🛈 ZweiTälerLand Tourismus, Im Bahnhof
  Bleibach, 📞 19433 🛄♿ <u>0</u>

Ⓗ Schwarzwald-Hotel Silberkönig, Silber-
  waldstr. 24, 📞 7010, III-V <u>0</u>

Ⓖ🅷 Zum Löwen, Simonswälder Str. 66,
  📞 363, II <u>0.5</u>

Winden im Elztal

Vorwahl: 07685

Ⓖ🅷 Bären, Hauptstr. 69, 📞 388 <u>0</u>

Ⓖ🅷 Rebstock, Hauptstr. 36, 📞 07682/227, II-
  III <u>0</u>

Ⓖ🅷 Zum Ochsen, Bahnhofstr. 8,
  📞 07682/8257, II <u>0</u>

Ⓟ Café Elzblick, Bleilestr. 10, 📞 392, III <u>0.5</u>

Ⓟ Wellness-Pension am Rain, Obere Rain-
  str. 3, 📞 259, III-IV <u>0.5</u>

Elzach

Vorwahl: 07682

🛈 Tourist-Info Elzach, Kreuzstr. 1C, Haus
  des Gastes, 📞 19433 <u>0.5</u>

Ⓗ ElzLand Hotel 9 Linden, Neunlinden-

str. 5, ☎ 947930, III-V 0.5
- 🄶🄷 Rössle, Hauptstr. 19, ☎ 212, III-IV 0.5
- 🄶🄷 Sonnhalde, Sonnhaldestr. 16, ☎ 8718, III 1
- 🄿 Richebächli, Reichenbach 5, ☎ 297, III 1.5
- 🄰 Zeltplatz Funi-Eck, Schlosshofweg 1, ☎ 7988 6

Yach (Elzach)
Vorwahl: 07682
- 🄶🄷 Zur Sonne, Dorfstr. 60, ☎ 247 2

Tour 11

Riegel am Kaiserstuhl siehe Tour 6

Teningen
Vorwahl: 07641
- 🅵🅆 Storchenhof, Bahlinger Str. 25, ☎ 9571499, ☎ 0177/8426003, IV 0.5
- 🄴 Fahrradservice Gebhardt, Engelstr. 7, ☎ 9629692 0.5
- 🄴 Hot.Bike Teningen, Riegeler Str. 31, ☎ 52388 0.5

Über der Elz (Emmendingen)
Vorwahl: 07641
- 🄴 Hot.Bike Emmendingen, Denzlinger Str. 46, ☎ 7279 0.5
- 🄴 Radsport Petermann, Denzlinger Str. 29, ☎ 4010 0

Wasser (Emmendingen)

Vorwahl: 07641
- 🅵🅆 Am Elzdamm, Elzmattenstr. 28, ☎ 52997, II-III 0
- 🅵🅆 An der Elz, Alemannenstr. 7, ☎ 4688384, ☎ 0172/7603111, IV 0
- 🄰 Campingplatz, Grümweg 2, ☎ 7642 0.5

Kollmarsreute (Emmendingen)
Vorwahl: 07641
- 🅵🅆 FW im Schwarzwald, Staudingerstr. 16, ☎ 7882, ☎ 0172/5844266, III 0

Emmendingen
Vorwahl: 07641
- 🄸 Tourist Info, Bahnhofstr. 8, im Bahnhofsgebäude, ☎ 19433 0
- 🄷 Business & Art Hotel Markgraf, Markgrafenstr. 53, ☎ 930680, III 0
- 🄷 Krone Maleck, Brandelweg 1, ☎ 9309690, IV-V 2.5
- 🄷🄶 TAOme, Karl-Friedrich-Str. 63/1, ☎ 9686288, III-IV 0
- 🅵🅆 Adelnhoven, Adelsberg 1/2, ☎ 43759, II-IV 1.5
- 🅵🅆 Herb, Neustr. 19, ☎ 9628370, ☎ 47605, ☎ 0170/6831152, I-II 0
- 🅵🅆 Kost, Sonnhalde 13a, ☎ 8228, I-II 1.5
- 🅵🅆 Strohm, Keplerstr. 29, ☎ 2735, II-III 0
- 🄴 Fahrradwerkstatt, Neubronnstr. 25, im

Zentrum für Psychiatrie Emmendingen,
✆ 4613810 [0.5]

🅩🅳 Zweirad Dages, Karl-Friedrich-Str. 14,
✆ 8895 [0]

Mundingen (Emmendingen)

Vorwahl: 07641

Gh Eichbaum, Eichholzstr. 13, ✆ 8102, III [0]

Fw Steinle, Oberbergstr. 24, ✆ 6979, II [0.5]

Landeck (Teningen)

Vorwahl: 07641

P Landhaus Rebstock, Freiämter Str.6,
✆ 935094, II [0]

Fw Bührer, Freiämterstr. 24a, ✆ 52643, II [0]

Fw Ramstalhof, Ramstal, ✆ 8437, II [0.5]

Köndringen (Teningen)

Vorwahl: 07641

Fw Alte Schmiede, Hauptstr. 19, ✆ 42530,
II [0]

Tour 12

Freiburg im Breisgau   siehe Tour 1

Stühlinger (Freiburg im Breisgau)   siehe Tour 5

Haslach (Freiburg im Breisgau)   siehe Tour 5

Weingarten (Freiburg im Breisgau)   siehe Tour 5

Betzenhausen (Freiburg im Breisgau) siehe Tour 5

Rieselfeld (Freiburg im Breisgau)

Vorwahl: 0761

🅩 Bikeposten, Rieselfeldallee 18,
✆ 47097979 [0.5]

St. Georgen (Freiburg im Breisgau)

Vorwahl: 0761

H B&B Hotel Freiburg-Süd, Munzinger
Str. 1b, ✆ 557710, II-III [1]

H Dorint Resort Freiburg an den Thermen,
An den Heilquellen 8, ✆ 49080, IV-VI
☺ [1.5]

H Zum Schiff, Basler Landstr. 35-37,
✆ 400750, IV-V ☺ [1.5]

H ibis budget Freiburg Süd, Boetzinger
Str. 76, ✆ 4795320, III [1]

Pz Faber, Langg. 5, ✆ 43463, III [2]

Ho Green City Boardinghouse, Obere Hard-
tstr. 14-16, ✆ 45987921, III ☺ [1.5]

🅩 2-rad Mueller, Am Mettweg 34,
✆ 4768256 [2]

🅩 Hot.Bike Freiburg, Bötzinger Str. 40,
✆ 4011199 [0.5]

🅩 Zweirad Ehret, Basler Landstr. 120,
✆ 490440 [1.5]

Opfingen (Freiburg im Breisgau)

Vorwahl: 07664

H Blume, Freiburger Str. 1, ✆ 939790, III-
IV [0.5]

H Hotel Lumi, Gewerbestr. 13, ☎ 9273277, III-IV 0̲

Gh Löwen, Dürleberg 9, ☎ 1260, III 0̲.̲5̲

Fw Müller, Langen-Wangen 22a, ☎ 95434, II 1̲

Bh Ferienhof Walter, Wippertskirch 2, ☎ 1396, III ☺ 1̲

Tiengen (Freiburg im Breisgau)

Vorwahl: 07664

i Ortsverwaltung Tiengen, Freiburger Landstr. 28, ☎ 505660 0̲.̲5̲

H Hotel-Restaurant-Bistro Tuniberg, Freiburger Landstr. 20, ☎ 1575, III 0̲.̲5̲

Fw Am Tuniberg, Tunibergstr. 17, ☎ 6136319, ☎ 0175/1618842, II 0̲.̲5̲

Munzingen (Freiburg im Breisgau)

Vorwahl: 0761

H Schloss Reinach, St. Erentrudis-Str. 12, ☎ 07664/4070, IV-V 0̲.̲5̲

Oberrimsingen (Breisach am Rhein)

Vorwahl: 07664

Gh Gasthof Löwen, Bundesstr. 17, ☎ 2496, III 1̲

Gh Hirschen, Bundesstr. 32, ☎ 2515, III 1̲

Niederrimsingen (Breisach am Rhein)

Vorwahl: 07664

Gh Zur Tanne, Oberrimsinger Weg 5,

☎ 2484, o.F. 0̲

Fw Lang, Lindenweg 29, ☎ 6110016 0̲

Gündlingen (Breisach am Rhein)

Vorwahl: 07667

Pz Binz, Breisacher Str. 25, ☎ 07668/5550, ☎ 0175/9375020, II-III 0̲.̲5̲

Hochstetten (Breisach am Rhein)

Vorwahl: 07667

H Zum Adler, Hochstetter Str. 11, ☎ 93930, III-IV ☺ 0̲

Pz Casa Nova, Klosteräcker 11, ☎ 3797854, ☎ 0152/04868622, II 0̲.̲5̲

Pz Schwarz, Kirchweg 6, ☎ 7829, II 0̲

A Camping Münsterblick, Hochstetter Str. 11, ☎ 93930, I-II 0̲

Breisach am Rhein siehe Tour 7

Tour 13

Breisach am Rhein siehe Tour 7

Sasbach am Kaiserstuhl siehe Tour 7

Leiselheim (Sasbach am Kaiserstuhl)

Vorwahl: 07642

H Leiselheimer Hof, Meerweinstr. 3, ☎ 928920, III-IV 1̲

Fw Brand, Burkheimer Weg 1, ☎ 2261, I 1̲

Königschaffhausen (Endingen am Kaiserstuhl) siehe Tour 7

Kiechlinsbergen (Endingen am Kaiserstuhl)
siehe Tour 8

Jechtingen (Sasbach am Kaiserstuhl) siehe Tour 7

Bischoffingen (Vogtsburg im Kaiserstuhl) siehe
Tour 8

Burkheim (Vogtsburg im Kaiserstuhl) siehe Tour 7

Niederrotweil (Vogtsburg im Kaiserstuhl)
Vorwahl: 07662

Gh Fw Zum Kaiserstuhl, Niederrotweil 4,
✆ 237, III 0̄

Fw Winzerhof Henkenberg, Henken-
bergw. 3, ✆ 936528 0̄.5

🚲 🚲 Fahrradverleih Kaiserstuhl, Unter-
holz 3, ✆ 6407. Bring- und Holservice,
geführten Radtouren am Kaiserstuhl 0̄.5

Oberrotweil (Vogtsburg im Kaiserstuhl) siehe
Tour 8

Bickensohl (Vogtsburg im Kaiserstuhl)
Vorwahl: 07662

H Rebstock, Neunlindenstr. 23, ✆ 5999930,
II-III 0̄

Fw Winzerhof Müller, Eschbachstr. 1,
✆ 935163, ✆ 0173/6871444, II 0̄.5

Achkarren (Vogtsburg im Kaiserstuhl) siehe Tour 7

Ihringen
siehe Tour 7

Tour 14

Gottenheim
siehe Tour 7

Bötzingen
siehe Tour 7

Wasenweiler (Ihringen)
Vorwahl: 07668

H Zur Sonne, Hauptstr. 21, ✆ 229, IV 0̄

Fw Weingut Briem, Weinstr. 1, ✆ 99540, II-
III 0̄

Ihringen
siehe Tour 7

Merdingen
siehe Tour 7

Niederrimsingen (Breisach am Rhein) siehe
Tour 12

Oberrimsingen (Breisach am Rhein) siehe Tour
12

Munzingen (Freiburg im Breisgau) siehe Tour 12

Waltershofen (Freiburg im Breisgau) siehe Tour
7

Tour 15

Freiburg im Breisgau
siehe Tour 1

Wiehre (Freiburg im Breisgau)
siehe Tour 1

Vauban (Freiburg im Breisgau)
Vorwahl: 0761

🚲 RADieschen & Co, Marie-Curie-Str. 1,
✆ 4014435 0̄.5

St. Georgen (Freiburg im Breisgau) siehe Tour 12

Wolfenweiler (Schallstadt)

Vorwahl: 07664
- 🅱 Gemeinde Schallstadt, Kirchstr. 16, ✆ 61090 0.5
- Ⓗ Alter Ochsen, Basler Str. 50, ✆ 6139950, II 🅿 0.5
- Ⓗ Zum Ochsen, Basler Str. 50, ✆ 6139950, III 0.5

Ebringen
Vorwahl: 07664
- Ⓕⓦ Am Sommerberg, Schönbergstr. 46b, ✆ 4054018, ✆ 0171/7566206 0.5

Pfaffenweiler
Vorwahl: 07664
- 🅱 Gemeinde Pfaffenweiler, Rathausg. 4, ✆ 97000 0
- Ⓗ Engel, Weinstr. 94, ✆ 97120, III 0
- Ⓟ Jaspis, Weinstr. 55, ✆ 0170/9671944, II-III 0.5

Kirchhofen (Ehrenkirchen)
Vorwahl: 07633
- Ⓗ Sonne-Winzerstube, Lazarus-Schwendi-Str. 20, ✆ 7070, IV 0.5
- Ⓖⓗ Ambringer Bad, Krozinger Str. 16, ✆ 5381, II 0.5
- Ⓖⓗ Krone, Herrenstr. 5, ✆ 5213, IV-V 0
- 🚲 Rommerskirchen Zweiradtechnik, Otto-Löw-Str. 11, ✆ 0173/3058508 0

Ehrenkirchen
Vorwahl: 07633
- 🅱 Rathaus Ehrenkirchen, Jengerstr. 6, ✆ 8040 0.5
- Ⓟⓩ Ⓕⓦ Gästehaus Brengartner, Schmiege 5a, ✆ 6686, II i
- Ⓕⓦ Rietschle, Schmiege 1a, ✆ 7267, ✆ 0173/3048340, II i
- 🚲 Radsport Gebrüder Maier, Unterdorfstr. 17, ✆ 5919 i

Bad Krozingen
Vorwahl: 07633
- 🅱 Tourist-Information Bad Krozingen, Herbert-Hellmann-Allee 12, ✆ 4008163, ✆ 4008164🖨 i
- Ⓗ Bären, In den Mühlenmatten 3, ✆ 91100, III 0.5
- Ⓗ Eden am Park, Herbert-Hellmann-Allee 20, ✆ 10050, IV-V i
- Ⓗ Eden an den Thermen, Thürachstr. 1, ✆ 10050, IV-V i
- Ⓗ Hofmann zur Mühle, Litschgistr. 6, ✆ 9088590, IV 0
- Ⓗ Nora, Thürachstr. 14, ✆ 91220, III-IV i
- Ⓗ Ott, Thürachstr. 3-5, ✆ 40060, III-V i
- Ⓗ Vier Jahreszeiten, Herbert-Hellmann-Allee 24, ✆ 9297270, IV-V i

Ⓖ Adler Landgasthof, Staufener Str. 82, ☎ 3107, IV 0.5

Ⓟ Ⓕⓦ Meng, Hansjakobstr. 5, ☎ 3622, ☎ 0160/98634123, III 0.5

Ⓟ Sparenberg, Blauenstr. 9, ☎ 3577, III 0

Ⓕⓦ Appartements Biedermeier, In den Mühlenmatten 12, ☎ 910300, III 0.5

🔧 Radsport Werber, Basler Str. 11, ☎ 4302 0

Staufen im Breisgau
Vorwahl: 07633

ℹ Tourist-Information, Hauptstr. 53, ☎ 80536 0

Ⓗ Am Felsenkeller, Albert-Hugard-Str. 47, ☎ 6285, III 0.5

Ⓗ Der Löwe in Staufen, Hauptstr. 47, ☎ 9089390, III-IV 0

Ⓗ Goethe, Hauptstr. 3, ☎ 9089390, III-IV 0.5

Ⓗ Krone, Hauptstr. 30, ☎ 5840, IV 0

Ⓗ Zum Hirschen, Hauptstr. 19, ☎ 5297, IV ☺ 0

Ⓖ Etzenbach, Etzenbach 22, ☎ 07636/351, II 3

Ⓖ Jägerhof, Etzenbach 15, ☎ 07636/418, III 3

Ⓖ Zum Zollstock, Im Steiner 4, OT Grunern, ☎ 5394, ☎ 924353 1

Ⓟ Gästehaus Kaltenbach, Bötzenstr. 37, ☎ 95310, III 1

Ⓕⓦ Fewo mit Pfiff, Schladererstr. 22, ☎ 82537, II 0.5

Ⓕⓦ Prisma, Gewerbestr. 18 a, ☎ 16602, II 0.5

🏕 Camping Belchenblick, Münstertäler Str. 43, ☎ 7045 1.5

🔧 ZahnRad Fahrrad, Hauptstr. 38, ☎ 5269 0

Tour 16

Tour 17

Schlatt (Bad Krozingen)
Vorwahl: 07633

Ⓖ Gasthaus Hirschen, Lazariterstr. 22, ☎ 3963, III 0

Feldkirch (Hartheim)
Vorwahl: 07633

Ⓖ Müller, Bachstr. 10, ☎ 3800, III 0

Hartheim
Vorwahl: 07633

ℹ Gemeinde Hartheim am Rhein, Feldkircher Str. 17, ☎ 91050 0.5

Ⓟⓩ Gästehaus Ritzenthaler, Staufener Str. 4,

☎ 5068340, o.F., III $\overline{0}$

Fw Brugger, Erlenweg 12, ☎ 0176/83738824, II $\overline{0}$

Fw Fiebiger, Breisacher Str. 18, ☎ 15374, I $\overline{0}$

🚲 sport-heinz Fahrräder, In der Rheinaue 2, ☎ 2363 $\overline{0}$

Tour 18

Bad Krozingen	siehe Tour 15
Kirchhofen (Ehrenkirchen)	siehe Tour 15
Ehrenkirchen	siehe Tour 15

Bollschweil
Vorwahl: 07633

🅸 Rathaus, Hexentalstr. 56, ☎ 95100 $\overline{i}$

Fw Schwarzwaldliebe, General-von-Holzingstr. 7, ☎ 0176/84442604, I-II $\overline{1.5}$

Pfaffenweiler	siehe Tour 15

Tour 19

Bad Krozingen	siehe Tour 15

Offnadingen (Ehrenkirchen)
Vorwahl: 07633

Gh Adler, Dorfstr. 1, OT Offnadingen, ☎ 3332, III $\overline{0}$

Norsingen (Ehrenkirchen)
Vorwahl: 07633

Fw Martina Weber, Bundesstr. 7a, ☎ 13011, I $\overline{0}$

Mengen (Schallstadt)
Vorwahl: 07664

H Alemannenhof, Weberstr. 10, ☎ 5060, III-V $\overline{0.5}$

Munzingen (Freiburg im Breisgau)   siehe Tour 12

Hausen (Bad Krozingen)
Vorwahl: 07633

H Einstein, Falkensteinerstr. 36, ☎ 9241440, ☎ 0152/53789326, III $\overline{0.5}$

H Fallerhof, Tunibergstr. 2b, ☎ 4400, III ☺ $\overline{0.5}$

P Vis a Vis, Tunibergstr. 1a, ☎ 4400, III $\overline{0.5}$

P black forest sport pension, Rimsinger Str. 7, II🖥 $\overline{i}$

Biengen (Bad Krozingen)
Vorwahl: 07633

P Müllers, Steinbrecherstr. 5, ☎ 15661, II $\overline{0.5}$

P2 Fw Gästehaus Stein, In der Breite 21, ☎ 3652, III $\overline{0.5}$

Feldkirch (Hartheim)	siehe Tour 17
Schlatt (Bad Krozingen)	siehe Tour 17